BGB AT
Band 1

Stand der Gesetzgebung, Rechtsprechung und Literatur

September 2000

Josef Alpmann
Rechtsanwalt in Münster

ALPMANN UND SCHMIDT Juristische Lehrgänge Verlagsges. mbH & Co. KG
48149 Münster, Annette-Allee 35, 48001 Postfach 1169, Telefon (0251) 98109-0
AS-Online: www.alpmann-schmidt.de

Alpmann, Josef

BGB AT 1

11., neu bearbeitete Auflage 2000

ISBN 3-89476-464-3

©Verlag: Alpmann und Schmidt Juristische Lehrgänge
Verlagsgesellschaft mbH & Co. KG, Münster

Die Vervielfältigung, insbesondere das Fotokopieren der Skripten
ist nicht gestattet (§§ 53, 54 UrhG) und strafbar (§ 106 UrhG).
Im Fall der Zuwiderhandlung wird Strafantrag gestellt.

INHALTSVERZEICHNIS

Einleitung 1

1. Die Regelungen, die die natürliche Person betreffen (§§ 1–14) 2

2. Rechtsgeschäfte 3
   2.1 Definitionen 3
   2.2 Arten von Rechtsgeschäften 3
      2.2.1 Einseitige und mehrseitige Rechtsgeschäfte 3
      2.2.2 Verpflichtungsgeschäfte und Verfügungsgeschäfte 4

1. Teil: Rechtsgeschäfte 9

1. Abschnitt: Willenserklärung 9

1. Der Tatbestand der Willenserklärung 9
   1.1 Der äußere Erklärungstatbestand 9
      1.1.1 Der erforderliche – geäußerte – tatsächliche Handlungswille 10
      1.1.2 Der erforderliche – geäußerte – Rechtsbindungswille 10
         1.1.2.1 Vorbereitung eines Vertrages 11
         Fall 1: Preisgünstige Schaufensterauslage 11
         1.1.2.2 Der Rechtsbindungswille bei Auskunft,
                  Rat und Empfehlung 15
         1.1.2.3 Der Rechtsbindungswille bei der Gefälligkeit ... 17
         1.1.2.4 Der Vorbehalt, das Schein- und Scherzgeschäft .. 23
         Fall 2: Scheingeschäft aus Sparsamkeit 24
         Fall 3: Der ahnungslose Verkäufer 26
      1.1.3 Der zu äußernde Geschäftswille 27
   1.2 Der innere Erklärungstatbestand, die Zurechnung 29
      1.2.1 Keine Willenserklärung bei fehlendem tatsächlichem
             Handlungswillen 30
      1.2.2 Der innere Geschäftswille weicht von dem erklärten
             Geschäftswillen ab 30
      1.2.3 Der Erklärende wollte keine Willenserklärung abgeben ... 31
         Fall 4: Trierer Weinversteigerung 32
      1.2.4 Der „Erklärende" hat das Vertragsangebot unvollständig
             oder überhaupt nicht formuliert 35
         Fall 5: Blankettvervollständigung 36

2. Das Wirksamwerden der Willenserklärung 39
   2.1 Die Abgabe der Willenserklärung 39
   2.2 Der Zugang der Willenserklärung 40
      2.2.1 Der Zugang unter Anwesenden 40
      2.2.2 Der Zugang unter Abwesenden 41

    2.2.3 Der Widerruf der Willenserklärung, § 130 Abs. 1 S. 2 43
          Fall 6: Hingegeben – abgegeben 43
    2.2.4 Die Verhinderung des Zugangs 45
          Fall 7: Nicht abgeholtes Einschreiben 46

2. Abschnitt: Der Vertrag 50

1. Vertrag durch Angebot und Annahme 50
    1.1 Die modifizierte Annahme 51
    1.2 Die fristgerechte Annahme 52
        1.2.1 Die vereinbarte Frist gemäß § 148 52
        1.2.2 Der gesetzlich geregelte Zugang, § 147 52
        1.2.3 Die verspätet zugegangene, aber rechtzeitig abgesandte
             Annahmeerklärung 53
        1.2.4 Die verspätete Annahme 53
    1.3 Das Wirksamwerden der Annahmeerklärung ohne Zugang, § 151 54
        1.3.1 Entbehrlichkeit des Zugangs 54
        1.3.2 Annahme 54
    1.4 Der Tod oder die Geschäftsunfähigkeit des Anbietenden 56
          Fall 8: Tote brauchen keinen Anzug 56

2. Die Willensübereinstimmung zwischen Angebot und Annahme 58
    2.1 Die Nichtübereinstimmung der Vertragserklärungen – Dissens 58
        2.1.1 Der offene Dissens gemäß § 154 58
             Fall 9: Kaufvertrag ohne Kaufpreisabrede 60
        2.1.2 Der versteckte Dissens gemäß § 155 63

3. Das Zustandekommen der Einigung ohne Angebot und Annahme 65
    3.1 Die Einigung durch gemeinsame Erklärung 65
        3.1.1 Die Einigung bei vorbereiteten Verträgen 66
        3.1.2 Die Einigung nach Verhandlungen über einzelne
             Vertragsbestandteile 66
    3.2 Der Vertragsschluss durch „sonstiges Verhalten" 66
        3.2.1 Die Fortsetzung des beendeten Vertrages 67
        3.2.2 Der Vertragsschluss bei Inanspruchnahme von Leistungen
             im Rahmen der Daseinsvorsorge 67
        3.2.3 Das Zustandekommen des Vertrages durch Schweigen 68
             Fall 10: Schweigen nach verspäteter Annahme
             des Versicherungsantrags 70
             Fall 11: Nicht zugesagte „Fritten" 73

3. Abschnitt: Das einseitige Rechtsgeschäft und die geschäftsähnlichen Handlungen 76

1. Die einseitigen Rechtsgeschäfte in den einzelnen Sachgebieten 76
    1.1 Die einseitigen Rechtsgeschäfte im BGB AT 76
    1.2 Die einseitigen Rechtsgeschäfte im Schuldrecht 77

1.3 Die einseitigen Rechtsgeschäfte im Sachenrecht 78
1.4 Die einseitigen Rechtsgeschäfte im Erbrecht 78

2. Die Wirksamkeitsvoraussetzungen des einseitigen Rechtsgeschäfts 79
2.1 Die Anwendung der Regeln über Rechtsgeschäfte 79
2.2 Die Besonderheiten beim einseitigen Rechtsgeschäft 80

4. Abschnitt: Auslegung 81

1. Vorrang des erkannten Willens 82

2. Die normative Auslegung vom Empfängerhorizont 83
2.1 Auslegung vom Empfängerhorizont des Vertragspartners 84
Fall 12: Geschenkt oder geliehen? 84
2.2 Die Auslegung, wenn ein Empfangsvertreter eingeschaltet ist 86
Fall 13: Gewollte, nicht gewollte Wartung 86

3. Ausnahmen vom Grundsatz der Auslegung aus der Sicht des Empfängers. 87
3.1 Der Empfänger hat die Erklärung vorformuliert 87
Fall 14: Billiger Urlaub nach Werbeprospekt 87
3.2 Fälschung der vorformulierten Erklärung 88

4. Die ergänzende Vertragsauslegung 89
Fall 15: Zweitkäufer ohne Gewährleistungsansprüche 89

2. Teil: Die Bedingung und Befristung 91

1. Abschnitt: Die Bedingung 91

1. Der Begriff der Bedingung 91
1.1 Die aufschiebende und auflösende Bedingung 91
1.2 Die kasuelle Bedingung, die Potestativbedingung und die
Wollensbedingung 92
1.3 Die Rechtsbedingung ist keine Bedingung i.S.d. § 158 93

2. Die Zulässigkeit der Bedingung 93

3. Die Rechtsfolgen des bedingten Rechtsgeschäftes 94
3.1 Folgen des Eintritts der Bedingung 94
3.2 Der Schutz des bedingt Berechtigten nach §§ 160–162 94
3.2.1 Die Haftung des Verpflichteten während der Schwebezeit
gemäß § 160 95
3.2.2 Der Schutz vor Verfügungen gemäß § 161 95
3.2.3 Der Schutz des Berechtigten gemäß § 162 96

2. Abschnitt: Die Befristung 96

1. Der Begriff der Befristung 96
2. Befristet oder betagt? 97
3. Die entsprechende Anwendung der Regeln der Bedingung 97

3. Teil: Die Vertretung 99

1. Abschnitt: Die Zulässigkeit der Vertretung 100
1. Rechtsgeschäfte 100
2. Die höchstpersönlichen Rechtsgeschäfte 101

2. Abschnitt: eigene Willenserklärung im fremden Namen 101
1. Vertreter oder Bote 101
   1.1 Vertretung auch bei der sog. „gebundenen Marschroute" 103
   1.2 Der Handelnde tritt nicht so auf, wie ihm aufgetragen worden ist 103
      1.2.1 Das getätigte Rechtsgeschäft wird von der Boten- bzw. Vertretungsmacht gedeckt 103
      1.2.2 Das getätigte Rechtsgeschäft wird von der Boten- bzw. Vertretungsmacht nicht gedeckt 104
2. Das Handeln im fremden Namen gemäß § 164 105
   2.1 Die Offenkundigkeit 106
      2.1.1 Das Handeln für einen noch zu benennenden Dritten 106
         Fall 16: Nachträglich benannter Grundstückskäufer 106
      2.1.2 Ermittlung des Vertragspartners durch Auslegung 107
         Fall 17: Irrtum über den Betriebsinhaber 107
      2.1.3 Die Auslegungsregel des § 164 Abs. 2 109
         Fall 18: Günstiger Mercedes 190 109
   2.2 Die Einschränkungen des Offenkundigkeitsgrundsatzes 111
      2.2.1 Das Geschäft für den, den es angeht 111
         Fall 19: Kauf für einen anderen 111
      2.2.2 Das Handeln unter fremdem Namen 113
         Fall 20: Einkauf auf fremde Rechnung 114

3. Abschnitt: Die Vertretungsmacht 116
1. Erteilung der Vollmacht und das Grundverhältnis 116
   1.1 Die Erteilung der Vollmacht 116
      1.1.1 Die Art und Weise der Vollmachterteilung 116
      1.1.2 Der Umfang der Vollmacht 117
      1.1.3 Die Form der Vollmacht 117
   1.2 Die Vollmacht und das zugrundeliegende Rechtsgeschäft 119
      1.2.1 Die Unabhängigkeit der Vollmacht vom Grundgeschäft – Abstraktionsprinzip 119
      1.2.2 Die Bedeutung der Weisung im Innenverhältnis 121
2. Das Erlöschen der Vollmacht 122
   2.1 Das Erlöschen, weil das zugrundeliegende Rechtsgeschäft erlischt 122
   2.2 Das Erlöschen der Vollmacht durch Widerruf 123

2.3 Die Anfechtung der Vollmacht 124
    Fall 21: Rückwirkend ohne Vertretungsmacht 124

3. Der gute Glaube an die Vollmacht 128
   3.1 Der Schutz des Erklärungsempfängers gemäß §§ 170–173 128
   3.2 Die Duldungs- und Anscheinsvollmacht 129
      3.2.1 Die Duldungsvollmacht 130
      3.2.2 Die Anscheinsvollmacht 131
          Fall 22: Die teure Werbeagentur 131

4. Die gesetzliche Vertretung 133
   4.1 Die Begründung der gesetzlichen Vertretung 133
   4.2 Die Anwendung der §§ 164 ff. auf die gesetzliche Vertretung ... 133

5. Die Beschränkung der Vertretungsmacht 135
   5.1 Die Beschränkung der Vertretungsmacht gemäß § 181 135
      5.1.1 Die nach dem Wortlaut des § 181 unzulässigen
           Rechtsgeschäfte 135
      5.1.2 Die Anwendung des § 181 über den Wortlaut hinaus 136
          Fall 23: Gelöschte Zwangshypothek 137
   5.2 Der Missbrauch der Vertretungsmacht 139

4. Abschnitt: Die Rechtsfolgen wirksamer Vertretung 142

1. Die Rechtsfolgen in der Person des Vertretenen 142

2. Willensmängel, Kenntnis und Kennenmüssen 142
   2.1 Die Regelung des § 166 Abs. 1 143
      Fall 24: Vergesslicher Einkäufer 145
   2.2 Die Regelung des § 166 Abs. 2 148
      Fall 25: Der arglistige Maschinenverkäufer 148

5. Abschnitt: Der Vertreter ohne Vertretungsmacht 150

1. Die Beseitigung des Schwebezustandes gemäß §§ 177, 178 150
   1.1 Die Genehmigung des Vertrages durch den Vertretenen 150
   1.2 Die Verweigerung der Genehmigung sowie der Widerruf
      gemäß § 178 151

2. Die Haftung des Vertreters ohne Vertretungsmacht, § 179 152
   2.1 Der Vertreter ohne Vertretungsmacht haftet nicht nach § 179 ... 152
   2.2 Die Rechtsfolge aus § 179 152

3. Das einseitige Rechtsgeschäft des Vertreters
   ohne Vertretungsmacht 153

6. Abschnitt: Die Untervollmacht 153

1. Die Erteilung der Untervollmacht 153

2. Die fehlende Untervollmacht 154

3. Die fehlende Hauptvollmacht 154
           Fall 26: Anmietung eines Pkw durch Zeitschriftenwerber 154

4. Teil: Die Zustimmung, insbesondere die Ermächtigung 158

1. Abschnitt: Die Zustimmung, §§ 182 ff. 158

1. Die maßgeblichen Regelungen 158

2. Die Wirkung der Einwilligung 159

3. Die Genehmigung 160
    3.1 Die Erklärung der Genehmigung 160
           Fall 27: Unbewusste Genehmigung 160
    3.2 Die Rückwirkung der Genehmigung 162
           Fall 28: Zweimal abgetreten 162
    3.3 Die Verweigerung der Genehmigung 163

2. Abschnitt: Die Ermächtigung 163

1. Die Ermächtigung zu einer Verfügung, § 185 Abs. 1 163

2. Die Einziehungsermächtigung 164

3. Die Verpflichtungsermächtigung 164

LITERATURVERZEICHNIS

Lehrbücher

Brehm	Allgemeiner Teil des BGB 3. Aufl., Stuttgart-München-Hannover-Berlin-Weimar-Dresden 1997
Brox	Allgemeiner Teil des Bürgerlichen Gesetzbuchs 23. Aufl., Köln-Berlin-Bonn-München 1999 (zit.: Brox AT)
Canaris	Die Vertrauenshaftung im deutschen Privatrecht Heidelberg 1983
Enneccerus/Nipperdey	Allgemeiner Teil des Bürgerlichen Rechts Band I und II 15. Aufl. Tübingen 1959/60
Flume	Allgemeiner Teil des bürgerlichen Rechts zweiter Band Das Rechtsgeschäft 4. Aufl., Berlin-Heidelberg-New York 1992
Hübner	Allgemeiner Teil des Bürgerlichen Gesetzbuches 2. Aufl., Berlin, NewYork 1996
Köhler	BGB-Allgemeiner Teil 24. Aufl., München 1998
Medicus	Allgemeiner Teil des BGB 7. Aufl., Heidelberg 1997 (zit.: Medicus AT) Bürgerliches Recht 18. Aufl., Köln-Berlin-Bonn-München 1999 (zit.: Medicus BR)
Larenz/Wolf	Allgemeiner Teil des deutschen Bürgerlichen Rechts 8. Aufl., München 1997

Leipold	BGB I, Einführung und Allgemeiner Teil Tübingen 1999
Wörlen	BGB AT Einführung in das Recht Allgemeiner Teil des BGB 5. Aufl., Köln-Berlin-Bonn-München 1999

Kommentare:

BGB-RGRK	Das Bürgerliche Gesetzbuch Kommentar, herausgeg. von Mitgliedern des Bundesgerichtshofes Band I (§§ 1–240) 12. Aufl., Berlin-New York 1982 (zit.: RGRK/Bearbeiter)
Erman	Bürgerliches Gesetzbuch 1. Band (§§ 1–853) 10. Aufl., Münster/Köln 2000 (zit.: Erman/Bearbeiter)
Jauernig	Bürgerliches Gesetzbuch 9. Aufl., München 1999 (zit.: Jauernig bzw. Jauernig/Bearbeiter)
Münchener Kommentar	zum Bürgerlichen Gesetzbuch Band 1: Allgemeiner Teil (§§ 1–240), AGB-Gesetz 3. Aufl., München 1993 (zit.: MünchKomm/Bearbeiter)
Palandt	Bürgerliches Gesetzbuch 59. Aufl., München 2000 (zit.: Palandt/Bearbeiter)
Soergel	Bürgerliches Gesetzbuch Band 1: Allgemeiner Teil (§§ 1–240) 12. Aufl., Stuttgart-Berlin-Köln-Mainz 1987 Band 1: Allgemeiner Teil 2 (§§ 104–240) 13. Aufl., Stuttgart-Berlin-Köln-Mainz 1999 (zit.: Soergel/Bearbeiter)

Staudinger	J. v. Staudingers Kommentar zum Bürgerlichen Gesetzbuch
	Einleitung zum Bürgerlichen Gesetzbuch Erstes Buch Allgemeiner Teil (§§ 90–240) 12. Bearb., Berlin 1979
	(§§ 134–163) 13. Bearb., Berlin 1996
	(§§ 164–240) 13. Bearb., Berlin 1995 (zit.: Staudinger/Bearbeiter)

Einleitung

Die Vorschriften der einzelnen Rechtsgebiete enthalten nur die gebietstypischen Regelungen. Die allgemeinen, für alle Rechtsgebiete gültigen Regeln sind im BGB AT (§§ 1–240) enthalten. Die allgemeinen Regeln sind also „vor die Klammer" gezogen und gelten im gesamten Zivilrecht, soweit keine vorrangigen Sonderregeln eingreifen.

Beispiele:

Für das zu Stande kommen des Kaufvertrages durch Angebot und Annahme gelten die §§ 145 ff. Bei der Berechnung der Verjährungsfrist des § 477 gelten die §§ 186 ff. Hemmung oder Unterbrechung der Verjährung ist nach §§ 202 ff. möglich.

Wird der Veräußerer bei der Übertragung einer beweglichen Sache gemäß § 929 S. 1 arglistig getäuscht, kann er seine Erklärung gemäß § 123 anfechten.

Bei der Übereignung eines Grundstücks nach §§ 823, 925 können sich die Parteien gemäß §§ 164 ff. vertreten lassen. § 925, der die gleichzeitige Anwesenheit des Veräußerers und des Erwerbers vor dem Notar verlangt, schließt eine Vertretung nicht aus (Palandt/Bassenge § 925 Rdnr. 5).

Eheverträge i.S.d. §§ 1408 ff. dürfen weder gegen gesetzliche Verbote verstoßen (§ 134) noch sittenwidrig sein (§ 138). Ist ein Teil eines Ehevertrages nichtig, richtet sich die Frage der Wirksamkeit des Vertrags ingesamt nach § 139.

Das Testament muss den Erfordernissen einer Willenserklärung genügen. Nach h.M. ist der geheime Vorbehalt gemäß § 116 unbeachtlich. Ansonsten gelten für das Testament Sonderregeln. Die Testierfähigkeit ist in § 2229 geregelt. Eine Vertretung gemäß §§ 164 ff. oder durch einen gesetzlichen Vertreter ist durch die Sonderregelung des § 2064 ausgeschlossen. Die Anfechtung eines Testamentes richtet sich nicht nach den §§ 119 ff., da in den §§ 2078 ff. vorrangige Regelungen bestehen.

Die Regelungen des BGB AT im Überblick:

§§ 1–240 Erstes Buch. Allgemeiner Teil

§§ 1–89	Erster Abschnitt. Personen	
§§ 1–14	Erster Titel. Natürliche Personen	
§§ 21–89	Zweiter Titel. Juristische Personen	── AS Skript GesellschaftsR
§§ 21–79	I. Vereine	
§§ 80–88	II. Stiftungen	
§ 89	III. Juristische Personen des öffentlichen Rechts	
§§ 90–103	Zweiter Abschnitt. Sachen. Tiere	── AS Skripten Sachenrecht
§§ 104–185	Dritter Abschnitt. Rechtsgeschäfte	
§§ 104–113	Erster Titel. Geschäftsfähigkeit	
§§ 116–144	Zweiter Titel. Willenserklärung	
§§ 145–157	Dritter Titel. Vertrag	**Schwerpunkt der Skripten**
§§ 158–163	Vierter Titel. Bedingung. Zeitbestimmung	**BGB AT 1 u. 2**
§§ 164–181	Fünfter Titel. Vertretung. Vollmacht	
§§ 182–185	Sechster Titel. Einwilligung. Genehmigung	
§§ 186–193	Vierter Abschnitt. Fristen. Termine	
§§ 194–225	Fünfter Abschnitt. Verjährung	
§§ 226–231	Sechster Abschnitt. Ausübung der Rechte. Selbstverteidigung. Selbsthilfe	
§§ 232–240	Siebenter Abschnitt. Sicherheitsleistung	

Auch wenn die Vorschriften des BGB AT für das gesamte Zivilrecht gelten, gibt es doch Abschnitte und Titel, die sich inhaltlich besser in bestimmte Rechtsgebiete einfügen. Das Recht der juristischen Personen (§§ 21–89) gehört dogmatisch zum BGB AT; eine juristische Person kann z.B. schuldrechtliche Verträge i.S.d. §§ 241 ff. abschließen oder Eigentümer i.S.d. §§ 903 ff. sein. Inhaltlich kann man insbesondere das Vereinsrecht jedoch besser dem Gesellschaftsrecht zuordnen (vgl. AS-Skript Gesellschaftsrecht (1999), S. 217 ff.). Die §§ 90 ff. sind entsprechend ihrem Regelungsgehalt dem Sachenrecht zugeordnet.

Die Ausübung der Rechte (§§ 226–231) wird im Recht der unerlaubten Handlung behandelt. Die Sicherheitsleistung gemäß §§ 232–240 ist nicht ausbildungsrelevant.

Die Regeln über Rechtsgeschäfte stellen den eindeutigen Schwerpunkt des Allgemeinen Teils des BGB dar.

1. Die Regelungen, die die natürliche Person betreffen (§§ 1–14)

▶ Mit der Vollendung der Geburt erwirbt die Person die Rechtsfähigkeit (§ 1), d.h. sie kann Trägerin von Rechten und Pflichten sein.

- Das Kind kann Gläubiger oder Schuldner eines Schuldverhältnisses sein – Kaufpartei, Mietpartei –.

- Das Kind kann Inhaber von Rechten an einer Sache sein: Eigentümer, Hypothekengläubiger.

- Das Kind kann Erbe sein, Mitglied einer Gesellschaft oder eines Vereins.

▶ Mit der Vollendung des 18. Lebensjahres ist die Person volljährig (§ 2). Sie kann selbstständig Kaufverträge abschließen und über ihre Rechte verfügen, indem sie diese überträgt, belastet oder inhaltlich verändert. Sie kann mit anderen eine Gesellschaft, einen Verein gründen. Die volljährige Person kann in vollem Umfang eigenverantwortlich auf allen Rechtsgebieten rechtsverbindlich handeln.

Die Handlungsfähigkeit der Minderjährigen ist gesondert geregelt:

- Minderjährige können durch Abgabe von Erklärungen nur unter den Voraussetzungen der §§ 107 ff. rechtsverbindlich handeln. Grundsatz: Sie können keine rechtlich belastenden Erklärungen allein abgeben.

- Minderjährige sind gemäß § 828 Abs. 2 für unerlaubte Handlungen nur dann verantwortlich, soweit sie über die erforderliche Einsicht verfügen.

▶ In den §§ 7–11 ist der Wohnsitz der Person geregelt und in § 12 das Namensrecht.

▶ Neu im BGB sind die §§ 13 und 14 mit den Definitionen des Verbrauchers und des Unternehmers.

Auf diese Definitionen beziehen sich § 1 FernAbsG, § 1 VerbrKrG, § 1 HWiG und § 24a AGBG.

2. Rechtsgeschäfte

2.1 Definitionen

Das **Rechtsgeschäft** besteht aus einer oder mehreren Willenserklärungen, die allein oder i.V.m. anderen Tatbestandsmerkmalen eine Rechtsfolge herbeiführen, weil sie gewollt ist.

Palandt/Heinrichs Überbl. v. § 104 Rdnr. 2; ähnlich Brox Rdnr. 94.

Nach dieser heute üblichen Terminologie ist zwischen der Willenserklärung und dem Rechtsgeschäft zu unterscheiden. Zwar setzt jedes Rechtsgeschäft zumindest eine Willenserklärung voraus, aber nicht jede Willenserklärung ist ein Rechtsgeschäft, insbesondere weil häufig zwei Willenserklärungen zum zu Stande kommen des Rechtsgeschäfts erforderlich sind.

Medicus AT Rdnr. 243; Schreiber Jura 1999, 275.

So ist das Angebot zum Abschluss eines Kaufvertrages zwar eine Willenserklärung, aber noch kein Rechtsgeschäft, weil es allein noch keine Rechtsfolge auslöst. Erst mit der Annahmeerklärung kommt das Rechtsgeschäft „Kaufvertrag" zu Stande und es entstehen als Rechtsfolge die Verpflichtungen der Parteien gemäß §§ 433 ff.

Der Gesetzgeber hat die Begriffe Willenserklärung und Rechtsgeschäft als gleichbedeutend angesehen (Medicus AT Rdnr. 242 unter Hinweise auf die Motive). Dementsprechend unterscheidet das Gesetz nicht streng zwischen dem Tatbestand der Willenserklärung einerseits und dem des Rechtsgeschäftes andererseits. So sprechen z.B. die §§ 119 Abs. 1, 120 und 123 von der Anfechtung einer Willenserklärung. In §§ 142 Abs. 1 ist hingegen bestimmt: Wird ein anfechtbares Rechtsgeschäft angefochten, so ist es als von Anfang an nichtig anzusehen. Auch in den §§ 143, 144 ist von der Anfechtung des Rechtsgeschäfts die Rede.

Eine **Willenserklärung** ist die Äußerung eines auf Herbeiführung einer Rechtswirkung gerichteten Willens. Jedenfalls eine fehlerfreie Willenserklärung setzt sich zusammen aus der Äußerung des Willens (der **Erklärung**) und dem entsprechenden inneren **Willen** des Erklärenden.

Eine gesetzliche Definition der Willenserklärung fehlt. Das ist darauf zurückzuführen, dass beim Erlass des BGB keine Einigung erzielt werden konnte: Die Anhänger der Erklärungstheorie stellten maßgeblich auf die äußere Erklärung ab, während die Anhänger der Willenstheorie den wahren Willen des Erklärenden als entscheidend bewerteten (Flume §§ 4, 6).

2.2 Arten von Rechtsgeschäften

2.2.1 Einseitige und mehrseitige Rechtsgeschäfte

A) Der Vertrag

Wer im Verhältnis zu einer anderen Person Rechtsfolgen herbeiführen will, muss sich grundsätzlich mit dieser Person über den Eintritt der Rechtsfolgen einigen. Die Parteien müssen übereinstimmende Erklärungen bezüglich des erstrebten Rechtserfolges abgeben.

- Die Privatperson kann sich einer anderen gegenüber grds. zu jedem ihr möglichen Verhalten verpflichten. Es kann ein Verpflichtungsvertrag abgeschlossen werden wie Kauf-, Miet-, Werk-, Bürgschaftsvertrag usw.
- Der Rechtsinhaber kann sein Sachenrecht durch Einigung über eine Rechtsänderung übertragen, belasten oder inhaltlich verändern. Die Rechtsänderung – die Rechtsfolge – tritt jedoch erst mit dem Vollzug der Einigung ein; bewegliche Sachen müssen übergeben werden (§ 929 S. 1), Grundstücke und Grundstücksrechte im Grundbuch eingetragen werden, § 873 Abs. 1.
- Die Eheleute können einen Ehevertrag, der Erblasser kann zu Gunsten eines Dritten einen Erbvertrag abschließen.

B) Das einseitige Rechtsgeschäft

Die Privatperson kann im Verhältnis zu einer anderen Person einseitig durch Willenserklärung Rechtsfolgen auslösen, wenn es vereinbart worden ist oder eine gesetzliche Vorschrift es gestattet.

- Sie kann bei Vorliegen eines vertraglichen oder gesetzlichen Grundes kündigen, vom Vertrag zurücktreten, die Anfechtung erklären, aufrechnen usw.
- Die – einseitige – Zustimmung zu einem schwebend unwirksamen Geschäft bewirkt die Wirksamkeit dieses Rechtsgeschäfts. Die Verweigerung der Zustimmung hat die Unwirksamkeit zur Folge.

C) Gesellschaftsverträge und Beschlüsse

Mehrere Personen können zum Zwecke der Gründung einer Gesellschaft oder eines Vereins einen Gesellschaftsvertrag abschließen; sie können Beschlüsse zur Regelung der inneren Angelegenheiten fassen.

2.2.2 Verpflichtungsgeschäfte und Verfügungsgeschäfte

A) **Verpflichtungsgeschäfte** sind alle Rechtsgeschäfte, die ein Schuldverhältnis begründen, die also mindestens einen **Anspruch** des Gläubigers auf ein Tun oder Unterlassen des Schuldners begründen.

Leipold Rdnr. 225; vgl. auch AS-Skript Schuldrecht AT 1 (1999) S. 3 ff.

B) **Verfügungsgeschäfte** sind alle Rechtsgeschäfte, die auf eine **Rechtsänderung** gerichtet sind. Bei der Rechtsänderung kann es sich um eine Übertragung, Belastung, Aufhebung oder Inhaltsänderung des Rechts handeln.

BGHZ 75, 221, 226; Medicus AT Rdnr. 208; Köhler § 12 Rdnr. 13.

Beispiele für Verfügungsgeschäfte:

Übereignung beweglicher Sachen gemäß § 929 ff.,
Übereignung von Grundstücken gemäß §§ 873, 925,
Belastung eines Grundstücks mit einer Grundschuld (§§ 873, 1191),
Belastung einer beweglichen Sache mit einem Pfandrecht (§ 1204),
Übertragung einer Forderung gemäß § 398.

Rechtsänderungen wirken gegenüber jedermann. Übereignet z.B. der Veräußerer dem Erwerber eine Sache gemäß § 929 S. 1, ist der Erwerber nicht nur im Verhältnis zum Veräußerer Eigentümer, sondern gegenüber jedermann. Beschädigt ein Dritter die Sache, kann der Erwerber als Eigentümer den Anspruch aus § 823 Abs. 1 geltend machen.

Da Verfügungen gegenüber jedermann wirken, gilt für Verfügungsgeschäfte der Bestimmtheitsgrundsatz. Spätestens bei Wirksamwerden der Verfügung muss feststehen, auf welche Gegenstände sie sich bezieht.

Für die meisten Verfügungsgeschäfte ist außer der Einigung der Partei zum Rechtsübergang noch ein **Vollzugsmoment** erforderlich. Zur Übereignung beweglicher Sachen ist grundsätzlich gemäß §§ 929 S.1 die Übergabe erforderlich. Das Eigentum an Grundstücken geht gemäß § 873 erst mit der Eintragung im Grundbuch auf den Erwerber über.

Verfügungsgeschäfte haben grundsätzlich nur dann eine Rechtsänderung zur Folge, wenn der Verfügende auch **Berechtigter** ist. Ausreichend ist aber auch, wenn der Verfügende mit der Zustimmung des Berechtigten gemäß § 185 handelt. Häufig ist auch ein gutgläubiger Erwerb möglich (z.B.: §§ 932 ff.; § 892).

C) Die Trennung zwischen Verpflichtungs- und Verfügungsgeschäft ist eine der wesentlichen Prinzipien des deutschen Zivilrechts (Trennungsprinzip). In unmittelbarem Zusammenhang damit steht die Unabhängigkeit des Verfügungsgeschäfts von der Wirksamkeit des Verpflichtungsgeschäfts (Abstraktionsprinzip).

Da die Unabhängigkeit des Verfügungsgeschäfts von dem Verpflichtungsgeschäft notwendigerweise die Trennung voraussetzt und eine Trennung nur vorgenommen wurde, um die Abstraktion zu ermöglichen, werden teilweise die Begriffe Trennungsprinzip und Abstraktionsprinzip nicht unterschieden (Martinek JuS 1993, 615 m.w.N.; für eine strikte Trennung der Begriffe: Jauernig JuS 1993, 614; 1994, 721).

I) Trennungsprinzip

Allein das Verpflichtungsgeschäft bewirkt noch keine Rechtsänderung. Es besteht zunächst ein Anspruch des Gläubigers gegen den Schuldner auf Vornahme der Rechtsänderung. Dieser Anspruch wird erfüllt durch das jeweilige Verfügungsgeschäft.

Beispiele:

Kaufverträge über bewegliche Sachen haben nicht den Übergang des Eigentums zur Folge; der Käufer hat lediglich einen Anspruch auf Übereignung aus § 433 Abs. 1. Dieser Anspruch wird erfüllt durch die Übereignung gemäß § 929 S. 1.

Kaufverträge über Forderungen bewirken nicht den Übergang der Forderung; der Käufer hat einen Anspruch auf Abtretung der Forderung aus § 433 Abs. 1. Dieser Anspruch wird erfüllt durch die Abtretung der Forderung gemäß § 398.

II) Abstraktionsprinzip

Das Abstraktionsprinzip beinhaltet zwei Abstraktionen. Zum einen ist das Verfügungsgeschäft von dem Vorhandensein und der Wirksamkeit eines Verpflichtungsgeschäftes unabhängig (äußerliche Abstraktion). In seiner zweiten Ausprägung besagt das Abstraktionsprinzip, dass die Bezugnahme auf das zu Grunde liegende Kausalgeschäft nicht zum Inhalt des Verfügungsgeschäftes gehört (inhaltliche Abstraktion). Die Zweckbestimmung, d.h. die Frage, warum die Verfügung vorgenommen wird, ist nicht Bestandteil des Verfügungsgeschäftes.

1) Äußerliche Abstraktion

Das Verfügungsgeschäft ist von dem Vorhandensein und der Wirksamkeit eines Verpflichtungsgeschäftes unabhängig. Beide Rechtsgeschäfte sind unabhängig voneinander auf ihre Wirksamkeit zu prüfen.

Palandt/Heinrichs Überbl v § 104 Rdnr. 22; Medicus AT Rdnr. 224; Köhler § 12 Rdnr. 15; Martinek JuS 1993, 615; Jauernig JuS 1994, 721.

Beispiel:
V verkauft und übergibt dem Minderjährigen M ein Fahrrad. Dabei handelt M ohne Einwilligung seiner Eltern, die auch eine Genehmigung ablehnen.
(I) Der Kaufvertrag ist gemäß § 107 unwirksam. Er ist nicht lediglich rechtlich vorteilhaft, weil er den M verpflichten würde, den Kaufpreis zu zahlen.
(II) Mit der Übergabe hat V dem M konkludent das Eigentum gemäß § 929 S. 1 übertragen. Das Übereignungsgeschäft ist wirksam, weil es lediglich rechtlich vorteilhaft i.S.d. § 107 ist, denn M erwirbt das Eigentum (Larenz/Wolf § 23 Rdnr. 78). Die Unwirksamkeit des Kaufvertrages hat keine Auswirkung auf die Übereignung.
(III) V hat gegen M einen Anspruch auf Rückübertragung des Fahrrades gemäß § 812 Abs. 1 S. 1, 1. Fall. M hat durch Leistung des V Eigentum und Besitz an dem Fahrrad erlangt. Für diese Vermögensverschiebung besteht kein Rechtsgrund, da der Kaufvertrag unwirksam ist.

2) Einschränkungen des (äußerlichen) Abstraktionsprinzips

a) Die Parteien können die Wirksamkeit des Verpflichtungsgeschäftes als **Bedingung** (§ 158) für die Wirksamkeit der Verfügung vereinbaren, soweit dies nicht ausgeschlossen ist, wie in § 925 Abs. 2. Das Gesetz geht auch in § 455 davon aus, dass die Übereignung bedingt sein kann. Danach kann die Übereignung unter der Bedingung vollständiger Kaufpreiszahlung erfolgen. Da die Bedingung bei Unwirksamkeit des Kaufvertrags nicht mehr eintreten kann, ist – bis zur vollständigen Kaufpreiszahlung – die Übereignung von der Wirksamkeit des Kaufvertrages abhängig.

Jauernig JuS 1994, 721, 723; Haferkamp Jura 1998, 511, 514; Palandt/Heinrichs Überbl v § 104 Rdnr. 24.

b) Nach der Rechtsprechung und wohl auch der h.L. kann das Verpflichtungs- und das Verfügungsgeschäft in der Weise verbunden sein, dass beide Geschäfte ein **einheitliches Rechtsgeschäft i.S.d. § 139** darstellen.

BGH WM 1989, 723; NJW 1991, 917, 918; Palandt/Heinrichs § 139 Rdnr. 7; Eisenhardt JZ 1991, 271; Haferkamp Jura 1998, 511, 515.

Nach der Gegenansicht (Flume § 12 III 4; Larenz/Wolf § 45 Rdnr. 11; Medicus AT Rdnr. 241; Staudinger/Roth § 139 Rdnr. 54; Hübner Rdnr. 658; Grigoleit AcP 199, 379, 414 ff.) widerspricht die Annahme einer Geschäftseinheit i.S.d. § 139 dem Abstraktionsprinzip. Wenn die Parteien eine Verknüpfung zwischen Verpflichtung und Verfügung wollten, könnten sie eine entsprechende Bedingung vereinbaren.

Jauernig (JuS 1994, 721, 724) weist zu Recht darauf hin, dass auch nach der h.M. die Möglichkeit, ein einheitliches Geschäft zu vereinbaren, kaum praktische Bedeutung hat und „weitgehend auf dem Papier" steht.

c) Nichtigkeitsgründe können sowohl das Verpflichtungsgeschäft als auch das Verfügungsgeschäft erfassen (**Fehleridentität**). Dies ist keine echte Ausnahme von dem Abstraktionsprinzip, da der Fehler unstreitig für beide Geschäfte getrennt geprüft werden muss. Bei der Fehleridentität geht es vielmehr um die Frage, ob sich bestimmte Nichtigkeitsgründe regelmäßig auf beide Rechtsgeschäfte auswirken.

▶ Die Nichtigkeit des Verpflichtungsgeschäftes gemäß § 138 Abs. 2 wirkt sich regelmäßig auch auf das Verfügungsgeschäft des Bewucherten aus.

BGH NJW 1988, 2364; 1994, 1275[@]; 1994, 1470[@]; Palandt/Heinrichs § 138 Rdnr. 75. Dies ist der Formulierung in § 138 Abs. 2 „oder gewähren lässt" zu entnehmen. Die Nichtigkeit erstreckt sich aber nicht auf das Erfüllungsgeschäft des Wucherers (Staudinger/Sack § 138 Rdnr. 225).

▶ Anders ist dies bei der Nichtigkeit des Verpflichtungsgeschäftes wegen Sittenwidrigkeit gemäß § 138 Abs. 1. Die Herbeiführung der Rechtsänderung ist in der Regel wert- und motivneutral. Verfügungsgeschäfte können daher grundsätzlich nicht wegen ihres Inhalts sittenwidrig sein. Ausnahmsweise kann jedoch die Sittenwidrigkeit gerade im Vollzug der Leistung liegen.

BGH ZIP 1997, 931[@]; z.B. bei der ursprünglichen Übersicherung oder der Knebelung des Schuldners bei einer Sicherungsübereignung [AS-Skript Sachenrecht 1, S. 72 f.]

▶ Die Nichtigkeit wegen eines Gesetzesverstoßes gemäß § 134 wirkt sich regelmäßig nur auf das Verpflichtungsgeschäft aus. Dies gilt ausnahmsweise dann nicht, wenn die Umstände, die die Verbotswidrigkeit des Kausalgeschäfts begründen, zugleich auch das Erfüllungsgeschäft betreffen.

BGHZ 115, 123, 130; 122, 115, 122; AS-Skript BGB AT 2 (2000) 5. Teil, 2. Abschnitt.

▶ Wird jemand arglistig getäuscht oder bedroht, wirkt sich dieses zumeist auch bei dem Verfügungsgeschäft aus. Die Nichtigkeit wegen einer Anfechtung gemäß §§ 142, 123 erfasst regelmäßig beide Rechtsgeschäfte.

Jauernig JuS 1994, 721, 724; Haferkamp Jura 1998, 511, 512; Grigoleit AcP 199, 379, 404 ff.

▶ Bei der Anfechtung des Verpflichtungsgeschäftes wegen Inhaltsirrtums gemäß § 119 Abs. 1 bleibt das Verfügungsgeschäft grundsätzlich wirksam. Ausnahmen bestehen, wenn beide Rechtsgeschäfte an demselben Willensmangel leiden.

MünchKomm/Mayer-Maly § 142 Rdnr. 10; Haferkamp JuS 1998, 511, 513.

▶ Die Anfechtung wegen Irrtums über eine verkehrswesentliche Eigenschaft gemäß § 119 Abs. 2 wird in aller Regel nur das Verpflichtungsgeschäft betreffen. Eigenschaften i.S.v. § 119 Abs. 2 sind für die Verfügung grundsätzlich nicht verkehrswesentlich.

Grigoleit AcP 199, 379, 397 ff.; Haferkamp JuS 1998, 511, 513.

§ 119 Abs. 2 kann aber ausnahmsweise dann für das Verfügungsgeschäft gelten, wenn die Verfügung ohne den Irrtum anders ausgefallen wäre.

Beispiel (Westermann/Westermann, Sachenrecht, § 4 IV 1): Verzicht auf Eigentumsvorbehalt wegen Irrtums über die Kreditwürdigkeit des Geschäftspartners.

d) Nach der h.M. ist für die Frage, ob eine Schenkung für einen beschränkt Geschäftsfähigen lediglich rechtlich vorteilhaft ist, eine Gesamtbetrachtungsweise des schuldrechtlichen und des dinglichen Geschäfts maßgeblich.

Martinek JuS 1993, L-19; Jauernig JuS 1994, 721, 722; MünchKomm/Gitter § 107 Rdnr. 9; vgl. AS-Skript BGB AT 2 (2000) 5. Teil, 1. Abschnitt.

3) Inhaltliche Abstraktion – kausale und abstrakte Rechtsgeschäfte

Das Verfügungsgeschäft enthält keine kausale Zweckbestimmung, es ist inhaltlich abstrakt. Es enthält keinen Hinweis darauf, warum es vorgenommen wurde und was sein Rechtsgrund (causa) sein soll.

Jauernig JuS 1994, 721, 722; Grigoleit AcP 199, 379, 380.

Gegenbegriff zu dem (inhaltlich) abstrakten Rechtsgeschäft ist das kausale Rechtsgeschäft, das seinen Rechtgrund in sich trägt. Die Unterscheidung zwischen kausalen und abstrakten Rechtsgeschäften wirkt sich im Bereicherungsrecht aus. Kausale Geschäfte stellen selbst einen Rechtsgrund dar, abstrakte Geschäfte bedürfen eines Rechtsgrundes, um bereicherungsrechtlich Bestand zu haben.

Beispiel:

A übereignet dem B eine Standuhr gemäß § 929 S. 1 durch Einigung und Übergabe. Die Einigung beschränkt sich darauf, den Willen zur Eigentumsübertragung zu erklären. Es gehört nicht zum Inhalt des Verfügungsgeschäftes, warum A das Eigentum übertragen will und was der Rechtsgrund für die Übereignung sein soll, z.B. ein Kaufvertrag, ein Schenkungsvertrag oder ein Anspruch des B aus einem Vermächtnis (§ 2174).

Liegt der Übereignung kein wirksames Kausalgeschäft zu Grunde, ist B gemäß § 812 Abs. 1 S. 1 verpflichtet, das Eigentum an den A zurück zu übertragen.

Kausal sind die meisten Verpflichtungsgeschäfte wie Kauf, Werkvertrag, Schenkung. Ausnahmsweise können aber auch Verpflichtungsgeschäfte abstrakt sein, d.h. ihrerseits noch eines Rechtsgrundes bedürfen, um bereicherungsrechtlich Bestand zu haben. Dies ist der Fall bei dem abstrakten Schuldanerkenntnis nach §§ 780, 781 und bei Wechsel- und Scheckverpflichtungen.

1. Teil: Rechtsgeschäfte

1. Abschnitt: Willenserklärung

Eine Willenserklärung ist die **Äußerung** jedes **auf die Herbeiführung einer Rechtsfolge gerichteten Willens**.

Palandt/Heinrichs Einf v § 116 Rdnr. 1; Larenz/Wolf § 24 Rdnr. 1.

- Es muss der äußere Erklärungstatbestand gegeben sein. Die Erklärung muss auf einen Handlungswillen, Rechtsbindungswillen und einen Geschäftswillen schließen lassen.

- Bei der fehlerfreien Willenserklärung ist ein dem äußeren Erklärungstatbestand entsprechender innerer Erklärungstatbestand gegeben, d.h. der Erklärende hat tatsächlich den zum Ausdruck gekommenen Handlungswillen, Rechtsbindungswillen und Geschäftswillen. Für den Mindesttatbestand einer Willenserklärung ist diese Entsprechung nicht erforderlich. Es reicht, wenn die Erklärung dem Erklärenden zurechenbar ist.

Die empfangsbedürftige Willenserklärung wird erst durch Abgabe und Zugang wirksam.

In aller Regel sind Willenserklärungen empfangsbedürftig. Beispiele für nicht empfangsbedürftige Willenserklärungen sind die Auslobung nach § 657 und die Bestätigung nach § 144. Im Falle der Entbehrlichkeit des Zugangs einer Annahmeerklärung gemäß § 151 wird die Annahme teilweise als nicht empfangsbedürftige Willenserklärung angesehen (vgl. dazu unten S. 54).

1. Der Tatbestand der Willenserklärung

1.1 Der äußere Erklärungstatbestand

Die Willenserklärung muss den Schluss auf

- einen Handlungswillen,
- einen Rechtsbindungswillen und
- einen bestimmten Geschäftswillen zulassen.

Für den äußeren Erklärungstatbestand spielt es keine Rolle, ob der Erklärende den zum Ausdruck gekommenen Willen tatsächlich hatte. Entscheidend ist lediglich, ob die Erklärung aus der Sicht des Empfängers auf den Willen des Erklärenden, eine Rechtsfolge herbeizuführen, schließen lässt.

1.1.1 Der erforderliche – geäußerte – tatsächliche Handlungswille

Nur willensgesteuerte Verhaltensweisen können rechtlich erheblich sein. Daher mangelt es schon am äußeren Tatbestand einer Willenserklärung, wenn der „Erklärende" erkennbar nicht willensgesteuert tätig geworden ist.

Beispiele:

1. In einer Versteigerung gilt Kopfnicken als Angebot zum Kaufabschluss. A ist erkennbar eingeschlafen.
Auch wenn der Auktionator dem A den Zuschlag erteilt, ist kein Kaufvertrag zu Stande gekommen, weil A kein Angebot zum Abschluss eines Kaufvertrages gemacht hat. Sein Kopfnicken ist wegen des erkennbar fehlenden Handlungswillens keine Willenserklärung.
2. V bietet dem erkennbar volltrunkenen K seinen Wagen zum Kauf an. K lallt: „Einverstanden."
Zwischen V und K ist kein wirksamer Kaufvertrag zu Stande gekommen, weil K keine Annahmeerklärung geäußert hat. Das Verhalten des K ließ keinen Schluss auf einen Handlungswillen zu.

1.1.2 Der erforderliche – geäußerte – Rechtsbindungswille

Die Erklärung muss aus der Sicht des Empfängers darauf schließen lassen, dass das Erklärte rechtlich verbindlich sind soll. Ob der Erklärende einen Rechtsbindungswillen geäußert hat, muss im Wege der Auslegung ermittelt werden.

Die Auslegungsregeln der §§ 133 und 157 greifen nicht nur dann ein, wenn eine Willenserklärung vorliegt und nur der Inhalt der Erklärung undeutlich ist, sondern auch dann, wenn fraglich ist, ob überhaupt eine Willenserklärung vorliegt, also ob mit der abgegebenen Erklärung eine Rechtsbindung herbeigeführt werden soll (Palandt/Heinrichs § 133 Rdnr. 3).

▶ Erklärungen **ohne einen rechtlichen Bezug** wie Stellungnahme zu politischen Ereignissen, wissenschaftliche Äußerungen, der Gedankenaustausch zwischen Freunden und Bekannten oder Hilferufe lassen nicht auf einen Rechtsbindungswillen schließen und sind rechtlich unbeachtlich.

Vereinbaren die Partner einer nichtehelichen Lebensgemeinschaft, die Frau solle empfängsnisverhütende Mittel nehmen, läßt die Erklärung nicht auf einen Rechtsbindungswillen schließen. Der Mann kann keinen Schadensersatzanspruch wegen einer Vertragsverletzung geltend machen, wenn sich die Frau nicht an diese Vereinbarung hält. Die Partner einer nichtehelichen Lebensgemeinschaft wollen für ihre persönlichen und wirtschaftlichen Beziehung gerade keine rechtliche Regelung. Erst recht wollen sie ihre persönlichen, intimen Beziehung nicht zum Gegenstand einer vertraglichen Bindung machen (BGHZ 97, 372, 378@; Medicus AT Rdnr. 193a).

▶ In Erklärungen, die lediglich einen späteren Vertragsschluss vorbereiten sollen, kommt kein Rechtsbindungswille zum Ausdruck. Das gilt insbesondere von der Aufforderung zur Abgabe von Angeboten (invitatio ad offerendum).

▶ Es wird eine Auskunft, ein Rat erteilt.

▶ Es wird eine Gefälligkeit erwiesen.

▶ Es werden Erklärungen zum Schein (§ 117 Abs. 1) oder aus Scherz (§ 118) abgegeben.

1.1.2.1 Vorbereitung eines Vertrages

A) Werden Waren angepriesen oder einem unbestimmten Personenkreis im Schaufenster, Geschäft, in Inseraten „angeboten", so liegt mangels Rechtsbindungswillens kein Angebot vor.

I) Die **Schaufensterauslage** enthält kein Angebot zum Abschluss eines Kaufvertrages, weil der Verkäufer noch nicht gebunden sein will, die ausgestellte Ware zum ausgeschriebenen Preis an jeden zu verkaufen, der in den Laden kommt und die Annahme erklärt.

> **Fall 1: Preisgünstige Schaufensterauslage**
>
> K sieht im Schaufenster des Radio- und Fernsehgeschäftes des V einen gebrauchten Verstärker zum Preise von 2.600 DM. Er geht sofort in das Geschäft und erklärt, er kaufe das Gerät und wolle es sofort bezahlen und mitnehmen. V weigert sich, weil er dieses Gerät kurz zuvor an X verkauft hat und nur noch nicht dazu gekommen ist, es aus dem Fenster zu nehmen. Kann der K Übertragung des Gerätes verlangen?

K hat einen Anspruch auf Übereignung und Übergabe gemäß § 433 Abs. 1, wenn K mit V einen Kaufvertrag abgeschlossen hat. Die für das Zustandekommen des Kaufvertrages erforderliche Einigung kann hier durch Angebot und Annahme erzielt worden sein.

(I) Das Angebot könnte V gemacht haben, als er das Gerät im Schaufenster ausstellte. Da das Angebot eine Willenserklärung ist, müsste V mit dem Ausstellen des Gerätes erklärt haben (äußerer Erklärungstatbestand), dass er, solange das Gerät ausgestellt ist, mit jedem Kunden, der die Annahme erklärt, einen Kaufvertrag abschließen will. Ob eine Willenserklärung vorliegt oder ein Verhalten gegeben ist, dass der Vertragsanbahnung dient, ist im Wege der Auslegung unter Berücksichtigung der Einzelumstände und der Verkehrssitte zu ermitteln. Es gelten die §§ 133, 157 entsprechend.

BGHZ 21, 106; BGH NJW 1984, 721; Palandt/Heinrichs § 133 Rdnr. 3.

Dabei sind empfangsbedürftige Willenserklärungen grundsätzlich aus der Sicht des Empfängers auszulegen. Es ist zu ermitteln, wie ein sorgfältiger – objektivierter – Empfänger die Erklärung verstehen durfte (Auslegung vom Empfängerhorizont, siehe unten S. 84 ff.).

Würde das Auslegen der Ware im Schaufenster des Verkäufers als Angebot zum Abschluss eines Kaufvertrages gewertet, so ergäbe sich:

(1) Mit der Einverständniserklärung des Kunden käme der Kaufvertrag unabhängig von dessen Zahlungsfähigkeit zu Stande, weil sich dann die Parteien über die Kaufsache und den Kaufpreis geeinigt hätten.

(2) Der Verkäufer wäre verpflichtet, an den Kunden zu liefern, auch wenn er die Ware bereits verkauft hätte. Es bestünde eine wirksame Doppelverpflichtung.

(3) Der Verkäufer hätte nicht mehr die Möglichkeit, ohne Einverständnis des Käufers weitere Bedingungen in den Kaufvertrag aufzunehmen. Er könnte die Gewährleistungsregeln nicht mehr abbedingen.

Unter Berücksichtigung dieser Einzelumstände, der Interessen des Verkäufers, der Verkehrssitte und Treu und Glauben ergibt sich also, dass der Geschäftsinhaber mit der Auslage im Fenster mangels Rechtsbindungswillens kein Angebot zum Abschluss eines Kaufvertrages macht, sondern er den interessierten Kunden auffordert, seinerseits ein Angebot zum Abschluss eines Kaufvertrages zu machen – invitatio ad offerendum.

BGH NJW 1980, 1388; MünchKomm/Kramer § 145 Rdnr. 8; Staudinger/Bork § 145 Rdnr. 3 u. 7; Palandt/Heinrichs § 145 Rdnr. 2; Brehm Rdnr. 128 u. 515.

Da der Geschäftsinhaber lediglich den Vertragsschluss anbahnen will, enthält die Auslage im Fenster mangels Rechtsbindungswillens kein Angebot zum Abschluss eines Kaufvertrages.

(II) Das Angebot zum Abschluss eines Kaufvertrages liegt in der Erklärung des K, er wolle das Gerät kaufen, bezahlen und mitnehmen.

(III) Da V dieses Angebot nicht angenommen hat, ist kein Vertrag zu Stande gekommen. K hat gegen V keinen Anspruch auf Übertragung des Gerätes aus § 433 Abs. 1.

– – –

II) Das **Zeitungsinserat** enthält kein Angebot zum Abschluss eines Kaufvertrages. Es fehlt erkennbar der Rechtsbindungswille. Wird z.B. ein Auto inseriert, so will der Inserent nicht mit jedem, der sich telefonisch oder nach Besichtigung des Fahrzeuges bereiterklärt, den Wagen zu übernehmen, den Kaufvertrag zu dem in dem Inserat aufgeführten Bedingungen abschließen. Er will zuvor wissen, ob der Käufer zur Barzahlung in der Lage ist, evtl. Finanzierungsabreden treffen, regelmäßig auch die Gewährleistung ausschließen. Der Kaufvertrag soll erst nach Klärung der für den Kaufabschluss wesentlichen Umstände abgeschlossen werden. Wenn allerdings der Vertrag zu Stande kommt, werden die im Inserat genannten Tatsachen regelmäßig Vertragsbestandteil.

Beispiel:
Der V inseriert: Gemälde von Adolf Menzel – Der Bücherwurm – für 95.000 DM zu verkaufen. Expertise vom bekannten Menzelforscher. K ruft bei V an und erklärt, der Preis gehe in Ordnung. Wann könne das Gemälde abgeholt werden?

(I) Der V hat erkennbar mit dem Inserat noch kein Kaufangebot gemacht. Er wollte nicht mit dem ersten Interessenten abschließen, sondern nach Ablauf einer gewissen Zeit zwischen den verschiedenen Interessenten wählen. Er hat daher nur zur Abgabe von Angeboten aufgefordert.

(II) Der K hat ein Angebot zum Abschluss eines Kaufvertrages gemacht. Wenn V sich auf den Anruf des K einverstanden erklärt, dann kommt der Kaufvertrag zwischen V und K mit dem Inhalt des Inserates zu Stande.

Beachte: Das Inserat enthält mangels eines Rechtsbindungswillens zwar kein Angebot zum Abschluss eines Kaufvertrages, doch kommt der Kaufvertrag unter Bezugnahme auf dieses Inserat zu Stande, so können die Angaben des Inserates Vertragsinhalt werden.

III) Bei dem **Versandhandel im Internet** ist die Präsentation der Produkte eine invitatio. Das Angebot gibt der Kunde ab, in der Regel durch das Ausfüllen eines Formulars oder eine e-mail. Die Annahme erfolgt häufig durch eine automatisierte e-mail an den Kunden, spätestens aber mit dem Versand der Ware.

Fraglich ist, wie das Bereitstellen von Software oder Informationen aus Datenbanken im Internet zu bewerten ist. Da der Verkäufer seinen Bestand nicht prüfen muss, weil die Leistungserbringung unbegrenzt möglich ist, wird teilweise von einem verbindlichen Angebot ausgegangen (Scherer/Butt DB 2000, 1009). Die Gegenansicht sieht auch in diesem Fall in dem Bereitstellen einen invitatio. Es könne nicht im Interesse des Verkäufers sein, ein verbindliches Angebot abzugeben, weil technische Probleme eine Übertragung verhindern könnten und der Verkäufer dann möglicherweise Schadensersatzansprüchen ausgesetzt wäre (Taupitz/Kritter JuS 1999, 839, 840).

Umstritten ist die Konstruktion des Vertragsschlusses bei Online-Auktionen.

Beispiel:
Der Autohändler V bietet über den Internet-Auktionator R einen VW-Passat (Listenpreis: 57.000 DM) an. Bei der Auktion gab der K das höchste Gebot von 26.350 DM ab. R informierte ihn per e-mail über den Zuschlag. K verlangt Lieferung des VW.
(I) Das Landgericht Münster (NJW-CoR 2000, 167 = JZ 2000, 730[@]) verneinte einen Vertragsschluss. Das Einstellen und Freistellen der Online-Präsentation sei keine Angebotserklärung des Lieferanten, sondern eine invitatio ad offerendum. Das Angebot sei von K ausgegangen. Dieses Angebot habe V aber nicht angenommen. Der Zuschlag durch R sei keine Annahmeerklärung in Vertretung des V, weil R nach seinen AGB nur passive Empfangsvollmacht habe. Der Kläger habe auch kein schutzwürdiges Interesse an dem Verständnis als Annahmeerklärung weit unter dem vergleichbaren Händlereinkaufspreis.
(II) Die Entscheidung wird in der Literatur kritisiert. Aus der Bieterperspektive, d.h. von dem maßgeblichen Empfängerhorizont aus, mache der gesamte Bietprozess nur dann einen Sinn, wenn der Zuschlag für einen verbindlichen Vertrag sorge. Die Zuschlagserteilung durch den Auktionator sei für den Einlieferer bindend, da er sich durch eine **antezipierte Annahmeerklärung** zu den Konditionen des Höchstgebotes gebunden habe (Rüfner JZ 2000, 715; Wilkens DB 2000, 666; Mankowski EWiR 2000, 415).

IV) Nach der h.M. ist das Bereitstellen der Ware im **Selbstbedienungsladen** nur eine Aufforderung, ein Angebot abzugeben. Das rechtlich verbindliche Angebot gibt der Kunde erst an der Kasse ab, das Buchen des Preises ist die Annahme.

Palandt/Heinrichs § 145 Rdnr. 8; Erman/Hefermehl § 145 Rdnr. 10 m.w.N.; Esser/Weyers SchuldR BT, 8. Aufl., § 3, 1 nimmt an, dass die Annahme erst dann erklärt wird, wenn die Bezahlung des Kunden entgegengenommen wird.

Die Gegenansicht geht davon aus, dass das Auslegen der Ware bereits ein verbindliches Angebot ist, die Annahme erfolge mit dem Vorlegen an der Kasse.

MünchKomm/Kramer § 145 Rdnr. 8; Soergel/Wolf § 145 Rdnr. 7; RGRK/Mezger, 12. Aufl., vor § 433 Rdnr. 55; Staudinger/Bork § 145 Rdnr. 7; Schreiber Jura 1999, 275, 276.

V) Wann der Kaufvertrag und die Übereignung an einer **Selbstbedienungstankstelle** zu Stande kommt, ist ebenfalls umstritten. Teilweise wird angenommen, in dem Bereitstellen der Zapfsäule sei das Angebot zum Abschluss beider Rechtsgeschäfte zu sehen. Die Annahme erfolge durch das Einfüllen seitens des Kunden (MünchKomm/Kramer § 145 FN 36; Borchert/Hellmann NJW 1983, 2799, 2800). Andere sehen in dem Einfüllvorgang das Angebot und in dem Zulassen der Selbstbedienung die Annahme (OLG Düsseldorf JR 1982, 343 mit Anm. Herzberg). Überwiegend wird angenommen, dass Kaufvertrag und Übereignung erst an der Kasse stattfinden (OLG Koblenz NStZ-RR 1998, 364; vgl. i.E. AS-Skript Strafrecht BT 1 (1999) S. 12).

B) Das freibleibende Angebot

Wer Waren anbietet, die er erst noch erwerben oder herstellen will, und nicht weiß, ob ihm der Erwerb bzw. die Herstellung gelingt, oder sich über den Preis im Unklaren ist, macht nicht selten ein Angebot mit dem Zusatz „freibleibend". Ob in diesen Fällen überhaupt eine rechtliche Bindung gewollt ist und wann das der Fall ist, muss im Wege der Auslegung ermittelt werden.

Beispiel:
Der V bietet dem K „freibleibend" 400 CD-Player einer bestimmten Marke zum Preis von 64.000 DM an.

Die Bedeutung der Formulierung „freibleibend" (ebenso „unverbindlich" oder „sine obligo") ist durch Auslegung zu ermitteln.
(I) Es bestehen im Wesentlichen zwei Auslegungsmöglichkeiten.
(1) Das „freibleibende" Angebot kann so auszulegen sein, dass ein verbindlicher Antrag i.S.d. § 145 vorliegt und sich der Erklärende ein Widerrufsrecht vorbehält. Dabei wird teilweise angenommen, dass dieses Widerrufsrecht nur bis zum Zugang der Annahmeerklärung besteht (Palandt/Heinrichs § 145 Rdnr. 4). Die h.M. geht davon aus, dass die Klausel auch so auszulegen sein kann, dass noch unverzüglich nach Zugang der Annahmeerklärung ein Widerruf bzw. ein Rücktritt möglich ist (Soergel/Wolf § 145 Rdnr. 10; Erman/Hefermehl § 145 Rdnr. 15, 16; Larenz/Wolf § 29 Rdnr. 41).
(2) Ein „freibleibendes" Angebot kann auch nur eine Einladung zur Abgabe von Angeboten bedeuten (invitatio). In diesem Fall soll allerdings der „frei Anbietende" verpflichtet sein, sich über das in der Antwort auf seine Erklärung liegende Angebot unverzüglich zu äußern. Kommt der „Anbietende" dieser Erklärungspflicht nicht nach, so wird in seinem Schweigen die Annahme des Angebots gesehen (MünchKomm/Kramer § 145 Rdnr. 6; Palandt/Heinrichs § 145 Rdnr. 4).
(II) Bestehen – wie im vorliegenden Beispielsfall – keine besonderen Anhaltspunkte für die Auslegung, so ist nach überwiegender Ansicht von einer Aufforderung zur Abgabe eines Angebots auszugehen (BGH NJW 1996, 919[@]).
Danach kann K ein Angebot abgeben, das auf den Erwerb von 400 CD-Spielern zu einem Preis von 64.000 DM gerichtet ist. V kann dieses Angebot ablehnen und z.B. ein Angebot mit einem höheren Kaufpreis abgeben. Äußert sich V aber nicht unverzüglich auf das Angebot des K, kommt der Vertrag durch das Schweigen des V zu Stande.
Ein „freibleibendes Angebot" ist demgegenüber als verbindlicher Antrag mit Widerrufsvorbehalt anzusehen, wenn es als Antwort auf eine invitatio abgegeben wird (BGH NJW 1984, 1885).

1.1.2.2 Der Rechtsbindungswille bei Auskunft, Rat und Empfehlung

▶ § 675 Abs. 2 stellt klar, dass durch die Erteilung einer Auskunft, eines Rates oder einer Empfehlung mangels Rechtbindungswillens grundsätzlich keine Verbindlichkeit begründet wird.

Palandt/Sprau § 675 Rdnr. 27; Jauernig/Vollkommer § 676 Rdnr. 1.

▶ Ein rechtlich bindender Auskunfts- oder Beratungsvertrag ist nur ausnahmsweise anzunehmen.

A) Der fehlende Rechtsbindungswille bei der Auskunft, § 675 Abs. 2

Grundsätzlich will derjenige, der eine Auskunft, einen Rat erteilt oder eine Empfehlung ausspricht, mit der Erklärung keine Rechtsfolgen auslösen, sondern nur über Ereignisse berichten, Tatsachen mitteilen, Überzeugungen kundtun usw. Die Erklärung lässt nicht auf einen bestimmten Rechtsbindungswillen schließen. Mit Rücksicht auf diese Sachlage bestimmt § 675 Abs. 2, dass derjenige, der einen Rat oder eine Empfehlung erteilt, nicht zum Schadensersatz verpflichtet ist, wenn im Falle der Befolgung des Rates bzw. der Empfehlung ein Schaden entsteht.

Beispiele:

1. Der Buchhändler B rät dem Verleger V, auf der Buchmesse einen Stand zu mieten, um auf diese Weise eine Umsatzsteigerung der Verlagsprodukte zu erreichen. Nach der Messe stellt sich heraus, dass die durch die Teilnahme an der Messe verursachten Kosten in gar keinem Verhältnis zur Umsatzsteigerung stehen.
Der V hat keinen vertraglichen Schadensersatzanspruch gegen B, weil mit der Raterteilung und seiner Befolgung weder ausdrücklich noch konkludent ein Vertrag abgeschlossen worden ist. Die Erklärung des B ließ keinen Schluss darauf zu, dass er für den Eintritt einer Umsatzsteigerung einstehen wollte, zumal er darauf keinen Einfluss nehmen konnte. Vielmehr handelte es sich dabei um einen „gut gemeinten" Rat im gesellschaftlichen Bereich. Die Entscheidung über die Teilnahme an der Messe – die vermögensmäßig relevante Entscheidung – sollte V in eigener Verantwortung treffen.

2. A hält mit seinem Pkw vor einer unübersichtlichen verkehrsreichen Kreuzung an. Auf der gegenüberliegenden Fahrbahn steht B mit seinem Lkw. A, der vorfahrtsberechtigt ist, winkt dem B zu, um ihn darauf hinzuweisen, dass er ihm die Vorfahrt gewähren will. B fährt an und stößt mit dem Fahrzeug des X zusammen. B verlangt vom A Schadensersatz mit der Behauptung, dass A für den Unfall verantwortlich sei (nach OLG Frankfurt NJW 1965, 1334).
(I) Ein Anspruch auf Schadensersatz aus Vertrag kommt nicht in Betracht. Mit dem Zuwinken hat A kein Vertragsangebot gemacht, keine Willenserklärung abgegeben, weil dieses Verhalten keinen Schluss auf einen Rechtsbindungswillen zuließ. Der B durfte unter Berücksichtigung der Einzelumstände, der Verkehrssitte und Treu und Glauben als sorgfältiger Verkehrsteilnehmer nicht annehmen, dass A dafür einstehen wollte, dass B gefahrlos die Kreuzung überqueren konnte und nicht mit anderen Verkehrsteilnehmern zusammenstieß. Auf das Verhalten der übrigen Verkehrsteilnehmer hatte A keinen Einfluss. OLG Frankfurt NJW 1965, 1334: „Eine vertragliche Haftung entfällt, wenn der das Winkzeichen gebende Verkehrsteilnehmer den Umständen nach gar keine Gewähr dafür übernehmen kann, dass der andere das beabsichtigte Fahrmanöver gefahrlos durchführen kann; es bleibt dann bei der Auslegungsregel des § 676 BGB." (§ 676 a.F. entspricht dem heutigen § 675 Abs. 2).
(II) Ob A, der durch das Winken mitursächlich für die Beschädigung des Lkw des B geworden ist, wegen einer schuldhaften Eigentumsverletzung gemäß § 823 Abs. 1 haftet, ist Tatfrage.

B) Der Auskunfts- oder Beratungsvertrag

Selbstverständlich können die Parteien einen rechtlich verbindlichen Auskunfts- oder Beratungsvertrag abschließen. § 675 Abs. 2 schließt auch die Annahme eines konkludenten Vertragsschlusses nicht aus. Für den stillschweigenden Abschluss eines Auskunftsvertrags ist entscheidend, ob die Gesamtumstände unter Berücksichtigung der Verkehrsauffassung den Rückschluss zulassen, dass die Parteien die Auskunft zum Gegenstand vertraglicher Rechte und Pflichten gemacht haben (BGH NJW 1992, 2080@). Bei der Auslegung sind insbesondere folgende Indizien maßgeblich.

▶ Ein Auskunftsvertrag ist „regelmäßig dann anzunehmen", wenn die Auskunft für den Empfänger **erkennbar von erheblicher Bedeutung** ist und er sie zur **Grundlage wesentlicher Entscheidungen** machen will.

▶ Indizien „von erheblichem Gewicht" für die Verbindlichkeit der Abrede sind eine **besondere Sachkunde** und ein **eigenes wirtschaftliches Interesse** des Auskunftgebers.
BGH NJW-RR 1992, 1011; NJW 1992, 2080@; 1993, 3073; 1999, 211@; ZIP 1999, 275@.

▶ Auch die **Vereinbarung einer Vergütung** spricht für die Verbindlichkeit der Auskunft (Palandt/Sprau § 675 Rdnr. 30).

Beispiele:

1. Der B will ein Hochhaus errichten. Er bittet den Statiker S darum, ein Gutachten über die Bodenbeschaffenheit zu erstellen. Das Gutachten ist fehlerhaft. Es entstehen Risse am Bau, Schaden 450.000 DM. B verlangt von S Schadensersatz.

Es kommt ein Schadensersatzanspruch aus § 635 in Betracht.
(I) B und S haben einen Werkvertrag abgeschlossen. Danach sollte S verpflichtet sein, durch seine gutachterliche Tätigkeit einen bestimmten Erfolg herbeizuführen, nämlich festzustellen, ob der Boden für die Errichtung des vorgesehenen Hochhauses geeignet ist. Für diese Gutachtenerstellung schuldete der B eine Vergütung.
(II) Das Werk war fehlerhaft. Da dieser verschuldete Fehler nicht behebbar ist, kann der B ohne Fristsetzung mit Ablehnungsandrohung gemäß § 635 Schadensersatz verlangen.

2. K will vom V ein Reitpferd erwerben. K bittet den Tierarzt S, ein Gutachten über den Gesundheitszustand des Pferdes zu erstellen. Das Gutachten ist fehlerhaft. K verlangt vom S Schadensersatz.

Es besteht ein Anspruch aus § 635: Zwischen K und S ist ein wirksamer Werkvertrag abgeschlossen worden; das Gutachten wurde fehlerhaft erstellt. Da der Fehler nicht behebbar ist, kann K ohne Fristsetzung mit Ablehnungsandrohung Schadensersatz wegen Nichterfüllung verlangen.

3. V will seinen landwirtschaftlichen Betrieb an K veräußern. Auf Bitten des V erteilt die B-Bank, durch die die Finanzierung erfolgen soll, mit Einverständnis des K dem V eine „Bankauskunft", wonach K in der Lage ist, den Kaufpreis aufzubringen. Daraufhin verkauft und übereignet V den Betrieb an K. Bald nach der Übergabe gerät K in Vermögensschwierigkeiten und kann den Kaufpreis nur zur Hälfte aufbringen. Der Kaufvertrag wird rückabgewickelt. Es entsteht dem V ein Schaden i.H.v. 60.000 DM. Diesen verlangt er von B ersetzt mit der sachlich zutreffenden Begründung, B hätte bei Anwendung der erforderlichen Sorgfalt ohne weiteres erkennen können, dass die Finanzierung Schwierigkeiten bereiten könne. Wie ist zu entscheiden, wenn die Bank von K mit zur Finanzierung eingeschaltet werden sollte?

Ein Schadensersatzanspruch aus pVV kann nur bestehen, wenn die B-Bank schuldhaft Vertragspflichten verletzt hat.
(I) Die Parteien haben stillschweigend einen Auskunftsvertrag abgeschlossen, weil die Auskunft der Bank für den V, der den landwirtschaftlichen Betrieb an K veräußern wollte, erkennbar von erheblicher wirtschaftlicher Bedeutung war und die Grundlage für das Veräußerungsgeschäft bildete. Hätte die B die Auskunft nicht erteilt, so wäre der Kaufvertrag jedenfalls nicht so abgeschlossen worden. Die Bank als Auskunftgeber war in der Beurteilung der Kreditwürdigkeit besonders sachkundig und verfolgte darüber hinaus eigene wirtschaftliche Interessen, weil sie bei der Finanzierung eingeschaltet werden wollte (BGH NJW 1992, 2080; 2082@).
(II) Die B-Bank hat grob fahrlässig ihre Sorgfaltspflicht, eine sachgerechte Auskunft zu erteilen, verletzt und ist daher zum Schadensersatz verpflichtet (in den AGB der Banken ist die Haftung für leichte Fahrlässigkeit ausgeschlossen).

1.1.2.3 Der Rechtsbindungswille bei der Gefälligkeit

Nach dem allgemeinen Sprachgebrauch erweist derjenige einem anderen eine Gefälligkeit, der für diesen tätig wird, ihm seine Sache überlässt oder dessen Sache aufbewahrt, ohne dafür ein Entgelt zu erhalten. Bei der rechtlichen Beurteilung dieser Gefälligkeit ist zu unterscheiden:

- Der Gefällige kann eine bloße **alltägliche Gefälligkeit** zugesagt oder ausgeführt haben. Dann lässt sein äußeres Verhalten erkennen, dass er keinerlei Rechtsbindung will. Er gibt mit dem Zusagen oder der Ausführung der Gefälligkeit keine Willenserklärung ab und es kommt zwischen den Beteiligten auch kein schuldrechtlicher Vertrag zu Stande.

- Die Parteien schließen einen **Gefälligkeitsvertrag**, wenn der Gefällige zur Leistung verpflichtet ist, also derjenige, dem die Gefälligkeit erwiesen wird, einen Anspruch auf Erfüllung erlangen soll.

- Der Gefällige kann durch sein Verhalten zum Ausdruck bringen, dass er keine Verpflichtung zu einem bestimmten Verhalten begründen will; wenn er sich jedoch so verhält, muss er sorgfältig handeln und darf die begonnene Gefälligkeit nicht ohne Grund abbrechen. Es kommt zwischen den Beteiligten ein Sorgfaltspflichten begründendes **Gefälligkeitsverhältnis** zu Stande.

Im Gesetz sind nur die Gefälligkeitsverträge geregelt, die Leistungspflichten auslösen. Das lediglich Sorgfaltspflichten begründende Gefälligkeitsverhältnis ist von der Rechtsprechung und einem Teil der Lehre entwickelt worden (BGHZ 21, 102 ff.@; MünchKomm/Kramer, 3. Aufl., Einl. § 241 Rdnr. 28 ff.).

A) Die alltägliche Gefälligkeit

I) Die rechtlich irrelevante Gefälligkeit

Nicht jedes Versprechen, eine Sache zu überlassen, nicht jede Zusage, für einen anderen eine Angelegenheit zu erledigen, rechtfertigt den Schluss, dass der Erklärende sich zur Leistung verpflichten oder im Falle der Durchführung der Gefälligkeit Sorgfaltspflichten beachten will. Die alltäglichen Gefälligkeiten unter Familienangehörigen, Nachbarn, Freunden, Bekannten, Vereinsmitgliedern usw. können und sollen i.d.R. rechtlich unverbindlich sein, sodass die Zusage oder Durchführung einer Gefälligkeit nicht darauf schließen lässt, dass der Gefällige eine Rechtsbindung will. Der Gefällige gibt keine Willenserklärung ab. Es besteht also zwischen dem Gefälligen und dem Begünstigten keine schuldrechtliche Beziehung.

Beispiele:
1. Der Nachbar N, der dem Nachbarn A zusagt, für ihn aus der Stadt ein gekauftes Kinderrad mitzubringen, haftet dem A nicht auf Erfüllung bzw. Schadensersatz wegen Nichterfüllung, wenn er vergisst, das Fahrrad mitzubringen.

2. Der A, der den B zum Abendessen eingeladen hat, kann vom B nicht Schadensersatz wegen nutzloser Aufwendungen verlangen, wenn B zum Abendessen nicht erscheint.

3. Der A lädt zur Treibjagd ein, u.a. den B. B schießt infolge Unachtsamkeit den Jagdgast X an. X verlangt von A Schadensersatz.

(I) Ein vertraglicher Anspruch scheitert daran, dass zwischen A und X keine vertragliche Beziehung zu Stande gekommen ist. RGZ 128, 39, 42: „Eine Treibjagd ist in aller Regel eine gesellschaftliche Veranstaltung, bei der es sich beiderseits um Gefälligkeiten ohne rechtlichen Charakter handelt."
(II) Ein Anspruch aus § 831 scheitert daran, dass B nicht Verrichtungsgehilfe des A ist.
(III) Ein Anspruch aus § 823 Abs. 1 greift nicht durch, weil A nicht durch schuldhaftes Verhalten die Körperverletzung des X verursacht hat.

4. Der N erklärt sich bereit, während des Urlaubs seines Nachbarn Z auf dessen Haus „Acht zu geben". Aufgrund starken Dauerfrostes fror während der Abwesenheit des Z dessen Heizungsanlage ein und wurde beschädigt.

(I) Es besteht kein vertraglicher Anspruch, da N lediglich eine rechtlich unverbindliche Gefälligkeit zugesagt hat. LG Hamburg VersR 1989, 468: „Durch eine derartige Bereitschaft zu einer nachbarschaftlichen und verwandtschaftlichen Hilfeleistung wurde jedoch für den Kl. keine mit dem Risiko einer Haftung verbundene Verpflichtung zur Kontrolle der Heizungsanlage begründet. Aus der Bereitschaft, auf das Haus eines abwesenden Nachbarn oder Verwandten acht zu geben, lässt sich eine derart weitreichende, mit einer Haftpflicht verbundene Kontrollpflicht, mithin ein Rechtsbindungswille unter Übernahme einer Haftung, nicht herleiten. Durch derartige, bei Gelegenheit getroffene Absprachen zwischen Nachbarn und Verwandten soll letztlich lediglich Vorsorge für den Fall unvorhergesehener Vorkommnisse getroffen werden."
(II) Auch eine Anspruch aus § 823 Abs. 1 ist nicht gegeben, da keine Kontrollpflicht des N bestand.

II) Die Verantwortlichkeit des Gefälligen nach den Regeln der unerlaubten Handlung und der Gefährdungshaftung

Wenn der Gefällige geschützte Rechtsgüter des Partners verletzt, so stellt sich die Frage, ob er wie jeder Dritte für die Rechtsgutverletzung haftet oder aufgrund einer stillschweigend vereinbarten Haftungsmilderung bzw. analog §§ 521, 599, 690 nur für Vorsatz und grobe Fahrlässigkeit haftet.

Beispiel:
Der G nimmt an einer Tankstelle den ihm unbekannten Anhalter B mit. Auf der Fahrt verursacht G infolge leichter Fahrlässigkeit einen Unfall, bei dem B verletzt wird. Haftet G dem B auf Schadensersatz gemäß § 823 Abs. 1 und auf Schmerzensgeld gemäß § 847?

(I) G hat durch sein Verhalten den Körper des B verletzt.

(II) Er hat leicht fahrlässig gehandelt. Doch da der G den B aus Gefälligkeit mitgenommen hat, könnte der Verschuldensmaßstab sich auf Vorsatz und grobe Fahrlässigkeit beschränken.

(1) Nach h.M. kann ein Haftungsausschluss für leichte Fahrlässigkeit nicht aufgrund einer **konkludenten Vereinbarung** angenommen werden. Da die Beteiligten bei einer Gefälligkeit überhaupt keine rechtsgeschäftlichen Vereinbarungen treffen, können auch nicht konkludent Haftungsmilderungen vereinbart werden (Medicus AT Rdnr. 187).

(2) Die Rechtsprechung bejaht in Ausnahmefällen einen Haftungsausschluss für leichte Fahrlässigkeit aufgrund **ergänzender Vertragsauslegung**. Danach stellt die Haftungsmilderung eine künstliche Rechtskonstruktion aufgrund einer Willensfiktion dar, da sie von einem Haftungsverzicht ausgeht, an den beim Abschluss der Vereinbarung niemand gedacht hat. Eine Haftungsmilderung setzt grundsätzlich voraus, dass für den Schädiger, der **keinen Versicherungsschutz** genießt, ein nicht hinzunehmendes Haftungsrisiko gegeben wäre und darüberhinaus **besondere Umstände** vorliegen, die einen Haftungsverzicht als besonders naheliegend erscheinen lassen (BGH NJW 1992, 2474, 2475@; 1993, 3067@; OLG Saarbrücken OLG-Report 1998, 144; OLG Bamberg OLG-Report 1999, 202). Besondere Umstände sind z.B. familiäre oder freundschaftliche Verbindungen zwischen den Beteiligten (OLG Bamberg a.a.O.). Da für den Mitfahrer B Haftpflichtversicherungsschutz besteht, scheidet eine Haftungsmilderung schon aus diesem Grund aus.

(3) Auch aus § 242 lässt sich keine generelle Haftungsfreistellung des Gefälligen entnehmen. Die Unentgeltlichkeit und der mit einer Gefälligkeit verbundene Altruismus lassen für sich allein die Geltendmachung von Schadensersatzansprüchen durch den Begünstigten nicht als treuwidrig oder rechtsmissbräuchlich erscheinen (BGH NJW 1992, 2474, 2475@; VersR 1978, 625).

(4) Zum Teil wird in der Lit. die Auffassung vertreten, dass der Gefällige analog §§ 521, 599, 690 nur für Vorsatz und grobe Fahrlässigkeit haftet (Medicus BR Rdnr. 367 u. AT Rdnr. 188; Erman/Werner Einl. § 241 Rdnr. 33, 35; Flume § 7, 6 für den Fall, dass kein Versicherungsschutz besteht). Der BGH hat eine analoge Anwendung dieser Vorschriften abgelehnt (NJW 1992, 2474, 2475@). Bei diesen Regelungen handele es sich um besonders ausgeformte Vertragsverhältnisse. Im Rahmen dieser Vertragsgestaltung stelle die Einschränkung des vertraglichen Haftungsmaßstabes ein Äquivalent für die Unentgeltlichkeit der Gebrauchsüberlassung dar. Die Haftungsbeschränkung könne nicht isoliert auf das Deliktsverhältnis übertragen werden, dem dieser Äquivalenzgedanke fremd sei.

B) Der Gefälligkeitsvertrag

I) Beim Gefälligkeitsvertrag haben sich die Parteien darüber geeinigt, dass eine Partei zu einem bestimmten Verhalten verpflichtet sein soll, also eine Leistung erbringen soll und dass dafür keine Gegenleistung geschuldet wird. Dem forderungsberechtigten Gläubiger wird ein Erfüllungsanspruch zuerkannt, der notfalls mit gerichtlicher Hilfe durchgesetzt werden kann.

▶ Beim Schenkungsvertrag einigen sich die Parteien darüber, dass der Schenker verpflichtet sein soll, aus seinem Vermögen einen Vermögenswert auf den Beschenkten zu übertragen, und dass der Beschenkte nicht verpflichtet sein soll, dafür eine Gegenleistung zu erbringen (§ 516).

Rechtsverbindlich ist diese Einigung jedoch nur, wenn das Schenkungsversprechen notariell abgegeben worden ist (§ 518).

▶ Beim Leihvertrag verspricht der Verleiher, dem Entleiher unentgeltlich den Gebrauch einer Sache zu gestatten (§ 598).

▶ Beim unentgeltlichen Verwahrungsvertrag haben sich die Parteien darüber geeinigt, dass der Verwahrer verpflichtet sein soll, für den Hinterleger eine bewegliche Sache kostenlos aufzubewahren (§ 688).

▶ Der Auftragsvertrag setzt eine Einigung darüber voraus, dass der Beauftragte verpflichtet sein soll, für den Auftraggeber ein Geschäft unentgeltlich zu besorgen (§ 662).

II) Für die Abwicklung der Gefälligkeitsverträge gelten zwei Besonderheiten:

▶ Der Gefällige haftet wegen Nichterfüllung der Vertragspflichten außer im Falle des Auftrages nur für Vorsatz und grobe Fahrlässigkeit bzw. Sorgfalt in eigenen Angelegenheiten (§§ 521, 599, 690). Der Verschuldensmaßstab ist also gemildert.

Wenn daneben aus unerlaubter Handlung (bzw. aufgrund von Gefährdungstatbeständen) gehaftet wird, so gilt nach h.M. der Haftungsmaßstab der §§ 521, 599, 690 entsprechend (BGH NJW 1992, 2474, 2475[@]). Für den Fall der Anspruchskonkurrenz zwischen vertraglicher und deliktischer Haftung schlägt die gesetzliche Haftungsbeschränkung der Vertragshaftung auf Vorsatz und grobe Fahrlässigkeit auf Ansprüche aus unerlaubter Handlung durch mit der Folge, dass wegen derselben Handlung nach Deliktsrecht keine strengere Haftung stattfindet.

Handelt es sich um einen Auftrag, kann ein stillschweigend vereinbarter Haftungsverzicht für einfache Fahrlässigkeit zu bejahen sein, soweit Schäden eintreten, für die kein Versicherungsschutz besteht (OLG Frankfurt NJW 1998, 1232).

Zur Problematik der davon abweichenden Haftung bei der „alltäglichen" Gefälligkeit vgl. oben im Beispiel zu A II.

▶ Der Gefällige kann sich unter erleichterten Voraussetzungen einseitig von der vertraglichen Bindung lösen.

- Im Schenkungsrecht besteht gemäß § 530 die Möglichkeit des Widerrufs. Gemäß § 528 kann im Falle des Notbedarfs das Geschenkte zurückgefordert werden.

- Der Verleiher kann gemäß § 604 die verliehene Sache nach Ablauf der vereinbarten Zeit oder, wenn eine solche oder ein Zweck nicht vereinbart ist, jederzeit zurückfordern.

- Gemäß § 696 kann der Verwahrer, wenn eine Zeit für die Aufbewahrung nicht bestimmt ist, jederzeit die Rücknahme der Sache verlangen.

- Der Beauftragte kann seinem Auftraggeber jederzeit – nur nicht zur Unzeit – kündigen.

C) Das Gefälligkeitsverhältnis

Bei dem Gefälligkeitsverhältnis werden anders als beim Gefälligkeitsvertrag keine Leistungspflichten begründet. Da aber Sorgfaltspflichten bestehen, handelt es sich bei dem Gefälligkeitsverhältnis um ein Schuldverhältnis (Pflichten begründende Sonderbeziehung zwischen Personen). Werden die Sorgfaltspflichten verletzt, können sich Ansprüche aus pVV bzw. c.i.c. ergeben.

Nach der Rechtsprechung und einem Teil der Lehre handelt es sich um ein vertragliches Schuldverhältnis, das darauf beruht, dass der Gefällige einen Rechtsbindungswillen zum Ausdruck bringt und sich der Geschäftswille auf das Entstehen von Sorgfaltspflichten beschränkt (BGHZ 21, 102, 106@; Willoweit JuS 1986, 96).

In der Literatur wird überwiegend angenommen, dass es sich bei dem Gefälligkeitsverhältnis um ein gesetzliches Schuldverhältnis handelt (Medicus AT Rdnr. 191 ff.; MünchKomm/Kramer Einl. vor § 241 Rdnr. 33).

Beispiel:
Der Fuhrunternehmer B ist plötzlich verstorben. Die Frau B bittet den ihr bekannten Spediteur G, ihr einen Fahrer zu überlassen, damit dieser einen dringenden Transport mit dem bereits beladenen Lkw durchführt. G erklärt, das könne er nicht zusagen. Er wolle mal sehen. G schickt bald darauf den Fahrer X, den er vor einigen Tagen eingestellt hat. X verursacht einen Unfall. Die B verlangt von G Schadensersatz, weil G ihr einen ungeeigneten Fahrer überlassen hat.

(A) In Betracht kommt ein Anspruch aus c.i.c.
(I) Dann müsste zwischen B und G im Zeitpunkt des Unfalls ein Schuldverhältnis bestanden haben.
(1) Ein Vertrag, der den G verpflichtete, der B einen Fahrer zu überlassen, ist nicht zu Stande gekommen. G hat deutlich zum Ausdruck gebracht, dass er nicht verpflichtet sein wollte, einen Fahrer zu überlassen.
(2) Doch auch ohne Begründung einer Leistungspflicht kann ein Schuldverhältnis zwischen den Beteiligten bestehen,
(a) Die Rechtsprechung bejaht eine vertragliches Schuldverhältnis, wenn der Gefällige einen Rechtsbindungswillen zum Ausdruck bringt, der auf das Entstehen von Sorgfaltspflichten gerichtet ist. Dieser Rechtsbindungswille ist durch Auslegung zu ermitteln. BGHZ 21, 102, 107@:
„Der Wert einer anvertrauten Sache, die wirtschaftliche Bedeutung einer Angelegenheit, das erkennbare Interesse des Begünstigten und die nicht ihm, wohl aber dem Leistenden erkennbare Gefahr, in die er durch eine fehlerhafte Leistung geraten kann, können auf einen rechtlichen Bindungswillen schließen lassen."
Die B hat den G um einen Fahrer für den beladenen Lkw gebeten, sodass für G ohne weiteres ersichtlich war, dass die von ihm erbetene Gefälligkeit von erheblicher wirtschaftlicher Bedeutung für die B war. Daher konnte sich die B darauf verlassen, dass der G, falls er einen Fahrer schickte, einen zuverlässigen ausgewählt hatte. Das Verhalten des G lässt also auf einen Rechtsbindungswillen schließen. Es bestand zwischen der B und G ein Gefälligkeitsverhältnis, das Sorgfaltspflichten auslöste.
(b) In der Literatur wird unter den gleichen Voraussetzungen (Wert der Sache, wirtschaftliche Bedeutung, erkennbares Interesse des Begünstigten) ein gesetzliches Schuldverhältnis bejaht (Medicus AT Rdnr. 191 ff).
(3) Bei Verletzung der Sorgfaltspflichten werden nach h.M. die Regeln der c.i.c. angewandt (BGHZ 21, 102, 107@; Palandt/Heinrichs Einl. v. § 241 Rdnr. 10; a.A. Soegel/Wiedemann vor § 275 Rdnr. 509: pVV).
(II) G hat schuldhaft Pflichten aus diesem Schuldverhältnis verletzt, weil er der B einen unzuverlässigen Fahrer geschickt hat.
(III) G muss der B Schadensersatz aus c.i.c. leisten.

(B) Schadensersatzanspruch der B gegen G aus unerlaubter Handlung gemäß § 831
(I) Der X hat eine rechtswidrige unerlaubte Handlung begangen, als er den Lkw der Frau B beschädigte.
(II) X ist auch als Verrichtungsgehilfe des G anzusehen.
(III) Doch wird dem G der Exkulpationsbeweis gelingen, sodass ein Schadensersatzanspruch aus § 831 scheitert.

```
                        ┌─────────────────────┐
                        │  Die Gefälligkeit   │
                        └──────────┬──────────┘
        ┌──────────────────────────┼──────────────────────────┐
┌───────────────────┐  ┌───────────────────┐  ┌───────────────────┐
│ alltägliche       │  │ Gefälligkeits-    │  │ Gefälligkeits-    │
│ Gefälligkeit      │  │ verhältnis        │  │ vertrag           │
│ ▶ unentgeltlich   │  │ ▶ unentgeltlich   │  │ ▶ unentgeltlich   │
│ ▶ Rechtsbindungs- │  │ ▶ Rechtsbindungs- │  │ ▶ Rechtsbindungs- │
│   wille (-)       │  │   wille (+)       │  │   wille (+)       │
│ ▶ kein Schuld-    │  │ ▶ Schuldverhält-  │  │ ▶ Schuldverhält-  │
│   verhältnis      │  │   nis mit Sorg-   │  │   nis mit Leis-   │
│ ▶ keine Haftungs- │  │   faltspflichten  │  │   tungspflichten  │
│   beschränkung    │  │ ▶ keine Haftungs- │  │   und Sorgfalts-  │
│   bei unerlaub-   │  │   beschränkung    │  │   pflichten       │
│   ter Handlung    │  │                   │  │ ▶ Haftungs-       │
│   oder Gefähr-    │  │                   │  │   beschränkungen  │
│   dungshaftung    │  │                   │  │   kraft Gesetzes  │
│   (str.)          │  │                   │  │                   │
└───────────────────┘  └───────────────────┘  └───────────────────┘
```

D) Auslegung: Gefälligkeit – Gefälligkeitsvertrag – Gefälligkeitsverhältnis

Ob bei Gefälligkeiten ein Rechtsbindungwille zum Ausdruck kommt, ist durch Auslegung zu ermitteln. Es kommt darauf an, wie sich dem objektiven Betrachter das Handeln des Leistenden darstellt. Auslegungskriterien sind dabei insbesondere:

▶ der Wert einer anvertrauten Sache,

▶ die wirtschaftliche Bedeutung einer Angelegenheit,

▶ ein erkennbares Interesse des Begünstigen.

▶ Gegen eine rechtliche Bindung spricht es, wenn der Gefällige dadurch ein nicht zumutbares Risiko übernehmen würde.

Beispiel:
A, B, C und D sind Nachbarn und haben sich zu einer Lottospielgemeinschaft zusammengeschlossen, die wöchentlich mit einem Einsatz von insgesamt 60 DM bestimmte festliegende Zahlenreihen tippt. Die Beiträge pro Teilnehmer – wöchentlich 15 DM – werden bei B eingezahlt. Dieser füllt dann die Lottoscheine im eigenen Namen aus und bezahlt die 60 DM bei der Annahmestelle. In der zweiten Novemberwoche kam B infolge eines späten Termins im Büro bei der Lottoannahmestelle kurz vor Ladenschluss an. Da das Ausfüllen mit der vereinbarten Zahlenreihe etwa eine Stunde in Anspruch genommen hätte, füllte B andere Wettscheine aus. Dadurch entging ein Gewinn in Höhe von 60.000 DM. Rechtslage?

(I) Der B war aufgrund der Abrede berechtigt, von jedem 15 DM wöchentlich zu verlangen; soweit bestand ein Leistungsanspruch. Hätte ein Nachbar nicht gezahlt, so hätte B auf Erfüllung klagen können.
(II) Wenn ein Gewinn erzielt wurde, musste dieser auf die vier Spieler gleichmäßig verteilt werden, also A, C und D hätten einen schuldrechtlichen Anspruch auf ihren Gewinnanteil gehabt – Leistungsanspruch –.
(III) Zweifelhaft ist, ob B verpflichtet war, die Lottoscheine so wie vereinbart auszufüllen, ob also ein Leistungsanspruch auf Ausfüllen der Scheine und rechtzeitige Abgabe bestand. Bei der Auslegung ist hier zu berücksichtigen: Einerseits stehen für A, C, D Interessen wirtschaftlicher Art auf dem Spiel, denn es besteht die, wenn auch geringe Möglichkeit, dass ihnen bei nicht ordnungsmäßiger Ausfüllung oder verspäteter Erstellung ein Gewinn entgeht und sie ihren

Einsatz umsonst geleistet haben. Andererseits ist die Gefahr, dass der Zettel nicht ordnungsmäßig ausgefüllt wird, relativ groß und ein dadurch eintretender Schaden kann unter Umständen für den ausfüllenden B existenzbedrohend sein. Mit Rücksicht auf dieses Risiko wird man eine Verpflichtung des B, den Zettel auszufüllen, nicht annehmen können, und es besteht weder eine Leistungs- noch eine Sorgfaltspflicht (BGH NJW 1974, 1705; Medicus AT Rdnr. 192; krit. Kornblum JuS 1976, 571; Plander AcP 176, 425 ff.).
Danach können A, C, D von B keinen Schadensersatz verlangen.

1.1.2.4 Der Vorbehalt, das Schein- und Scherzgeschäft

A) Der Vorbehalt gemäß § 116

Wenn der Erklärende das mit der Erklärung zum Ausdruck Gebrachte auch erklären wollte, dann hat er eine fehlerfreie Willenserklärung abgegeben.

▶ Der geheime Vorbehalt, das Erklärte nicht zu wollen, ist rechtlich unerheblich, § 116 S. 1.

▶ Nach § 116 S. 2 ist die Erklärung „nichtig", wenn der Empfänger den Vorbehalt kennt.

> Diese Formulierung ist ungenau. Wenn der Empfänger den Vorbehalt kennt, so erkennt er, dass der Erklärende sich rechtlich nicht binden will. Er gibt **überhaupt keine Willenserklärung** ab, weil es – wie dem Empfänger bekannt – am erforderlichen Rechtsbindungswillen fehlt.

B) Das Scheingeschäft gemäß § 117

Im § 117 sind zwei Fälle geregelt:

▶ das Scheingeschäft gemäß § 117 Abs. 1, das erkennbar ohne Rechtsbindungswillen getätigt wird, und

▶ das verdeckte Rechtsgeschäft, das tatsächlich von dem Erklärenden gewollt ist (§ 117 Abs. 2).

I) Das Scheingeschäft gemäß § 117 Abs. 1

Ein Scheingeschäft liegt vor, wenn die Parteien einverständlich nur den äußeren Schein eines Rechtsgeschäfts hervorrufen, die mit dem Geschäft verbundenen Rechtsfolgen aber nicht eintreten lassen wollen.

BGHZ 36, 84, 87, 88; BGH NJW 1980, 1572, 1573; WM 1984, 1247, 1248; OLG Oldenburg MDR 2000, 877; MünchKomm/Kramer § 117 Rdnr. 1; Larenz/Wolf § 35 Rdnr. 19; Medicus AT Rdnr. 594.

Die gesetzliche Anordnung, dass die Scheinerklärung nichtig sei, ist unzutreffend, weil die Erklärung nicht auf den für eine Willenserklärung erforderlichen Rechtsbindungswillen schließen lässt. Es liegt daher überhaupt keine Willenserklärung vor.

Soergel/Hefermehl § 117 Rdnr. 1; Palandt/Heinrichs § 117 Rdnr. 1; Köhler § 14 Rdnr. 9.

Beim Scheingeschäft bezwecken die Beteiligten im Regelfall die Täuschung eines Dritten.

Beispiele:

1. S ist in Geldschwierigkeiten. F gibt dem S gegenüber schriftlich ein Schuldanerkenntnis über 10.000 DM ab, das S notfalls seinen Gläubigern vorlegen will, damit diese ihm ein Zahlungsziel gewähren und nicht im Klageweg gegen ihn vorgehen. Es besteht Einverständnis darüber, dass F dem S nichts schuldet. Bald darauf verunglückt S tödlich. Der Alleinerbe E verlangt von F Zahlung von 10.000 DM aus Schuldanerkenntnis.
Zwischen F und S bestand Einigkeit darüber, dass F dem S nichts schulden soll. Das Schuldanerkenntnis ist nur zum Schein erklärt worden. Daher ist der E mit dem Tod nicht gemäß § 1922 Inhaber einer Forderung aus Schuldanerkenntnis geworden.

2. Die B-Bank hat gegen die X-GmbH Forderungen über 500.000 DM. Der Prokurist der Bank legt der Ehefrau des Geschäftsführers der GmbH einen vorbereiteten Darlehensvertrag vor und erklärt dabei, dass das Darlehen aus banktechnischen Gründen nur „pro forma" gewährt werde (BGH NJW 1993, 2435).
Zwischen der B-Bank und der Ehefrau ist kein Darlehensvertrag zu Stande gekommen. Die Darlehenserklärung war ein Scheingeschäft i.S.d. § 117 Abs. 1.

II) Das verdeckte Rechtsgeschäft gemäß § 117 Abs. 2

Wollen die Parteien zwar nicht das Scheingeschäft, aber ein wirksames anderes Rechtsgeschäft tätigen, so gilt dieses gewollte Rechtsgeschäft selbst dann, wenn es zum Schein falsch bezeichnet worden ist.

> **Fall 2: Scheingeschäft aus Sparsamkeit**
>
> V ist Eigentümer eines größeren Baugrundstückes. Er will dem K einen bestimmten Teil des Grundstückes in der Größe von 1.200 qm für 250.000 DM verkaufen. Um Steuern und Notariatskosten zu sparen, geben sie im notariellen Vertrag als Kaufpreis jedoch nur 150.000 DM an. Das zu übertragende Grundstück wird auf der Katasterkarte rot umrandet und diese Karte wird der Urkunde beigefügt. Die Auflassung soll nach der Vermessung erfolgen. Es kommt zu Unstimmigkeiten. K verlangt die Auflassung, V weigert sich.

Der K kann gemäß § 433 Abs. 1 die Übereignung des Grundstückes und damit die dazu gemäß §§ 873, 925 erforderliche Auflassung verlangen, wenn ein wirksamer Kaufvertrag über dieses Grundstück zu Stande gekommen ist.

Der Kaufvertrag verpflichtet gemäß § 433 Abs. 1 zur Übereignung; die Übereignung muss gemäß §§ 873, 925 in der Weise erfolgen, dass die Parteien sich vor dem Notar über den Eigentumsübergang einigen und dieser mit der Einigung erstrebte Eigentumswechsel in das Grundbuch eingetragen wird. Der Kaufvertrag ist das Verpflichtungsgeschäft; die Übereignung das Verfügungsgeschäft.

(I) V und K haben sich darüber geeinigt, dass ein bestimmter, auf der Katasterkarte rot umrandeter Teil des Baugrundstückes übereignet werden soll. Da dieser Teil durch Vermessung einwandfrei ermittelt werden kann, ist die Kaufsache hinreichend bestimmt worden. Doch sind bezüglich des dafür zu zahlenden Kaufpreises zwei unterschiedliche Erklärungen abgegeben worden. In der notariellen Urkunde sind als Kaufpreis 150.000 DM genannt. Diese Erklärung ist von beiden nur abgegeben worden, um Notariatskosten und Steuern zu sparen.

V und K wollten übereinstimmend, dass für das Grundstück nicht nur 150.000 DM gezahlt werden sollten. Sie haben diese Erklärung nur zum Schein abgegeben, sodass kein Kaufvertrag über das Grundstück zum Preise von 150.000 DM zu Stande gekommen ist. Allein der Umstand, dass der Kaufpreis in Höhe von 150.000 DM beurkundet worden ist, hat rechtlich keine Bedeutung. Mit der Beurkundung soll nur das übereinstimmend von den Parteien Gewollte formgerecht wiedergegeben werden.

(II) Die Parteien wollten die Verpflichtung begründen, dass für das Grundstück 250.000 DM gezahlt werden sollen. Wird durch ein Scheingeschäft ein anderes Geschäft verdeckt, so ist dieses Geschäft wirksam, sofern dessen Gültigkeitsvoraussetzungen erfüllt sind, § 117 Abs. 2. Die mündliche Vereinbarung ist hier nicht, wie es § 313 S. 1 vorschreibt, beurkundet worden. Sie ist daher gemäß § 125 nichtig.

Soergel/Hefermehl § 117 Rdnr. 18; Staudinger/Dilcher § 117 Rdnr. 25.

Ergebnis:

▶ Die formgerechte Vereinbarung ist als Scheingeschäft gemäß § 117 Abs. 1 „nichtig".

▶ Die mündliche Vereinbarung ist gemäß §§ 117 Abs. 2, 313 S. 1, 125 nichtig.

Es besteht kein Anspruch des K gegen V auf Auflassung.

Abwandlung:

V erklärt die Auflassung. K wird als Eigentümer eingetragen, er will nur 150.000 DM zahlen.

K ist mit der Eintragung in das Grundbuch Eigentümer geworden, weil eine wirksame Auflassung von V an K erfolgt ist. Gemäß § 313 S. 2 ist der mündlich vereinbarte Kaufvertrag zu einem Kaufpreis von 250.000 DM geheilt worden. K muss somit diese Summe zahlen.

– – –

C) Das Scherzgeschäft gemäß § 118

Beim Scherzgeschäft handelt es sich um ein misslungenes Scheingeschäft (Palandt/Heinrichs § 118 Rdnr. 2). Der Erklärende geht als sicher davon aus, dass der Erklärungsempfänger erkennt, dass er mit der Erklärung keine Rechtsfolge auslösen will. Erkennt der Empfänger tatsächlich, dass es sich um einen Scherz handeln soll, so fehlt es am äußeren Erklärungstatbestand, da die Erklärung nicht auf einen Rechtsbindungswillen schließen lässt. Erkennt der Erklärungsempfänger die mangelnde Ernstlichkeit nicht, so liegt der äußere Erklärungstatbestand einer Willenserklärung vor. Es fehlt am inneren Tatbestand, weil der Erklärende mit seiner Erklärung keinerlei rechtliche Wirkung auslösen wollte. Die Erklärung ist nach § 118 nichtig. Da es nach dem klaren Wortlaut des § 118 allein darauf ankommt, dass der Erklärende erwartet, der Mangel der Ernstlichkeit werde nicht verkannt, greift diese Vorschrift auch dann ein, wenn die fehlende Ernstlichkeit objektiv nicht erkennbar ist.

Soergel/Hefermehl § 118 Rdnr. 7; MünchKomm/Kramer § 118 Rdnr. 4.

> **Fall 3: Der ahnungslose Verkäufer** (BGH ZIP 2000, 1533[@])
>
> Mit notariellem Vertrag verkaufte der E dem K ein Grundstück für 43.200 DM. Der Verhandlungsführer des E, der V, hatte mit dem K einen Kaufpreis von 385.000 DM vereinbart, der aber aus steuerlichen Gründen nicht beurkundet werden sollte. Von dieser Abrede hatte E bei Abschluss des notariellen Vertrags keine Kenntnis. K verlangt von E Übertragung des Grundstücks.

Ein Anspruch des K kann sich nur aus § 433 Abs. 1 ergeben.

(I) Der notarielle Vertrag könnte als Scheingeschäft unwirksam sein. Ein Scheingeschäft liegt vor, wenn die Parteien einvernehmlich nur den äußeren Schein eines Rechtsgeschäftes hervorrufen, die tatsächlichen Rechtsfolgen aber nicht wollen. Anders als der K hatte E aber einen Rechtsbindungswillen, der ein einvernehmliches Scheingeschäft ausschließt. Analog § 166 Abs. 1 ist dem E das Wissen seines Verhandlungsgehilfen V zuzurechnen. Hier geht es aber nicht um Wissenszurechnung, sondern um das bei Geschäftsabschluss unter den Beteiligten notwendige Einverständnis, nur den äußeren Schein eines Rechtsgeschäfts hervorrufen zu wollen. Diese tatsächliche Willensübereinstimmung muss zwischen den tatsächlich den Vertrag abschließenden Personen vorhanden sein. Die Willensübereinstimmung kann nicht durch eine Wissenszurechnung ersetzt werden. Es liegt kein Scheingeschäft vor.

(II) Das Scherzgeschäft ist ein misslungenes Scheingeschäft. Die Erklärung des K – und damit der Kaufvertrag – könnte gemäß § 118 nichtig sein.

(1) Teilweise wird § 118 bei einem beurkundeten Vertrag für unanwendbar gehalten. Es sei mit der Funktion des § 313 und dem Gedanken des Verkehrsschutzes nicht zu vereinbaren, wenn eine vor dem Notar nach außen als ernstlich gemeint abgegebene Erklärung allein mit der Begründung nichtig sei, man habe die Erklärung nicht wirklich gewollt und gemeint, der Vertragspartner werde das schon erkennen.

OLG München NJW-RR 1993, 1168, 1169; Palandt/Heinrichs § 118 Rdnr. 2; Soergel/Hefermehl § 118 Rdnr. 8.

(2) § 313 S. 1 verfolgt den Zweck, den Veräußerer und den Erwerber von Grundstückseigentum vor übereilten Verträgen zu bewahren und ihnen

reifliche Überlegungsfreiheit sowie sachkundige und unparteiische Beratung durch den Notar zu gewähren (Warn- und Schutzfunktion) sowie den Inhalt der Vereinbarung klar und genau festzustellen und die Beweisführung zu sichern (Beweis- und Gewährsfunktion). Die Beurkundung schützt aber nicht davor, dass die Erklärungen der Parteien einen anderen Inhalt haben können, als sich nach dem Wortlaut erschließt. § 118 setzt lediglich voraus, dass der Erklärende der Ansicht ist, die mangelnde Ernstlichkeit werde erkannt werden, nicht dagegen auch, dass die Nichternstlichkeit dem Empfänger oder dem Notar hat auffallen müssen. Das Vertrauen in die Gültigkeit der Erklärung wird insoweit allein durch § 122 geschützt.

§ 118 greift auch bei beurkundeten Erklärungen ein. Die Erklärung des K – und damit auch der Kaufvertrag – ist nichtig.

– – –

1.1.3 Der zu äußernde Geschäftswille

Der Erklärende muss deutlich machen, welche Rechtsfolgen er mit der Erklärung herbeiführen will.

Bei einseitigen Willenserklärungen muss zumindest durch Auslegung zu ermitteln sein, welche Rechtsfolge die Erklärung haben soll.

So muss z.B. der äußere Erklärungstatbestand einer Genehmigung i.S.d. § 177 Abs. 1 zum Ausdruck bringen, dass der Erklärende die schwebende Unwirksamkeit kennt oder zumindest mit ihr rechnet und er das getätigte Rechtsgeschäft gleichwohl für und gegen sich gelten lassen will (vgl. unten S. 160 f.).

Bei **Verträgen** muss bereits das Angebot alle wesentlichen Vertragsbestandteile beinhalten. Für die Annahme reicht die uneingeschränkte Zustimmung zu dem Angebot.

Gerade weil für die Annahme die uneingeschränkte Zustimmung ausreicht, ist erforderlich, dass die wesentlichen Vertragsbestandteile bereits in dem Angebot zum Ausdruck kommen.

A) Wesentliche Vertragsbestandteile eines schuldrechtlichen Vertrages

Bei den **gesetzlich typisierten Verträgen** sind wesentliche Vertragsbestandteile die gesetzlichen Merkmale, die den jeweiligen Vertragstyp kennzeichnen.

▶ Ein Kaufvertrag erfordert eine Einigung über Verkäufer und Käufer, den Kaufgegenstand und den Kaufpreis.

▶ Für einen Mietvertrag ist eine Einigung erforderlich über Vermieter und Mieter, die Mietgegenstand, -zeit und -preis sowie darüber, dass die Überlassung der Mietsache zum Gebrauch erfolgt.

▶ Beim Dienst- und Werkvertrag genügt die Einigung über die Parteien und die Leistungspflicht – die Dienste, das zu erstellende Werk. Eine Vergütung gilt als stillschweigend vereinbart, wenn die Dienste bzw. die Erstellung des Werkes nur gegen eine Vergütung zu erwarten ist (§ 612 Abs. 1, § 632 Abs. 1).

Für die **gesetzlich nicht typisierten Verträge** sind wesentliche Vertragsbestandteile: die Parteien, die Leistung und die Gegenleistung.

Eine Vereinbarung über die Gegenleistung ist auch dann getroffen, wenn die Leistung unentgeltlich, d.h. ohne Gegenleistung erfolgen soll. Die Parteien können aber nicht offenlassen, ob eine Gegenleistung zu erbringen ist oder nicht.

Es genügt, dass die Leistungsverpflichtung **bestimmbar** vereinbart wird, falls vereinbarte oder gesetzliche Wertmaßstäbe vorhanden sind. Es ist also nicht erforderlich, dass im Zeitpunkt der Einigung bereits die Leistungsverpflichtung eindeutig bestimmt ist.

Beim Gattungskauf gilt bei fehlender Vereinbarung die gesetzliche Regelung des § 243 Abs. 1, wonach eine Sache mittlerer Art und Güte geschuldet wird. Die Parteien können vereinbaren, dass einzelne Vertragsbestandteile von einer Partei oder einem Dritten bestimmt werden (§§ 315 ff.).

Ergeben sich aus der Vereinbarung der Parteien oder aus dem Gesetz keine ausreichenden Wertmaßstäbe für die Bestimmung der Leistung, so ist die Vereinbarung mangels Bestimmtheit unwirksam.

Beispiel:
V verpachtet dem P für 10 Jahre ein Kino. Im § 13 des Pachtvertrages ist bestimmt: „Nach Ablauf der 10 Jahre werden neue Pachtverhandlungen geführt. Kommt eine Einigung nicht zu Stande, so wird die Industrie- und Handelskammer W ersucht, einen Sachverständigen zu bestellen, dessen Entscheidung bindend ist." Nach Ablauf des Pachtvertrages verlangt P Verlängerung. Es kommt zu keiner Einigung.

Die Verlängerungsklausel ist mangels hinreichender Bestimmtheit unwirksam, weil dem Dritten nicht nur die Bestimmung einzelner Leistungen aus dem Pachtvertrag überlassen worden ist, sondern die Bestimmung des ganzen Vertragsinhalts. Weder aus dem Inhalt der Vereinbarung noch aus einer dispositiven Vorschrift lassen sich Wertmaßstäbe für die Inhaltsbestimmung des Vertrages herleiten, sodass es an der erforderlichen Bestimmbarkeit fehlt.
BGHZ 55, 248, 249: „Nach § 535 BGB muss ein Miet- oder Pachtvertrag die Bezeichnung des Miet- oder Pachtgegenstandes, die Angabe der Miet- oder Pachtzeit und eine Vereinbarung über den Miet- oder Pachtzins enthalten ... Nichts anderes gilt auch für eine Vereinbarung über die Verlängerung eines laufenden Miet- oder Pachtverhältnisses ... Allerdings ist anerkannt, dass nicht notwendigerweise eine genaue und ins Einzelne gehende einschlägige Regelung vereinbart zu sein braucht, sondern dass es genügt, wenn Gegenstand und Dauer der geschuldeten Leistung bestimmbar sind. Es fehlt indes an einer wirksamen Bindung, wenn zwar ein Weg angegeben ist, um den Gegenstand der geschuldeten Leistung zu bestimmen, auf diese Weise in Wirklichkeit der Inhalt aber doch nicht bestimmt werden kann ...
Der Sachverständige soll nach dem Wortlaut und Sinn der Vereinbarung nicht nur die Höhe des Pachtzinses festlegen, sondern er soll auch die Dauer der Verlängerung bestimmen. Da der Vertrag 16 Jahre gelaufen war, hätte es der Sachverständige in der Hand, ihn um weitere 14 Jahre zu verlängern, ohne dass eine der Parteien sich durch Kündigung von dem Vertrage lösen könnte (vgl. § 567 BGB). Der Sachverständige hätte aber auch die Möglichkeit, nur eine kurzfristige Verlängerung des Mietvertrages beispielsweise um ein Jahr anzuordnen."

B) Im Sachenrecht ist der Inhalt der Einigung und damit auch der Inhalt des Angebotes gesetzlich abschließend geregelt. Es besteht keine Vertragsfreiheit. Es muss mit der Einigung eindeutig zum Ausdruck gebracht werden, an welcher bestimmten Sache welche Rechtsänderung eintreten soll, ob also das Sachenrecht übertragen, belastet, inhaltlich verändert oder aufgegeben werden soll.

Die Zahl der Sachenrechte ist abschließend geregelt und darüber hinaus ist auch der Inhalt der Sachenrechte gesetzlich festgelegt (numerus clausus der Sachenrechte; Typenzwang).

1.2 Der innere Erklärungstatbestand, die Zurechnung

Bei einer fehlerfreien Willenserklärung stimmen der tatsächliche innere Erklärungstatbestand und der äußere Erklärungstatbestand überein. Der innere Wille hat korrekt in der Erklärung Ausdruck gefunden.

Tatbestand einer fehlerfreien Willenserklärung

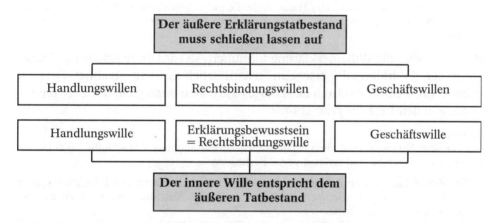

Fehlerhaft ist die Willenserklärung, wenn der innere und der äußere Erklärungstatbestand nicht übereinstimmen. Auch eine fehlerhafte Willenserklärung kann dem Erklärenden zurechenbar sein. Dabei gelten folgende Grundsätze:

▶ Eine Zurechnung scheidet aus, wenn dem Erklärenden das **Handlungsbewusstsein** fehlt.

▶ Weicht der erklärte **Geschäftswille** von dem inneren Geschäftswillen ab, ist dies ein Inhaltsirrtum i.S.d. § 119 Abs. 1. Aus dieser Regelung ergibt sich, dass die Willenserklärung dem Erklärenden zugerechnet wird, wenn er sie nicht (fristgerecht) anficht.

▶ Fehlt dem Erklärenden das **Erklärungsbewusstsein**, ist nach h.M. die Erklärung zuzurechen, wenn der Erklärende hätte erkennen können, dass sein Verhalten als Willenserklärung aufgefasst wird.

▶ Besonderheiten gelten bei der Zurechnung der Blankoerklärung.

1.2.1 Keine Willenserklärung bei fehlendem tatsächlichem Handlungswillen

Wenn derjenige, der nach dem äußeren Erklärungstatbestand als „Erklärender" erscheint, die Erklärung nicht willensgesteuert oder überhaupt nicht abgegeben hat, so liegt keine Willenserklärung vor. Für die Zurechnung des äußeren Tatbestandes ist zumindest ein Handlungswille erforderlich.

Erman/Brox vor § 116 Rdnr. 2; Palandt/Heinrichs Einf. v. § 116 Rdnr. 16; Soergel/Hefermehl vor § 116 Rdnr. 15; MünchKomm/Kramer vor § 116 Rdnr. 7.

Beispiel:
S führt dem A gewaltsam die Hand und zwingt ihn so, eine Bürgschaft über 300.000 DM für ihn zu übernehmen. Der S übergibt dem Gläubiger G die Erklärung. Später verlangt G von A Zahlung aus der Bürgschaft.

(I) Der G konnte zwar aus der ihm übergebenen Erklärung auf das Vorhandensein des Willens des A schließen, sich als Bürge zu verpflichten, sodass der äußere Erklärungstatbestand einer Bürgschaftserklärung vorliegt.
(II) Doch fehlte dem A der Handlungswille, denn er wurde nicht willensgesteuert tätig. Der Empfänger der Erklärung, der G, trägt also das Risiko dafür, dass der Erklärende mit Handlungswillen tätig geworden ist. Der Handlungswille ist bei unwiderstehlicher Gewalt, also bei vis absoluta, nicht gegeben; anders bei vis compulsiva, z.B. bei der Drohung mit einer vorgehaltenen Pistole.

Hat ein Dritter die Willenserklärung formuliert, so wird diese Erklärung demjenigen, der als Erklärender erscheint, grundsätzlich nicht zugerechnet. Dies gilt selbst dann, wenn er es durch fahrlässiges Verhalten ermöglicht hat, dass die Erklärung in den Verkehr gelangt ist.

Beispiel:
Der Nachbar N bestellt unter dem Namen des E im Versandhaus X Waren für 3.000 DM. X bringt sie zum Versand und verlangt von E Bezahlung.

(I) Das Versandhaus konnte der zugegangenen Bestellung entnehmen, dass E die Ware kaufen wollte, dass E also einen bestimmten, nämlich einen auf den Abschluss eines Kaufvertrages gerichteten Geschäftswillen hatte.
(II) Doch diese – äußere – Erklärung, das Angebot zum Abschluss des Kaufvertrages, hat E nicht mit Handlungswillen abgegeben. Es liegt keine – zurechenbare – Willenserklärung des E vor.
(III) Der N hat unter fremdem Namen gehandelt. E hat die Möglichkeit durch eine Genehmigung entsprechend § 177 Abs. 1 das Rechtsgeschäft an sich zu ziehen (Palandt/Heinrichs § 177 Rdnr. 2).

1.2.2 Der innere Geschäftswille weicht von dem erklärten Geschäftswillen ab

Wenn der Erklärende mit seiner Erklärung rechtsgeschäftlich etwas anderes erklären wollte, als er tatsächlich erklärt hat, wenn also der geäußerte Geschäftswille und der innere Geschäftswille unbewusst nicht übereinstimmen, so gilt die Erklärung mit dem Inhalt des äußeren Erklärungstatbestandes. Es liegt eine wirksame Willenserklärung vor. Da der Erklärende aber einen anderen Geschäftswillen zum Ausdruck bringen wollte, besteht die Möglichkeit der Anfechtung gemäß § 119 Abs. 1.

Beispiele:

1. Der A will beim Versandhaus X eine Stereo-Anlage X 45 bestellen. Beim Ausfüllen unterläuft ihm ein Fehler. Er schreibt: „Stereo-Anlage X 54". Diese ist 300 DM teurer.

(I) Der A hat mit dem Ausfüllen der Bestellkarte den äußeren Erklärungstatbestand eines Kaufangebots mit bestimmtem Inhalt formuliert. Da er mit der Erklärung einen Kaufvertrag zu Stande bringen wollte, hat er eine wirksame Willenserklärung abgegeben.

(II) Der mit der Erklärung geäußerte Geschäftswille – Kaufvertrag über X 54 – und der innere Geschäftswille – ein Kaufvertrag über X 45 – fallen auseinander. Da dies dem A nicht bewusst war, kann er seine Kaufvertragserklärung gemäß § 119 Abs. 1 anfechten. Soweit X einen Vertrauensschaden erlitten hat, ist der A ihm gemäß § 122 nach wirksamer Anfechtung zum Schadensersatz verpflichtet.

2. Der M besichtigt drei Wohnungen im Neubau des V und erklärt, er werde sich in den nächsten Tagen entscheiden. M will die angebotene 3-Zimmer-Wohnung mieten. Er schreibt dem V, er nehme die Wohnung im Obergeschoß. Als M einziehen will, stellt er fest, dass es sich bei der Wohnung im Obergeschoß um eine 4-Zimmer-Wohnung handelt. Sie ist dem M zu teuer.

(I) Der M hat dem V mitgeteilt, er miete die Wohnung im Obergeschoß. Diese Erklärung konnte V nur so verstehen, dass M die 4-Zimmer-Wohnung mieten wollte. Da der M mit der Erklärung einen Mietvertrag, wenn auch über eine andere Wohnung, abschließen wollte, hat er eine wirksame Willenserklärung abgegeben.

(II) Der M hat mit der Erklärung einen anderen Willen geäußert, als er äußern wollte. Der geäußerte Geschäftswille und der innere Geschäftswille, der in der Erklärung Ausdruck finden sollte, fallen auseinander. M kann gemäß § 119 Abs. 1 seine Willenserklärung anfechten. Soweit dem V ein Vertrauensschaden entstanden ist, muss M nach der Anfechtung gemäß § 122 Schadensersatz leisten.

1.2.3 Der Erklärende wollte keine Willenserklärung abgeben

Wollte der Erklärende keine Willenserklärung abgeben, so fehlt ihm das Erklärungsbewusstsein. Unter dem Erklärungsbewusstsein versteht man das Bewusstsein, eine rechtsgeschäftliche Erklärung abzugeben (Larenz/Wolf § 24 Rdnr. 6; BGHZ 91, 324, 329[@]). Dem Erklärungsbewusstsein im inneren Tatbestand entspricht der Rechtsbindungswille im äußeren Erklärungstatbestand. Es wird wegen dieser inhaltlichen Übereinstimmung auch im inneren Tatbestand vom mangelnden Rechtsbindungswillen gesprochen, also nicht scharf getrennt zwischen dem Rechtsbindungswillen im äußeren und dem Erklärungsbewusstsein im inneren Tatbestand.

BGHZ 109, 171[@]: „Trotz fehlenden Erklärungsbewusstseins (Rechtsbindungswillens, Geschäftswillens) liegt eine Willenserklärung vor, wenn der Erklärende ...".

Der Erklärende, der mit seiner Erklärung nur einen Vertrag vorbereiten oder bestätigen will, der glaubt, sich im gesellschaftlichen Bereich zu äußern oder eine bloße Gefälligkeit zusagen will, will überhaupt keine Willenserklärung abgeben, also überhaupt nicht im rechtsgeschäftlichen Bereich handeln. Es fehlt ihm das Erklärungsbewusstsein.

Welchen Einfluss das fehlende Erklärungsbewusstsein auf die abgegebene Erklärung hat, ist umstritten.

Fall 4: Trierer Weinversteigerung

Auf einer Weinversteigerung in Trier bedeutet das Handaufheben die Abgabe eines Gebotes. Der K, dem dieses nicht bekannt ist, erhebt die Hand, um seinen Freund F zu begrüßen. Der Auktionator A erteilt dem K den Zuschlag. Ist damit der Kaufvertrag zu Stande gekommen?

Ein Kaufvertrag ist zu Stande gekommen, wenn die Parteien sich wirksam über die Kaufvertragsbestandteile geeinigt haben.

(I) Diese Einigung könnte durch Angebot und Annahme zu Stande gekommen sein.

   (1) Das Angebot ist von K ausgegangen, wenn er mit dem Handaufheben zum Ausdruck gebracht hat, dass er kaufen will, und ihm diese Kaufererklärung zugerechnet werden kann.

   (a) Da der Auktionator A nach den Umständen und den örtlichen Gepflogenheiten in der Versteigerung davon ausgehen konnte, dass K kaufen wollte, liegt der äußere Erklärungstatbestand eines Kaufangebotes vor. Das Handaufheben lässt auf einen bestimmten Geschäftswillen schließen.

   (b) Fraglich ist, ob ein für eine Willenserklärung ausreichender innerer Erklärungstatbestand gegeben ist. Der K ist mit Handlungswillen tätig geworden. Er hat aber nicht das Bewusstsein gehabt, rechtsgeschäftlich tätig zu werden; ihm fehlte das Erklärungsbewusstsein. Ob trotz fehlenden Erklärungsbewusstseins eine Willenserklärung vorliegen kann, ist umstritten.

   (aa) Nach einem Teil der Lehre muss der Erklärende den Erklärungstatbestand mit aktuellem Erklärungsbewusstsein gesetzt haben: Der Erklärende muss also das Bewusstsein gehabt haben, eine Willenserklärung – wenn auch mit anderem Inhalt – abzugeben. Fehlt das Erklärungsbewusstsein, will er also überhaupt keine Willenserklärung abgeben, so fehlt der innere Erklärungstatbestand; es liegt keine Willenserklärung vor.

   Canaris NJW 1974, 528; 1984, 2281; Thiele JZ 1969, 407; OLG Düsseldorf OLGZ 1982, 240; weitere Nachweise bei BGHZ 91, 324, 327[@].

   Es werden folgende Argumente geltend gemacht:

   ▶ Bewerte man eine ohne Erklärungsbewusstsein abgegebene Erklärung als Willenserklärung, so verletze dies die Privatautonomie. Wenn jemand überhaupt nicht rechtsgeschäftlich tätig werden wolle, dürfe sein Verhalten nicht als Willenserklärung gewertet werden.

   ▶ § 118 ordne für den einzigen gesetzlich geregelten Fall fehlenden Erklärungsbewusstseins die Nichtigkeit an. Aus dieser Regelung ergebe sich, dass sogar derjenige, der bewusst den äußeren Tatbestand einer Willenserklärung setzt, ohne Erklärungsbewusstsein eine von vornherein unwirksame Erklärung abgebe. Erst recht müsse eine ohne Erklärungsbewusstsein abgegebene Erklärung unwirksam sein, wenn der äußere Erklärungstatbestand unbewusst gesetzt werde.

(bb) Nach h.A. ist bei fehlendem Erklärungsbewusstsein eine Willenserklärung auch dann gegeben, wenn der Erklärende bei Anwendung der im Verkehr erforderlichen Sorgfalt hätte erkennen können, dass seine Erklärung als Willenserklärung aufgefaßt wird. Da dieses „Erkennenkönnen" als potentielles Erklärungsbewusstsein kein aktuell vorhandener innerer Erklärungstatbestand ist, spricht man davon, dass die Erklärung dem Erklärenden unter der genannten Voraussetzung als Willenserklärung zugerechnet wird. Diese Willenserklärung ist dann wie die mit fehlendem oder abweichendem Geschäftswillen geäußerte Erklärung anfechtbar gemäß § 119 Abs. 1.

BGHZ 91, 324, 330[@]: „Eine Willenserklärung liegt bei fehlendem Erklärungsbewusstsein allerdings nur dann vor, wenn sie als solche dem Erklärenden zugerechnet werden kann. Das setzt voraus, dass dieser bei Anwendung der im Verkehr erforderlichen Sorgfalt hätte erkennen und vermeiden können, dass seine Erklärung oder sein Verhalten vom Empfänger nach Treu und Glauben und mit Rücksicht auf die Verkehrssitte als Willenserklärung aufgefasst werden durfte."

Ebenso: BGH ZIP 1999, 1847[@]; BGH NJW 1995, 953 mit krit. Anm. Habersack JuS 1996, 585; BGHZ 109, 171[@]; so auch Bydlinski JZ 1975, 1; Erman/Brox vor § 116 Rdnr. 3; Palandt/Heinrichs Einf. v. § 116 Rdnr. 17; MünchKomm/Kramer § 119 Rdnr. 79 ff.; Soergel/Hefermehl vor § 116 Rdnr. 13; Medicus AT Rdnr. 607 f.

Etwas anders in der Formulierung Staudinger/Dilcher (Vorbem zu §§ 116–144 Rdnr. 26, 80), der das Erklärungsbewusstsein als subjektives Tatbestandselement für erforderlich hält, aber fordert, dass „das Handeln ohne Erklärungswillen als rechtlich relevantes Verhalten im Wege einer förmlichen Anfechtung beseitigt werden muss".

Für diese Ansicht sprechen folgende Argumente:

▶ Da der Erklärungsempfänger schutzwürdig ist, muss das in § 119 Abs. 1 enthaltene Prinzip der Verantwortung für die zurechenbare Bedeutung des Erklärten grundsätzlich auch bei fehlendem Erklärungsbewusstsein gelten. Es besteht „zwischen dem, der rechtsgeschäftlich gar nichts will, und dem, der rechtsgeschäftlich etwas ganz anderes will, kein Unterschied" (Bydlinski, Privatautonomie und objektive Grundlagen des verpflichtenden Rechtsgeschäftes, 1967, S. 163).

- Die Privatautonomie des Erklärenden ist nicht beeinträchtigt; der Erklärende hat vielmehr die Wahlfreiheit zwischen der Anfechtung des Vertrages, § 119 Abs. 1, und der Erfüllung, § 362. Überdies schützt das Recht der Willenserklärung nicht nur die Selbstbestimmung des Erklärenden, sondern auch das Vertrauen des Erklärungsempfängers und die Verkehrssicherheit.

- Die in § 118 geregelte Situation ist mit der des fehlenden Erklärungsbewusstseins nicht vergleichbar. Im Fall des § 118 hat der Erklärende im Unterschied zum fehlenden Erklärungsbewusstsein bewusst die Nichtgeltung seiner Erklärung gewollt.

(2) Der Auktionator A hat dem K den Zuschlag erteilt, also dessen Angebot angenommen. Es ist ein wirksamer Kaufvertrag zu Stande gekommen.

(II) Der K kann jedoch seine Kaufvertragserklärung gemäß § 119 Abs. 1 anfechten, weil sein geäußerter Erklärungstatbestand nicht mit der Äußerung übereinstimmt, die er mit dem Handaufheben abgeben wollte.

Die ohne Erklärungsbewusstsein abgegebene Erklärung, die dem Erklärenden als Willenserklärung zugerechnet wird, ist gemäß § 119 Abs. 1 anfechtbar. Nicht ganz geklärt, aber für das Ergebnis ohne Bedeutung ist die Frage, ob in diesem Fall § 119 Abs. 1 direkt (so Bydlinski JZ 1975, 1 ff.; OLG Dresden WM 1999, 949, 951) oder analog (Palandt/Heinrichs Einf. v. § 116 Rdnr. 17) anwendbar ist.

Wenn K fristgerecht die Anfechtung erklärt, ist gemäß § 142 Abs. 1 seine Erklärung und damit auch der Kaufvertrag nichtig.

(III) Falls der Veranstalter der Auktion dadurch, dass er auf die Wirksamkeit der Erklärung des K vertraut hat, einen Schaden erleidet, ist K bei einer wirksamen Anfechtung gemäß § 122 zum Ersatz des Vertrauensschadens verpflichtet.

– – –

Beispiele:

1. G, ein Gläubiger des S, verhandelt mit der B-Bank über eine Bürgschaft. Bald darauf schreibt die Zweigstelle Z der B-Bank an G:
„Unsere Bürgschaft in Höhe von 150.000 DM zu Gunsten der S
Zu Gunsten der S haben wir Ihnen gegenüber die selbstschuldnerische Bürgschaft in Höhe von 150.000 DM übernommen..."
Als G die B-Bank auf Zahlung aus der Bürgschaft in Anspruch nimmt, macht diese geltend, die Zweigstelle sei irrtümlich davon ausgegangen, dass anlässlich der Verhandlungen der Bürgschaftsvertrag schon abgeschlossen worden sei. Die Zweigstelle habe lediglich den bereits getätigten Bürgschaftsabschluss bestätigen wollen, also keine Willenserklärung abgeben wollen (nachgebildet BGHZ 91, 324@).

(I) Das Schreiben der Zweigstelle der B konnte G als Angebot zum Abschluss eines Bürgschaftsvertrages verstehen. G hatte mit der B über eine Bankbürgschaft verhandelt und konnte

davon ausgehen, dass die B nunmehr die erstrebte Bürgschaftserklärung abgebe. Das Schreiben ließ einen Schluss auf einen bestimmten Geschäftswillen, nämlich den Willen zum Abschluss eines Bürgschaftsvertrages zu. Der äußere Erklärungstatbestand einer Willenserklärung ist gegeben.
(II) Zurechnung der Erklärung?
Der Leiter der Zweigstelle hätte bei pflichtgemäßer Sorgfalt erkennen können, dass dieses Schreiben vom Empfänger G als Bürgschaftserklärung, also als Willenserklärung aufgefasst wird. Es liegt ein potentielles Erklärungsbewusstsein vor. Der Erklärungstatbestand wird der B-Bank zugerechnet. Der Bürgschaftsvertrag ist zu Stande gekommen.
(III) Die B-Bank kann ihre Erklärung gemäß § 119 Abs. 1 anfechten mit der Folge, dass die Bürgschaftserklärung gemäß § 142 nichtig ist. Doch kann G gemäß § 122 Schadensersatz verlangen (Staudinger/Dilcher vor § 116 Rdnr. 80, 81; MünchKomm/Kramer § 119 Rdnr. 79 f).

2. V unterschreibt in einer Unterschriftsmappe eine vorbereitete Bestellkarte an K. Bei der Unterschrift nimmt V an, er unterschreibe eine Glückwunschkarte für ein Betriebsmitglied, das 25 Jahre im Betrieb tätig ist.

V hat den äußeren Erklärungstatbestand einer Willenserklärung gesetzt; die Bestellkarte lässt auf einen bestimmten Geschäftswillen schließen. Diese Erklärung wird dem V, der mit Handlungswillen unterschrieben hat, auch zugerechnet, weil er potentielles Erklärungsbewusstsein hatte. Er hätte bei Anwendung der im Verkehr erforderlichen Sorgfalt erkennen können, dass er ein Kaufangebot unterschreibt, also eine Willenserklärung abgibt.

Mindesttatbestand einer Willenserklärung

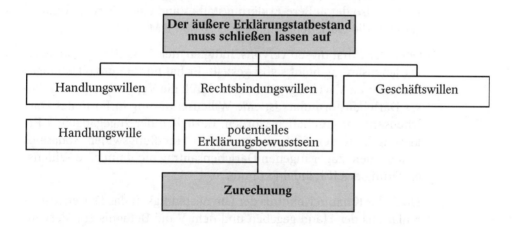

1.2.4 Der „Erklärende" hat das Vertragsangebot unvollständig oder überhaupt nicht formuliert

Wer eine unvollständige Urkunde – ein Blankett – herstellt und in Kenntnis der Unvollständigkeit einem anderen mit der Ermächtigung zur Vervollständigung aushändigt, muss die vervollständigte Urkunde so gegen sich gelten lassen, wie sie später – wenn auch abredewidrig – vervollständigt worden ist.
BGHZ 132, 119[@]; Bülow ZIP 1996, 1694.

> **Fall 5: Blankettvervollständigung**
>
> K kauft von V einen gebrauchten Lastzug für 69.000 DM. K zahlt 15.000 DM an und übergibt dem V einen Kleintransporter, den V für K verkaufen soll. Der Kaufpreis soll verrechnet werden. Der Restkaufpreis soll von der Hausbank B des V finanziert werden. K füllt einen von V überlassenen Darlehensantrag der Bank aus. Der Darlehensbetrag wird offengelassen und soll nach Verkauf des Kleintransporters vom V eingesetzt werden. V gerät in Vermögensschwierigkeiten und setzt in den Darlehensantrag den Betrag von 70.000 DM ein. Später verlangt die B-Bank Zahlung. K weigert sich unter Berufung auf die abredewidrige Ausfüllung.

(A) Der Anspruch der B-Bank auf Zahlung von 70.000 DM ist gemäß § 607 entstanden, wenn K mit dem von V vervollständigten Darlehensantrag ein Angebot über diesen Betrag gemacht hat, das von der B-Bank angenommen worden ist.

(I) Angebot des K

(1) Die Bank hat einen über 70.000 DM ausgestellten und mit der Unterschrift des K versehenen Darlehensantrag erhalten. Daraus konnte die Bank als sorgfältige Empfängerin nur entnehmen, dass K diesen Betrag, der an V ausgezahlt werden sollte, zurückzahlen wollte. Es liegt also der äußere Erklärungstatbestand eines Darlehensantrages über die Darlehenssumme von 70.000 DM vor.

(2) Doch der K hat diesen vervollständigten, der B-Bank zugegangenen Darlehensantrag nicht selbst gestellt. Er hat nur ein unvollständiges Formular an V weitergegeben. Erst durch die Vervollständigung dieses Darlehensformulars ist eine Willenserklärung in Form des Darlehensantrags geschaffen worden. Bezüglich der zugegangenen Erklärung hatte der K überhaupt keinen Handlungswillen, sodass es sich bei dem zugegangenen Darlehensantrag nicht um eine Willenserklärung des K handeln könnte.

Doch der K hat in Kenntnis der Unvollständigkeit das Darlehensformular aus der Hand gegeben und dem V die Befugnis zur Vervollständigung bis in Höhe des noch offenstehenden Kaufpreises eingeräumt.

(a) Es ist anerkannt, dass der Aussteller eines Blanketts, der es weitergibt, damit der Empfänger des Blanketts dieses vervollständige, eine ihm zurechenbare Willenserklärung abgegeben hat.

Dieses Ergebnis kann mit der entsprechenden Anwendung der Vertretungsregeln, §§ 164 ff., begründet werden. Im Vertretungsrecht gibt der Vertreter im Namen eines anderen – des Geschäftsherrn – eine eigene Willenserklärung ab, die für und gegen den Geschäftsherrn wirkt, wenn der Vertreter vertretungsberechtigt ist.

Im Fall der Blankoerklärung ist der Skripturakt zwar keine Willenserklärung, sondern eine tatsächliche Handlung – Realakt –. Der Sinn und Zweck der Vertretungsregeln erfasst jedoch auch die Fälle der Blankoerklärung, sodass in den Fällen, in denen die Blankoerklärung entsprechend der Ermächtigung vervollständigt wird, der Ermächtigte mit „Vertretungsmacht" tätig wird und die Erklärung dem Blankettgeber zugerechnet wird.

BGHZ 40, 65 und 297; MünchKomm/Schramm § 172 Rdnr. 14 f; Soergel/Leptien § 172 Rdnr. 6; RGRK/Steffen § 172 Rdnr. 3; Staudinger/Schilken § 172 Rdnr. 8; Müller AcP 181, 516, 538; a.A. Reinicke/Tiedtke JZ 1984, 550 f.

(b) Der V hat den Darlehensantrag jedoch abredewidrig ausgefüllt. Er war nur berechtigt, den tatsächlich noch offenen Restkaufpreis einzutragen, sodass der V nicht zur „Vertretung" berechtigt gewesen sein könnte. Wer jedoch ein Blankett mit seiner Unterschrift in Kenntnis der Unvollständigkeit aus der Hand gibt, muss den dadurch geschaffenen Rechtsschein analog § 172 Abs. 2 einem gutgläubigen Dritten gegenüber gegen sich gelten lassen. Da die Bank von der abredewidrigen Ausfüllung keine Kenntnis hatte, muss sich K der Bank gegenüber so behandeln lassen, als hätte er einen Darlehensantrag in Höhe von 70.000 DM gestellt.

(II) Die Bank hat dieses Angebot angenommen. Damit ist der Darlehensvertrag über 70.000 DM zu Stande gekommen.

(B) Der Anspruch ist auch nicht nachträglich durch Anfechtung erloschen. Eine Anfechtung wegen eines abredewidrig ausgefüllten Blanketts ist ausgeschlossen, weil es sich bei der Haftung analog § 172 Abs. 2 um eine Rechtsscheinshaftung handelt, die nicht angefochten werden kann.

BGHZ 40, 65 u. 297; 132, 119, 127[@]; Staudinger/Dilcher § 119 Rdnr. 15; Larenz/Wolf § 48 Rdnr. 40; Wurm JA 1986, 577; a.A. Reinicke/Tiedtke JZ 1984, 550 f.

K ist also zur Rückzahlung verpflichtet, weil die Bank ihm das Darlehen in der Weise gewährt hat, dass die Auszahlung an V vorgenommen worden ist.

– – –

Beachte: Soweit eine Bürgschaft der Form des § 766 bedarf, ist diese Form auch für die Ausfüllungsermächtigung bei einer Blankobürgschaft einzuhalten.

BGHZ 132, 119[@]; BGH NJW 2000, 1179[@]; OLG Köln ZIP 1998, 150; BB 1998, 13; Benedict Jura 1999, 78; Fischer JuS 1998, 205; Pawlowski JZ 1997, 309.

Zusammenfassende Übersicht: Tatbestand der Willenserklärung

	Der Erklärungstatbestand muss schließen lassen auf:
äußerer Erklärungstatbestand der Willenserklärung	▶ Handlungsbewusstsein ▶ Rechtsbindungswillen Die Erklärung muss darauf schließen lassen, dass das Erklärte rechtlich verbindlich sein soll. Der Rechtsbindungswille fehlt bei Erklärungen ohne einen rechtlichen Bezug (politische, wissenschaftliche, gesellschaftliche Äußerungen). Die Aufforderung zur Abgabe eines Angebotes (invitatio) ist kein verbindliches Angebot (Schaufensterauslage, Zeitungsinserat usw.). Beim „freibleibenden" Angebot bestehen mehrere Auslegungsmöglichkeiten, i.d.R. liegt eine invitatio vor. Auskunft, Rat und Empfehlung sind gemäß § 675 grundsätzlich unverbindlich. Ein verbindlicher Auskunftsvertrag liegt vor, wenn die Auskunft erkennbar von erheblicher Bedeutung ist und zur Grundlage wesentlicher Entscheidungen gemacht wird. Bei Gefälligkeiten ist zu unterscheiden. Alltägliche Gefälligkeiten sind rechtlich unverbindlich. Gefälligkeitsverträge (Schenkung, Leihe, Auftrag, Verwahrung) begründen Leistungspflichten. Bei dem Gefälligkeitsverhältnis bezieht sich der Rechtsbindungswille lediglich auf das Entstehen von Sorgfaltspflichten. Beim erkannten Vorbehalt i.S.d. § 116 S. 2 liegt keine Willenserklärung vor. Auch das Scheingeschäft gemäß § 117 Abs. 1 lässt nicht auf einen Rechtsbindungswillen schließen. Es gilt aber das gewollte Rechtsgeschäft gemäß § 117 Abs. 2. ▶ Geschäftswillen Der Erklärende muss deutlich machen, welche Rechtsfolgen er mit der Erklärung herbeiführen will.
innerer Erklärungstatbestand bzw. Zurechenbarkeit	▶ Handlungsbewusstsein ▶ Erklärungsbewusstsein (Rechtsbindungwille) Das Erklärungsbewusstsein ist das Bewusstsein, eine rechtlich erhebliche Erklärung abzugeben. Nach h.M. liegt der Tatbestand einer Willenserklärung auch bei fehlendem Erklärungsbewusstsein dann vor, wenn der Erklärende hätte erkennen können, dass seine Erklärung als Willenserklärung aufgefasst wird (potentielles Erklärungsbewusstsein). Die so zugerechnete Willenserklärung ist (entsprechend) § 119 Abs. 1 anfechtbar. ▶ Geschäftswille Weicht der erklärte Geschäftswille (äußerer Erklärungstatbestand) von dem tatsächlichen Geschäftswillen ab, liegt eine Willenserklärung vor, die gemäß § 119 Abs. 1 anfechtbar ist.

2. Das Wirksamwerden der Willenserklärung

Empfangsbedürftige Willenserklärungen werden durch Abgabe und Zugang wirksam. Nicht empfangsbedürftige Willenserklärungen werden mit Abgabe wirksam.

2.1 Die Abgabe der Willenserklärung

Die Abgabe einer empfangsbedürftigen Willenserklärung liegt vor, wenn die Erklärung vom Erklärenden willentlich so in den Verkehr gebracht wird, dass ohne sein weiteres Zutun der Zugang der Erklärung eintreten kann.

BGH NJW 1979, 2032, 2033; Palandt/Heinrichs § 130 Rdnr. 4.

Nicht empfangsbedürftige Willenserklärungen sind nicht auf den Zugang bei einem Erklärungsempfänger gerichtet. Sie werden mit der Äußerung wirksam (Palandt/Heinrichs § 130 Rdnr. 1; zum Fall des § 151 vgl. unten S. 54 ff.).

Die mündliche Erklärung ist abgegeben, wenn der Erklärende sie ausgesprochen hat. Bei schriftlichen Erklärungen ist die Erklärung nicht schon mit Abschluss der Niederschrift, sondern erst dann abgegeben, wenn der Erklärende alles getan hat, damit das Schriftstück an den Empfänger gelangt. Mit der Abgabe wird die Willenserklärung rechtlich existent.

A) Die Abgabe setzt willentliche Entäußerung voraus

Beispiele:

1. V hat dem K ein längeres schriftliches Vertragsangebot gemacht. Er entnimmt dieses Schreiben nach Unterschrift aus der Unterschriftsmappe und legt es auf seinen Schreibtisch, um es noch einmal zu überdenken. V verlässt das Büro. Seine Sekretärin sieht dieses Schreiben auf dem Schreibtisch und nimmt an, es sei der Unterschriftsmappe entfallen. Daher schickt sie dieses Schreiben an K ab. Ist mit der Annahme des Vertragsangebotes der Vertrag zu Stande gekommen?
(I) V hat ein wirksames Angebot formuliert. Der äußere Erklärungstatbestand lässt auf einen bestimmten Geschäftswillen schließen, und der V wollte eine Willenserklärung mit diesem Inhalt abgeben. Geäußerter und innerer Geschäftswille stimmen überein.
(II) Diese Erklärung ist nicht wirksam geworden, weil V die Erklärung nicht willentlich so in den Verkehr gebracht hat, dass ohne weiteres Zutun der Zugang der Erklärung eintreten konnte. Mangels Abgabe ist das Angebot nicht wirksam geworden (h.M. Brox Rdnr. 150; MünchKomm/Förschler § 130 Rdnr. 6; Staudinger/Dilcher § 130 Rdnr. 5; a.A. Kleinblenkers Jura 1993, 640, 642; nach Palandt/Heinrichs § 130 Rdnr. 4 liegt eine Abgabe vor, wenn der Erklärende das Inverkehrbringen zu vertreten hat).

2. S, der Schulden hat, verhandelt mit dem Gläubiger G wegen einer Stundung. G verlangt eine Bürgschaft der Ehefrau S. Frau S ist dazu bereit und unterschreibt die Bürgschaftsurkunde. In dem Augenblick erschießt sich S im Nebenzimmer. G entfernt sich bestürzt und nimmt – ohne dass es Frau S bemerkt – die Bürgschaftsurkunde an sich (nachgebildet RGZ 61, 414).
(I) Frau S hat eine wirksame Bürgschaftserklärung formgerecht formuliert (§§ 765, 766).
(II) Diese Bürgschaftserklärung ist nur wirksam geworden, wenn Frau S sie abgegeben hat. Dies setzt voraus, dass Frau S sich der Erklärung willentlich entäußert hat, damit sie zugeht, also in den Machtbereich des Empfängers G gelangt.

Bei einer schriftlichen Erklärung unter Anwesenden tritt der Zugang einer formbedürftigen Erklärung ein, wenn die formbedürftige Erklärung dem Empfänger ausgehändigt wird oder ihm die Ansichnahme gestattet wird. Da G die Bürgschaftsurkunde ohne Willen der S an sich genommen hat, liegt keine Abgabe vor. Der Bürgschaftsvertrag ist nicht zu Stande gekommen.

B) Das Angebot ist abgegeben, wenn ohne weiteres Zutun der Zugang eintreten kann. Der Anbietende braucht das formulierte Angebot nicht persönlich zu überbringen. Er kann, um den Zugang zu bewirken, Familienmitglieder, Angestellte, Freunde oder die Post einschalten – Erklärungsboten.

Beispiel:
V übergibt seinem Angestellten A ein schriftliches Angebot an K, damit dieser den Brief sofort bei der Post aufgebe.
Mit der Aushändigung des Briefes an den Angestellten hat V das Angebot abgegeben. Es kann nunmehr ohne sein weiteres Zutun der Zugang der Erklärung beim Empfänger K eintreten.

2.2 Der Zugang der Willenserklärung

Zugegangen ist eine Willenserklärung,

▶ sobald sie derart in den Machtbereich des Empfängers gelangt,

▶ dass bei Annahme gewöhnlicher Verhältnisse damit zu rechnen ist, er könne von ihr Kenntnis erlangen.

BGHZ 137, 205, 208@; Palandt/Heinrichs § 130 Rdnr. 5; Staudinger/Dilcher § 130 Rdnr. 21; a.A. Flume § 14, 3 b: Danach ist die Erklärung bereits zugegangen, wenn sie in den Machtbereich gelangt ist.

2.2.1 Der Zugang unter Anwesenden

Die oben genannte Definition gilt prinzipiell auch für den Zugang unter Anwesenden (MünchKomm/Förschler § 130 Rdnr. 18). Sie ist jedoch entsprechend zu modifizieren. Eine schriftliche Willenserklärung geht unter Anwesenden mit der Aushändigung des Schriftstücks zu. Für mündliche Erklärungen gilt nach h.M. die abgeschwächte Vernehmungstheorie. Die Erklärung geht zu, wenn der Empfänger sie akustisch vernommen hat und der Erklärende damit rechnen konnte, dass der Empfänger seine Erklärung richtig verstanden hat, d.h. abgekürzt: deutliche Vernehmbarkeit der Erklärung.

Beispiel:
K bestellt bei dem V telefonisch fünfzig Ballen Rohbaumwolle. V versteht die Erklärung dahingehend, das K fünfzehn Ballen bestellen will. Er erklärt, dass er liefern werde. Als V nur fünfzehn Ballen übersendet, verlangt K die Lieferung weiterer 35 Ballen.
(I) Der K hat ein Angebot über fünfzig Ballen Baumwolle abgegeben. Fraglich ist nur, ob das Angebot mit diesem Inhalt zugegangen ist. Die fernmündliche Erklärung ist eine Erklärung unter Anwesenden (§ 147 Abs. 1 S. 2).
(1) Nach einem Teil der Literatur gilt die (uneingeschränkte) Vernehmungstheorie (MünchKomm/Förschler § 130 Rdnr. 20; für telefonische Erklärung auch Soergel/Hefermehl § 130 Rdnr. 21, 22). Die Willenserklärung muss danach von dem Empfänger akustisch richtig verstanden werden. Nach dieser Ansicht ist das Kaufangebot des K nicht zugegangen. Es besteht kein Kaufvertrag zwischen K und V.

(2) Nach h.A. ist nicht entscheidend, dass der Empfänger die Erklärung inhaltlich richtig verstanden hat. Es reicht, dass er sie akustisch vernommen hat und der Erklärende damit rechnen konnte, dass der Empfänger seine Erklärung richtig verstanden hat (Palandt/Heinrichs § 130 Rdnr. 14; Staudinger/Dilcher § 130 Rdnr. 14; Larenz/Wolf § 26 Rdnr. 32). V hat das Angebot akustisch vernommen und K konnte erwarten, dass er richtig verstanden wurde. Mit der Annahme des V ist ein Kaufvertrag über 50 Ballen Rohbaumwolle zu Stande gekommen.
(II) Bei der Abgabe der Annahmeerklärung hat sich K über den Inhalt seiner Erklärung geirrt. Er kann den Kaufvertrag gemäß § 119 Abs. 1 unverzüglich (§ 143) anfechten, muss dann aber gegebenenfalls Schadensersatz gemäß § 122 leisten.

2.2.2 Der Zugang unter Abwesenden

Unter Abwesenden kann der Zugang einer schriftlichen oder mündlichen Erklärung bewirkt werden, indem

▶ sie einem Empfangsboten gegenüber abgegeben wird oder

▶ sie in Empfangsvorrichtungen des Empfängers geschaffen wird.

A) Der Zugang der Willenserklärung unter Einschaltung des Empfangsboten

I) Empfangsbote ist derjenige, der vom Empfänger zur Empfangnahme bestellt ist oder nach der Verkehrsanschauung zur Übermittlung geeignet ist und als ermächtigt gilt.

▶ Nach der Verkehrsanschauung gelten als ermächtigt

– die im Haushalt des Empfängers lebenden Personen: Ehefrau, Angehörige; Kinder nur, wenn sie die für die Übermittlung einer Willenserklärung notwendige Reife besitzen; nicht aber Nachbarn oder in der Wohnung tätige Handwerker;

– Betriebsangehörige, soweit sie ihrer Stellung nach zur Entgegennahme befugt sind (z.B. Buchhalter, kaufmännischer Angestellter, Pförtner).

▶ Vom Empfangsvertreter grenzt sich der Empfangsbote dadurch ab, dass letzterer mit einer eigenen Empfangszuständigkeit ausgestattet ist. Diese ergibt sich häufig aus den Umständen, etwa dann, wenn die Empfangsperson erkennbar für den Bereich zuständig ist, auf den sich die Willenserklärung inhaltlich bezieht (MünchKomm/Schramm Vor § 164 Rdnr. 52).

Die Abgrenzung ist vor allem für den Zugang und die Auslegung von Bedeutung. Wird eine Erklärung dem Empfangsboten gegenüber abgegeben, geht sie erst zu, wenn sie dem Geschäftsherrn übermittelt wird; sie ist vom Empfängerhorizont des Geschäftsherrn auszulegen. Demgegenüber geht bei der Empfangsvertretung die Erklärung mit der Entgegennahme durch den Empfangsvertreter zu; der Zugang erfolgt unter Anwesenden. Die dem Empfangsvertreter gegenüber abgegebene Erklärung ist von seinem Empfängerhorizont und nicht vom Empfängerhorizont des Geschäftsherrn auszulegen.

II) Wird die schriftliche Erklärung dem Empfangsboten ausgehändigt oder die mündliche Erklärung diesem gegenüber vernehmbar geäußert, so gelangt die Erklärung in den Machtbereich des Geschäftsherrn. Die Erklärung geht nach h.M. erst dann zu, wenn – wie auch sonst bei der Empfangsvorrichtung – nach dem gewöhnlichen Lauf der Dinge mit der Übermittlung an den Empfänger zu rechnen ist. Der Empfangsbote ist eine „personifizierte Empfangsvorrichtung".

BGH WM 1989, 852, 853; MünchKomm/Förschler § 130 Rdnr. 16; Palandt/Heinrichs § 130 Rdnr. 6; Sandmann AcP 199, 455, 462 ff.

Differenzierend: Flume § 14, 3 d; Staudinger/Dilcher § 130 Rdnr. 33, 47; Soergel/Hefermehl § 130 Rdnr. 8: Danach ist bei der mündlichen Übermittlung einer Erklärung durch einen Empfangsboten der Zugang dann bewirkt, wenn er die Erklärung vernommen hat. Von diesem Zeitpunkt an kann die Erklärung nicht mehr widerrufen werden. Für die Frage der Rechtzeitigkeit der Erklärung soll allerdings der Zeitpunkt entscheidend sein, in dem nach dem regelmäßigen Verlauf der Dinge die Kenntnisnahme des Geschäftsherrn erwartet werden kann.

Beispiel:
Der Firmeninhaber V macht dem K am 8.4. ein schriftliches Angebot über 150 Stahlträger zu bestimmten Bedingungen. Die Annahme soll bis zum 12.4. erfolgen. K erklärt am 10.4. schriftlich sein Einverständnis. Doch durch ein Versehen wird der Brief nicht zur Post aufgegeben. Am Nachmittag des 12.4. wird der Brief aufgefunden. Der Angestellte A des K wird damit betraut, den Brief bei der Firma V sofort abzugeben. Ist der Zugang erfolgt, wenn A den Brief
1. Alt.: um 14.00 Uhr bei der Torkontrolle abgibt?
2. Alt.: um 18.00 bei einer Verkaufsstelle des V abgibt?

1. Alt.: Der Kaufvertrag zwischen V und K ist wirksam zu Stande gekommen, weil der K das Angebot des V fristgerecht angenommen hat. Wenn der Überbringungsbote A die Annahmeerklärung innerhalb der Geschäftszeit dem Empfangsboten um 14.00 Uhr an der Torkontrolle aushändigt, so gelangt die Erklärung in den Machtbereich des Empfängers, und dieser hat bei Zugrundelegung normaler Verhältnisse die Möglichkeit der Kenntnisnahme. Daher ist der Brief mit der Annahmeerklärung am 12.4. rechtzeitig zugegangen.

2. Alt.: Wird der Brief mit der Annahmeerklärung um 18.00 Uhr in einer Verkaufsstelle des V abgegeben, dann ist der Zugang nicht am 12.4. erfolgt. Zweifelhaft ist schon, ob die Verkaufsstelle als Empfangsbote des V zu behandeln ist, ob sie also als ermächtigt gilt, für V Annahmeerklärungen entgegenzunehmen. Auch wenn das bejaht wird, ist der Zugang der Annahmeerklärung nicht rechtzeitig erfolgt. Die Erklärung ist zwar in den Machtbereich des V gelangt, doch hatte dieser am 12.4. nicht mehr die Möglichkeit der Kenntnisnahme.

B) Der Zugang bei Empfangsvorrichtungen

Der Zugang der schriftlichen Willenserklärung kann in der Weise bewirkt werden, dass die Erklärung in Empfangsvorrichtungen geschaffen wird.

▶ Ist die verkörperte schriftliche Erklärung in die Empfangsvorrichtung geschaffen worden, so ist sie in den Machtbereich des Empfängers gelangt.

▶ Die Erklärung geht zu dem Zeitpunkt zu, in dem bei Zugrundelegung normaler Verhältnisse mit der Kenntnisnahme der Erklärung gerechnet werden kann.

Beispiel:
Der Mieter M will seine Wohnung zum 1.7. kündigen. Im Mietvertrag ist eine dreimonatige, zum Monatsende zu wahrende Frist vereinbart. M wirft am 31.3. um 22:00 Uhr das Kündigungsschreiben in den Briefkasten des Vermieters V ein.

Das Kündigungsschreiben geht dem V erst am Morgen des 1.4. zu, da bei Zugrundelegung normaler Verhältnisse erst zu diesem Zeitpunkt mit der Kenntnisnahme durch den V gerechnet werden kann.

Beim **Telefax** setzt – jedenfalls beim Papierfax – der Zugang den Ausdruck der Erklärung beim Empfänger voraus. Ist der Zugang streitig, erbringt der „OK"-Vermerk im Sendebericht keinen Beweis für den Zugang (BGH NJW 1995, 665; ZIP 1999, 1762, 1763@). Bei einem Faxempfang außerhalb der normalen Geschäftszeiten tritt der Zugang erst dann ein, wenn mit der Kenntnisnahme durch den Empfänger zu rechnen ist (OLG Rostock NJW-RR 1998, 526; Elzer/Jacoby ZIP 1997, 1821).

2.2.3 Der Widerruf der Willenserklärung, § 130 Abs. 1 S. 2

Fall 6: Hingegeben – abgegeben

Der Kaufmann V aus Würzburg unterschreibt ein Angebot an den Teppichhändler K in Fulda über den Verkauf von 30 Berber-Teppichen zu je 600 DM und gibt seiner Sekretärin die Unterschriftsmappe zurück. Bald darauf telefoniert V mit K wegen einer anderen Angelegenheit, es kommt zu Unstimmigkeiten. Daraufhin ordnet V an, den Brief an K nicht abzuschicken. Versehentlich wird der Brief dann doch abgesandt. K nimmt das Angebot an und verlangt Lieferung.

Anspruch des K gegen V auf Lieferung der Teppiche gemäß § 433 Abs. 1

(I) Der Lieferungsanspruch ist entstanden, wenn V und K einen wirksamen Kaufvertrag abgeschlossen haben. Die dazu erforderliche Einigung kann erzielt worden sein, indem V ein Angebot abgegeben und K dieses angenommen hat.

  (1) Der V hat ein hinreichend bestimmtes Angebot, das Kaufgegenstand und Kaufpreis enthielt, formuliert.

  (2) Dieses Angebot ist nur wirksam geworden, wenn V es abgegeben und den Zugang bewirkt hat (§ 130).

   (a) Der V hat den unterschriebenen Brief mit der Unterschriftsmappe an die Sekretärin übergeben. Er hat dies getan, damit der Brief in den Besitz des K kam und damit der Zugang eintrete. V konnte bei Zugrundelegung normaler Verhältnisse davon ausgehen, dass der Brief dem K ohne sein weiteres Zutun zugehen würde. Mit der Aushändigung des Briefes an die Sekretärin hat V zum Ausdruck gebracht, dass er sich endgültig entschieden hat, dem K dieses Angebot zu machen. Damit liegt eine wirksame Abgabe des Angebotes vor.

   (b) Doch V hat sein formuliertes und abgegebenes Angebot widerrufen. Er hat eindeutig zum Ausdruck gebracht, dass der Zugang des Briefes verhindert werden soll.

Dieser Widerruf ist gemäß § 130 Abs. 1 S. 2 nur wirksam, wenn er vor oder gleichzeitig mit dem Zugang des Angebotes zugegangen ist.

Da dem K überhaupt kein Widerruf zugegangen ist, ist das Angebot – trotz des erklärten Widerrufs – mit Zugang bei K wirksam geworden.

(3) Der K hat das Angebot uneingeschränkt angenommen und dies auch dem V gegenüber erklärt. Damit ist der Kaufvertrag zu Stande gekommen und der Lieferungsanspruch entstanden.

(II) Das Angebot ist nach § 142 Abs. 1 nichtig, wenn V es gemäß §§ 119 ff. anfechten kann. Dann entfällt rückwirkend der Kaufvertrag und die Lieferverpflichtung des V.

(1) Ein Anfechtungsgrund könnte sich aus § 119 Abs. 1 oder § 120 ergeben.

(a) Nach § 119 Abs. 1 kann V das Angebot jedoch nicht anfechten, weil er im Zeitpunkt der Abgabe der Erklärung das, was er mit der Erklärung zum Ausdruck bringen wollte, auch wirklich erklärt hat. Bei der Abgabe wollte V dem K ein Angebot machen.

(b) Auch eine Anfechtung nach § 120 scheidet aus, weil das Angebot nach der Abgabe nicht unrichtig übermittelt worden ist. Es ist am Angebot keine inhaltliche Veränderung vorgenommen worden.

(2) Auch eine analoge Anwendung der §§ 119 Abs. 1, 120 scheidet aus, weil keine Regelungslücke besteht. Der Gesetzgeber hat in § 130 Abs. 1 eindeutig bestimmt, dass der Erklärende, der nach Abgabe seiner Willenserklärung den Willen ändert, das Wirksamwerden der Erklärung nur dann noch verhindern kann, wenn er den Zugang verhindert oder bewirkt, dass vor oder mit dem Zugang der abgegebenen Erklärung ein Widerruf zugeht. Geschieht das nicht, wird die zugegangene Erklärung wirksam.

K kann Lieferung der Teppiche verlangen.

> **Abwandlung**:
> Der Brief des V wird morgens gegen 8.30 Uhr vom Angestellten des K aus dem Postfach des K abgeholt. Als V gegen 9.00 Uhr anruft und erklärt, dass das Angebot keine Gültigkeit habe, weil er angeordnet habe, den Brief nicht abzusenden, hat K den Brief noch nicht gelesen. K lässt sich den Brief vorlegen und erklärt die Annahme. Den Widerruf will er nicht gelten lassen.

(I) Das Angebot des V ist abgegeben worden und dem K gegen 8.30 Uhr zugegangen, weil der Brief mit der Einordnung in das Postfach des K in dessen Machtbereich gelangt war und K die **Möglichkeit der Kenntnisnahme** hatte. Bei Zugrundelegung normaler Verhältnisse konnte K den Brief nach dem Abholen lesen.

(II) Das Angebot ist nicht wirksam geworden, wenn dem K vor oder mit Zugang des Angebotes der Widerruf des V zugegangen ist.

(1) Der Widerruf ist dem K gegenüber mit dem Telefonanruf erklärt worden und damit zugegangen, doch war zu diesem Zeitpunkt der Zugang des Angebotes bereits erfolgt.

(2) Der K hat aber erst nach dem Zugang des Widerrufes Kenntnis von dem Angebot erhalten, sodass er wegen des Angebotes noch keinerlei Maßnahmen getroffen hat. Mit Rücksicht darauf könnte der Widerruf als rechtzeitig erfolgt gelten. Doch nach dem eindeutigen Wortlaut des § 130 Abs. 1 S. 2 wird die zugegangene Willenserklärung nicht wirksam, wenn dem Empfänger vorher oder gleichzeitig ein Widerruf zugeht. Es ist also allein auf den Zeitpunkt des Zugangs und nicht auf den der tatsächlichen Kenntnisnahme abzustellen. Unbeachtlich ist also die Reihenfolge, in der der Empfänger von den Erklärungen – Willenserklärung oder deren Widerruf – Kenntnis nimmt.

BGH NJW 1975, 382, 384; Palandt/Heinrichs § 130 Rdnr. 11; MünchKomm/Förschler § 130 Rdnr. 29; Staudinger/Dilcher § 130 Rdnr. 60.

Der Empfänger kann aber den verspäteten Widerruf gelten lassen, da dies dem Willen des Absenders entspricht (Larenz/Wolf § 26 Rdnr. 45).

(III) Der K hat das Angebot angenommen. Damit ist der Kaufvertrag zu Stande gekommen.

– – –

2.2.4 Die Verhinderung des Zugangs

Wenn der Empfänger oder dessen Vertreter die Entgegennahme der Erklärung verweigert, der Empfangsbote sie nicht entgegennimmt, die verkörperte Erklärung dem Empfänger nicht ausgehändigt werden kann, weil er den Wohnsitz bzw. Geschäftssitz verlegt, seinen Briefkasten entfernt hat, erkrankt oder in Urlaub gefahren ist, ohne Empfangsvorkehrungen zu treffen, so ist die Erklärung tatsächlich nicht in den Machtbereich des Empfängers gelangt.

▶ Nach h.M. wird der Zugang fingiert, wenn eine grundlose Annahmeverweigerung oder eine arglistige Zugangsverhinderung vorliegt.

▶ Bei sonstigen, vom Empfänger zu vertretenden Zugangshindernissen ist ein erneuter Zustellungsversuch erforderlich, der auf den Zeitpunkt der ersten Zustellung zurückwirkt.

Beachte: Das Problem der Zugangsverhinderung besteht nicht beim Angebot, denn niemand ist gezwungen, ein ihm gemachtes Angebot entgegenzunehmen, sodass die Zugangsverhinderung nur dann rechtliche Bedeutung erlangt, wenn der Zugang der Annahmeerklärung oder der Zugang der einseitigen empfangsbedürftigen Willenserklärung verhindert wird.

> **Fall 7: Nicht abgeholtes Einschreiben** (nach BGHZ 137, 205[@])
>
> V und K verhandelten über den Kauf eines VW-Campingbusses. Am 8.9. gab K gegenüber dem V ein schriftliches Angebot zum Kauf für 13.950 DM ab. In dem von ihm unterzeichneten Bestellformular lautet es u.a.: „Der Käufer ist an diese Bestellung 10 Tage gebunden." Am 10.9. erklärte V die Annahme des Angebotes in einem an den K gerichteten Einschreiben. Die Postbotin traf den K beim Zustellungsversuch am 11.9. nicht an. Sie hinterließ deshalb im Briefkasten des K die schriftliche Mitteilung, für ihn sei ein eingeschriebener Brief bei dem näher bezeichneten Postamt niedergelegt. K holte das Schreiben nicht ab. Der Einschreibebrief ging nach Ablauf der Lagerfrist an V zurück. V verlangt Zahlung des Kaufpreises Zug um Zug gegen Lieferung des Campingbusses.

V hat einen Anspruch auf Zahlung des Kaufpreises aus § 433 Abs. 2, wenn zwischen ihm und K ein Kaufvertrag zu Stande gekommen ist. K hat ein Angebot zum Kauf des Campingbusses abgegeben und dabei gemäß § 148 eine Annahmefrist von 10 Tagen bestimmt. V müsste dieses Angebot fristgerecht angenommen haben. V hat am 10.9. eine Annahmeerklärung abgegeben. Diese Erklärung könnte fristgerecht zugegangen sein oder als fristgerecht zugegangen zu behandeln sein.

(I) Zugegangen ist eine Willenserklärung, wenn sie in den Machtbereich des Empfängers gelangt ist und die Möglichkeit der Kenntnisnahme besteht. In den Briefkasten eingeworfen wurde nicht das Schreiben mit der Annahmeerklärung, sondern lediglich der **Benachrichtigungsschein**. Dieser ersetzt den Zugang des Einschreibebriefes nicht, denn er enthält keinen Hinweis auf den Absender oder den Inhalt des Schreibens.

BGHZ 137, 205, 208[@]; Weber JA 1998, 593, 595; a.A. Flume § 14, 3 c; Richardi Anm. zu BAG AP Nr. 4 zu § 130 BGB.

(II) Der Einschreibebrief könnte zu dem Zeitpunkt zugegangen sein, in dem mit seiner Abholung zu rechnen war.

(1) In der Literatur wird vertreten, dass ein Einschreibebrief, der nicht zugestellt werden kann, zu dem Zeitpunkt zugeht, von dem ab das Einschreiben vom Postamt hätte abgeholt werden können und dies normalerweise auch zu erwarten war. Dabei wird überwiegend angenommen, dass regelmäßig am folgenden Werktag mit der Abholung des Einschreibens zu rechnen ist, auch wenn das Schreiben schon am gleichen Tag abgeholt werden kann.

Köhler § 13, 4 a; Larenz/Wolf § 26 Rdnr. 24; Behn AcP 178, 505; MünchKomm/Förschler § 130 Rdnr. 13; Moritz BB 1977, 403; Heiderhoff JA 1998, 529, 530; Weber JA 1998, 593, 597 ff.

Bei der Ermittlung des Zugangszeitpunktes gehe es darum, eine angemessene Risikoverteilung zu treffen. Wann eine Einschreibesendung tatsächlich abgeholt wäre, läge allein in der Sphäre des Empfängers. Der

Empfänger habe die „Macht", das Schreiben bei der Post abzuholen. Deshalb habe er auch die Risiken zu tragen, wenn sich die Abholung verzögere oder ganz unterbleibe.

Danach wäre hier ein Zugang des Einschreibens am 12.9. anzunehmen.

(2) Dagegen wird zu Recht geltend gemacht, dass der Transport der Willenserklärung zum Empfänger allein dem Erklärenden obliegt. Wenn sich der Erklärende des Transportmittels des eingeschriebenen Briefes bedient, weil er sich davon Vorteile in Beweisfragen verspricht, muss er auch das Risiko der Verzögerung wegen des Erfordernisses der persönlichen Übergabe an dem Empfänger tragen. Auf eine Mitwirkungshandlung des Adressaten soll nach der gesetzgeberischen Konzeption möglichst verzichtet werden. Es reicht nicht aus, dass der Empfänger irgendeine Möglichkeit gehabt hätte, den Inhalt der Erklärung zur Kenntnis zu nehmen. Ein Zugang kann nur bejaht werden, wenn die Erklärung dem Adressaten räumlich so nahe gebracht worden ist, dass die Kenntnisnahme nur noch von seinem Willen abhängt.

Looschelders VersR 1998, 1198, 1199 f.; Franzen JuS 1999, 429, 439 f.; BAG NJW 1997, 146, 147@; Höland Jura 1998, 352, 355.

Das Einschreiben ist dem K nicht zugegangen.

(III) Das Schreiben könnte nach den Grundsätzen von Treu und Glauben als rechtzeitig zugegangen gelten.

(1) Der Empfänger muss gegen die Verpflichtung verstoßen haben, den Zugang zu ermöglichen. Grundsätzlich besteht eine solche Pflicht nicht. **Im Rahmen bestehender oder angebahnter vertraglicher Beziehungen** muss aber derjenige, der mit dem Zugang rechtserheblicher Erklärungen zu rechnen hat, geeignete Vorkehrungen treffen, dass ihn derartige Erklärungen auch erreichen.

Eine Verpflichtung zur Ermöglichung des Zugangs rechtserheblicher Erklärungen wird auch angenommen bei einer Geschäfts- oder Betriebsverlegung, nach vorheriger Ankündigung, sowie allgemein bei Kaufleuten (MünchKomm/Förschler § 130 Rdnr. 26).

Hier hatten Vorverhandlungen über den Kauf stattgefunden. K handelte im Rahmen angebahnter Geschäftsbeziehungen und musste, da er ein befristetes Angebot abgegeben hatte, mit dem Zugang einer Annahme rechnen.

(2) Der Erklärende muss alles Erforderliche und ihm Zumutbare getan haben, damit seine Erklärung den Adressaten erreichen kann. Dazu gehört grundsätzlich auch, dass er nach Kenntnis von dem nicht erfolgten Zugang unverzüglich einen **erneuten Zustellungsversuch** unternimmt.

(a) Ein solcher ist nach h.M. **entbehrlich** bei einer **grundlosen Annahmeverweigerung** oder einer **arglistigen Zugangsverhinderung**.

BGHZ 137, 205, 209[@]; Franzen JuS 1999, 429, 431; Palandt/Heinrichs § 130 Rdnr. 18; MünchKomm/Förschler § 130 Rdnr. 28; Erman/Brox § 130 Rdnr. 23; Larenz/Wolf § 26 Rdnr. 40 f.

Ein Teil der Literatur hält auch bei grundloser Annahmeverweigerung und Arglist einen erneuten Zustellungsversuch für erforderlich. Im Interesse des Absenders könne der Zugang nicht fingiert werden. Dem Absender müsse die Entscheidung erhalten bleiben, ob er die Willenserklärung für und gegen sich gelten lassen will. Anderenfalls könne sich der arglistige Adressat im Nachhinein auf die Erklärung berufen, obwohl der Absender selbst daran nicht festhalten will (Looschelders VersR 1998, 1198, 1203; Soergel/Hefermehl § 130 Rdnr. 27, 28; Staudinger/Dilcher § 130 Rdnr. 53).

K hat weder die Annahme verweigert noch arglistig den Zugang verhindert. Der Benachrichtigungszettel enthielt keine Angabe über den Absender. K musste daher die Einschreibesendung nicht notwendig mit der Annahme des Kaufangebotes in Verbindung bringen.

(b) Ein **erneute Zustellung wirkt** auf den Zeitpunkt des ersten Zustellungsversuches **zurück**. Dem Empfänger ist nach Treu und Glauben der Einwand abgeschnitten, das Schreiben sei nicht rechtzeitig zugegangen.

BGHZ 67, 271, 277/278; 137, 205, 211[@]; BGH LM § 130 Nr. 1; BAG NJW 1997, 146, 147[@]; Palandt/Heinrichs § 130 Rdnr. 18; Erman/Brox § 130 Rdnr. 25.

V hat aber keinen erneuten Zustellungsversuch unternommen. Er hat das Angebot des K nicht angenommen. Da zwischen den Parteien kein Kaufvertrag zu Stande gekommen ist, hat V keinen Anspruch auf Kaufpreiszahlung.

_ _ _

Zusammenfassende Übersicht: Wirksamwerden der Willenserklärung

Abgabe

▶ Abgabe einer empfangsbedürftigen Willenserklärung liegt vor, wenn die Erklärung vom Erklärenden so in den Verkehr gebracht wird, dass ohne sein weiteres Zutun der Zugang eintreten kann.

▶ Nichtempfangsbedürftige Willenserklärungen werden mit ihrer Äußerung wirksam.

Zugang

▶ Gelangen in den Machtbereich des Empfängers

Unter Anwesenden geht die schriftliche Willenserklärung mit Aushändigung zu; die mündliche Erklärung geht zu, wenn der Empfänger sie akustisch vernommen hat und der Erklärende damit rechnen konnte, dass sie verstanden wurde (abgeschwächte Vernehmungstheorie).

Unter Abwesenden gelangt die Erklärung in den Machtbereich, wenn sie einem Empfangsboten ausgehändigt wird oder in eine Empfangsvorrichtung verbracht wird.

Für den Zugang eines Einschreibens ist nach h.M. das Abholen durch den Empfänger erforderlich.

▶ Möglichkeit der Kenntnisnahme

Die Erklärung geht erst dann zu, wenn bei Zugrundelegung gewöhnlicher Verhältnisse mit der Kenntnisnahme durch den Empfänger zu rechnen ist. Auch bei der Übermittlung unter Einschaltung eines Empfangsboten ist der Zugang erst dann bewirkt, wenn mit der Weiterübermittlung vom Empfangsboten an den Geschäftsherrn zu rechnen ist.

▶ Kein Wirksamwerden der Willenserklärung durch Zugang, wenn dem Empfänger vorher oder gleichzeitig ein Widerruf zugeht (§ 130 Abs. 1 S. 2)

Zugangsverhinderung

▶ Bei grundloser Annahmeverweigerung oder arglistiger Zugangsverhinderung wird der Zugang fingiert.

▶ Sonstige Zugangsverhinderung

– Es muss eine Verpflichtung zur Ermöglichung des Zugangs bestehen (z.B. bestehende Geschäftsverbindung, Betriebsverlegung, kaufmännischer Verkehr).

– Erforderlich ist ein erneuter Zustellungsversuch, der auf den Zeitpunkt des ersten Zustellungsversuches zurückwirkt.

2. Abschnitt: Der Vertrag

▶ Der Vertrag kann durch Angebot und Annahme geschlossen werden.

▶ Der Vertrag kann auch durch gemeinsame Erklärung oder durch sonstiges Verhalten zu Stande kommen.

Der Eintritt der mit der Einigung erstrebten Rechtsfolgen kann noch von weiteren Voraussetzungen abhängig sein. So ist für eine Übereignung beweglicher Sachen nach § 929 S. 1 neben der Einigung noch die Übergabe erforderlich. Die Übereignung von Grundstücken erfordert außer der Auflassung noch die Eintragung im Grundbuch (§§ 873, 925). Die Wirksamkeit von Rechtsgeschäften kann auch von der Zustimmung Dritter, einer Behörde oder eines Gerichts abhängen.

1. Vertrag durch Angebot und Annahme

Das Angebot (Antrag) ist eine einseitige Willenserklärung, die auf Vertragsschluss gerichtet ist. Die Erklärung muss inhaltlich so bestimmt oder zumindest bestimmbar sein, dass die Annahme durch ein einfaches „Ja" erfolgen kann.

Palandt/Heinrichs § 145 Rdnr. 1; MünchKomm/Kramer § 145 Rdnr. 2.

Die Annahme ist die uneingeschränkte Zustimmung zu dem Angebot.

Angebot und Annahme sind Willenserklärungen und müssen als solche deren Anforderungen genügen. Es muss ein Geschäftswille geäußert werden und dieser äußere Tatbestand muss dem Erklärenden zumindest zurechenbar sein. Die Erklärungen werden mit Abgabe und Zugang wirksam.

Doch sind nachstehende Besonderheiten zu beachten:

▶ Inhaltlich ist die Annahme auf uneingeschränkte Zustimmung zu dem Angebot gerichtet. Eine Annahme unter Änderungen gilt als Ablehnung, verbunden mit einem neuen Angebot (§ 150 Abs. 2).

▶ Die Annahme des Angebotes muss innerhalb der vereinbarten oder gesetzlichen Frist erfolgen, §§ 147–148. Ist die Annahmeerklärung rechtzeitig abgegeben, aber verspätet zugegangen, so gilt § 149. Wird die Annahmefrist versäumt, erlischt das Angebot gemäß § 146. Die verspätete Annahme eines Antrages gilt als neuer Antrag (§ 150 Abs. 1).

▶ Der Zugang der Annahmeerklärung ist unter den Voraussetzungen des § 151 entbehrlich.

▶ Verstirbt der Anbietende nach Abgabe des Angebotes oder wird er geschäftsunfähig, ist die Annahme gemäß § 153 grundsätzlich weiterhin möglich.

1.1 Die modifizierte Annahme

Wird ein Angebot nicht uneingeschränkt, sondern in abgeänderter Form angenommen, so gilt § 150 Abs. 2: Die „Annahme" gilt als Ablehnung des Angebotes verbunden mit einem neuen Angebot. Das bedeutet, dass ein Vertrag nur dann zu Stande kommt, wenn das neue Angebot seinerseits angenommen wird.

Das Schweigen auf eine sachlich nur geringfügig geänderte Annahme kann ausnahmsweise gemäß § 242 als Annahme des neuen Angebots gelten (vgl. unten S. 69)

§ 150 Abs. 2 gilt grundsätzlich auch dann, wenn ein Angebot auf eine teilbare Leistung gerichtet ist (Medicus AT Rdnr. 381; Staudinger/Bork § 150 Rdnr. 11; s. aber unter B).

Beispiel:
K bestellt bei V Waren im Werte von 240.000 DM. V bestätigt den Auftrag schriftlich mit dem Hinweis darauf, dass er nur unter Eigentumsvorbehalt liefern werde. Bald darauf werden die Waren von V an K übersandt. K hat die Waren in seinem Lager zur Sicherheit an die B-Bank übereignet. Wer ist Eigentümer?
(I) K hat ein Angebot zum Abschluss eines Kaufvertrages mit dem Inhalt abgegeben, dass unbedingtes Eigentum übertragen werden soll (§ 433 Abs. 1).
(II) Das Angebot hat V in der Auftragsbestätigung modifiziert, in dem er zum Ausdruck gebracht hat, dass er nur unter Eigentumsvorbehalt leisten will, also aufgrund eines Kaufvertrages gemäß § 455. Damit hat V ein neues Angebot zum Abschluss eines Eigentumsvorbehaltskaufes abgegeben und bei der Lieferung seinen Willen, bedingtes Eigentum zu übertragen, zum Ausdruck gebracht.
(III) Dieses Angebot hat K mit der widerspruchslosen Entgegennahme der Waren angenommen. V hat an K nur bedingtes Eigentum übertragen, sodass V noch Eigentümer ist.
BGH NJW 1995, 1671[@]: „Wie der BGH wiederholt entschieden hat, kann bei einer modifizierten Auftragsbestätigung in der widerspruchslosen Entgegennahme der Vertragsleistung eine stillschweigende Annahme des geänderten Antrages (§ 150 Abs. 2 BGB) insbesondere dann gesehen werden, wenn die Gegenseite vorher deutlich zum Ausdruck gebracht hat, dass sie nur unter ihren Bedingungen zur Leistung bereit ist."

A) Erklärt der Empfänger eines bestimmten Angebotes, dass er einen Vertrag über eine größere Menge erstrebt, so gilt grundsätzlich § 150 Abs. 2.

Beispiel: V bietet K 10 t Kohle zum Kauf an. K erklärt, er wolle 15 t Kohle kaufen.
Durch Auslegung kann sich jedoch ergeben, dass in der Annahmeerklärung eine Teilannahmeerklärung hinsichtlich der angebotenen kleineren Menge enthalten ist (Staudinger/Bork § 150 Rdnr. 11). Dies ist z.B. der Fall, wenn der Geschädigte gegenüber einem Vergleichsvorschlag der Versicherung erklärt, er nehme an, möchte aber zusätzlich noch die Anwaltskosten erstattet bekommen.

B) Auch wenn der Empfänger erklärt, dass er nur einen Teil der angebotenen Leistung annehme, fällt dies grundsätzlich unter § 150 Abs. 2. Die Auslegung kann jedoch ergeben, dass eine Teilannahme möglich sein soll.

BGH NJW 1986, 1983, 1984; Palandt/Heinrichs § 150 Rdnr. 2; Medicus AT Rdnr. 381.

Beispiel:
V will sein Weinlager räumen. Er bietet dem Weingroßhändler K das Lager am 3.7. unter Beifügung der Inventarliste zum Kauf an. Das Angebot soll 20 Tage verbindlich sein. Am 17.7. teilt K dem V mit, er nehme das Angebot bezüglich der deutschen und französischen Weine an. An

den italienischen Weinen sei er nicht interessiert. V, der bereits einen anderen Interessenten gefunden hat, der das gesamte Lager abnehmen will, schließt nunmehr den Kaufvertrag mit diesem ab. Als K von V am 26.7. Lieferung verlangt, macht V geltend, dass ein Vertrag nicht zu Stande gekommen sei, da K sein Angebot nicht angenommen habe.

Der K kann von V Lieferung verlangen, wenn ein Vertrag über die Teilmenge zu Stande gekommen ist. Dies muss im Wege der Auslegung ermittelt werden.
(I) Wenn V für das Lager einen Gesamtpreis verlangt hat oder erkennbar war, dass er dem K nur ein Angebot gemacht hat, um nicht mit einer Vielzahl von Verkäufern verhandeln zu müssen, dann konnte der K nach den gesamten Umständen nur davon ausgehen, dass V eine Gesamtabnahme des Lagers erstrebte und an einer uneingeschränkten Annahme seines Angebotes interessiert war. Für diesen Fall bleibt es bei der Regelung des § 150 Abs. 2. Das neue Angebot des K hat V nicht angenommen, sodass kein Vertrag zu Stande gekommen ist.
(II) Wenn V in seinem Anschreiben oder in den Vorverhandlungen zum Ausdruck gebracht hat, dass er nicht in erster Linie an einer Gesamtabnahme interessiert sei und in der Inventarliste die Einzelpreise angegeben hat, dann durfte der K die Erklärung des V dahin verstehen, dass V auch bereit war, über geringere Mengen den Vertrag abzuschließen. Für diesen Fall ergibt also die Auslegung, dass in seinem umfangreichen Angebot das Angebot über eine geringere Menge enthalten ist. Es ist dann ein Kaufvertrag über die geringere Menge abgeschlossen worden.

1.2 Die fristgerechte Annahme

1.2.1 Die vereinbarte Frist gemäß § 148

Der Anbietende kann im Angebot – einseitig – bestimmen, innerhalb welcher Frist die Annahme erfolgen muss. Er kann den Fristbeginn regeln und bestimmen, ob für die Einhaltung der Frist die Annahmeerklärung ausreichend ist oder der Zugang für die Fristwahrung maßgebend ist. Der Anbietende kann die Frist nach seinem Belieben bestimmen. Eine zu kurz bemessene Frist setzt keine angemessene Frist in Lauf.

Beispiel:
V bietet dem K am 2.4. sein Einzelhandelsgeschäft, zu dem kein Grundstück gehört, zum Kauf an. Kaufpreis: 800.000 DM. Frist: 5.4. K fährt zum V und sieht die Bilanz ein, gleichzeitig beantragt er bei seiner Hausbank einen Kredit. Die Bank sagt den Kredit am 8.4. zu. K nimmt das Angebot an.

Der Kaufvertrag ist nicht zu Stande gekommen, weil K das Angebot nicht innerhalb der Frist angenommen hat. Zwar war die Annahmefrist äußerst kurz, doch wird keine angemessene Frist in Lauf gesetzt. Der V hätte ja von dem Angebot ganz absehen können. Dann muss er auch berechtigt sein, eine unangemessen kurze Frist zu setzen.

1.2.2 Der gesetzlich geregelte Zugang, § 147

Fehlt eine ausdrückliche oder konkludente Fristbestimmung, dann gilt:

▶ Das Angebot unter Anwesenden kann nur sofort angenommen werden, § 147 Abs. 1.

Das Angebot an einen (anwesenden) Vertreter eines (abwesenden) Dritten ist eine Angebot unter Anwesenden. Auch ein Angebot, das an einen vollmachtlosen Vertreter gerichtet ist, kann gemäß § 147 Abs. 1 S. 1 nur sofort angenommen werden (BGH NJW 1996, 1062[@]).

Der Vertrag ist allerdings bis zur Genehmigung durch den Vertretenen schwebend unwirksam (§ 177 Abs. 1).

Die sofortige Annahme unter Anwesenden setzt voraus, dass die Annahme so schnell wie objektiv möglich erfolgen muss. Auch schuldloses Zögern schadet (Palandt/Heinrichs § 148 Rdnr. 6).

▶ Der einem Abwesenden gemachte Antrag kann nur bis zu dem Zeitpunkt angenommen werden, in welchem der Antragende den Eingang der Antwort unter regelmäßigen Umständen erwarten darf, § 147 Abs. 2.

Anders als beim Empfangsvertreter ist die Erklärung gegenüber dem Empfangsboten eine Erklärung unter Abwesenden.

Zur Fristwahrung ist der Zugang der Annahmeerklärung erforderlich.

Beispiel:
Der V bietet dem M schriftlich eine von M besichtigte Wohnung an. M schreibt nach 8 Tagen, dass er die Wohnung zu den angebotenen Bedingungen übernehme. Das Schreiben geht einen Tag später bei V ein. V antwortet nicht, er hat die Wohnung bereits an X vermietet. M meint, V sei ihm gegenüber verpflichtet.

(I) Ein Angebot des V ist in dem Schreiben des V an M enthalten.
(II) M hat dieses Angebot uneingeschränkt angenommen. Doch da die Annahme erst nach acht Tagen erklärt und am neunten Tag zugegangen ist, stellt sich die Frage, ob eine rechtzeitige Annahme vorliegt. Der V konnte nach den Umständen – Wohnungen sind knapp, V ist an einer alsbaldigen Vermietung interessiert –, unter Berücksichtigung der Verkehrssitte erwarten, dass M spätestens nach 4–5 Tagen die Annahme erklärte. Sie ist deshalb nicht rechtzeitig erfolgt.

1.2.3 Die verspätet zugegangene, aber rechtzeitig abgesandte Annahmeerklärung

Nach § 149 muss der Antragende dem Annehmenden, der die Annahmeerklärung rechtzeitig abgesandt hat, den verspäteten Zugang unverzüglich anzeigen. Anderenfalls gilt die Annahme als nicht verspätet.

Beispiel:
V bietet dem K den Kauf eines Gemäldes an und bestimmt eine Annahmefrist bis zum 15.5. Am 23.5. erhält V die Annahmeerklärung des K. Das Schreiben ist von K auf den 10.5. datiert und trägt den Poststempel vom 11.5.

V muss dem K die Verspätung des Schreibens unverzüglich anzeigen. Unterlässt er dies, gilt das Schreiben des K gemäß § 149 als fristgerecht zugegangen.

1.2.4 Die verspätete Annahme

Eine verspätete Annahmeerklärung gilt gemäß § 150 Abs. 1 als neues Angebot. Insbesondere bei einer nur geringfügigen Überschreitung der Frist kann das Schweigen auf dieses Angebot als konkludente Annahme gewertet werden.
BGH NJW-RR 1994, 1163, 1165[@].

1.3 Das Wirksamwerden der Annahmeerklärung ohne Zugang, § 151

Gemäß § 151 kann der Zugang der Annahmeerklärung entbehrlich sein. Nach dem eindeutigen Wortlaut der Vorschrift ist allerdings **nur der Zugang**, nicht aber die Annahme selbst entbehrlich.

Ein Vertrag kann ausnahmsweise auch durch Schweigen auf eine Angebot zu Stande kommen. Ob Schweigen als Annahme zu werten ist, ist aber kein Problem des § 151 (zum Zustandekommen des Vertrages durch Schweigen vgl. unten S. 68 ff.).

1.3.1 Entbehrlichkeit des Zugangs

Der Zugang der Annahmeerklärung ist gemäß § 151 entbehrlich, wenn der Antragende darauf **verzichtet** hat oder nach der **Verkehrssitte** nicht mit dem Zugang der Annahmeerklärung zu rechnen ist.

Eine entsprechende Verkehrssitte besteht – nach dem Vorbild des § 516 Abs. 2 – im Allgemeinen bei unentgeltlichen Zuwendungen und für den Antragsempfänger lediglich vorteilhaften Rechtsgeschäften (BGH NJW 1999, 1329[@]; 2000, 276, 277[@]).

Beispiele: Annahme eines selbstständigen Garantieversprechens, eines Schuldbeitritts oder einer Bürgschaft, Annahme eines Angebots zur Abtretung einer Forderung (BGH NJW 2000, 276, 277[@]).

1.3.2 Annahme

Es ist eine eindeutige, nach außen erkennbare Willensbetätigung erforderlich, die den Schluss auf einen Annahmewillen zulässt. Dabei ist mangels Erklärungsbedürftigkeit der Annahme nicht auf den Empfängerhorizont abzustellen. Entscheidend ist, ob vom Standpunkt des unbeteiligten Dritten aus dem Verhalten des Empfängers aufgrund aller äußeren Indizien der Annahmewille erkennbar ist.

BGHZ 111, 97, 101[@]; BGH NJW 1999, 2179; Palandt/Heinrichs § 151 Rdnr. 2; Staudinger/Bork § 151 Rdnr. 2; Medicus AT Rdnr. 382.

Umstritten ist die **Rechtsnatur** der Annahme i.S.d. § 151: Teilweise wird die Auffassung vertreten, es handele sich um eine echte, nicht empfangsbedürftige Willenserklärung bzw. -äußerung (Palandt/Heinrichs § 151 Rdnr. 1; Staudinger/Bork § 151 Rdnr. 14; Brehmer JuS 1994, 386, 387). Die Gegenansicht nimmt an, es handele sich um eine Willensbetätigung, auf die jedoch die Regeln der Willenserklärung anzuwenden sind (BGH NJW 2000, 276, 277[@]; Bydlinski JuS 1988, 36, 37). Der Streit hat keine praktische Bedeutung (MünchKomm/Kramer § 151 Rdnr. 48; Schultz MDR 1995, 1187).

Die Annahme muss in der Frist des § 151 S. 2 erklärt werden.

Dabei kann die Annahmefrist bei der Abgabe einer Erklärung gegenüber einer großen Handelsgesellschaft mehrere Wochen betragen (BGH ZIP 2000, 972[@]).

A) Wer bei einem **Versandgeschäft** eine Bestellung aufgibt, erwartet nicht, dass er von der Annahme seines Angebotes gesondert unterrichtet wird. Er will lediglich, dass die bestellte Ware zugesandt wird. Bringt der Inhaber des Versandgeschäftes die Ware zum Versand, so betätigt er damit seinen Annahmewillen.

▶ Daher kommt der Kaufvertrag bereits mit dem Versenden der Ware zu Stande.

▶ Zugleich mit der Annahme des Kaufangebotes macht der Inhaber des Versandgeschäftes auch ein Angebot zum Abschluss des dinglichen Vertrages, durch den der Besteller Eigentümer der Ware wird. Mit der Entgegennahme der Ware und ihrer Billigung nimmt der Besteller dieses Einigungsangebot an. Der Inhaber des Versandgeschäftes seinerseits hat auf den Zugang dieser Annahmeerklärung verzichtet. Der Besteller wird Eigentümer der Ware durch Einigung und Übergabe gemäß § 929 S. 1 (MünchKomm/Kramer § 151 Rdnr. 46, 53).

Zum Übergang des Eigentums kommt es nur dann nicht, wenn die Parteien einen Eigentumsvorbehalt vereinbaren. In diesem Fall ist die dingliche Einigung aufschiebend bedingt durch die Zahlung des Kaufpreises, § 455. Der Besteller wird erst Eigentümer, wenn er den Kaufpreis zahlt.

B) Wer ein **Hotelzimmer** für einen kürzeren Aufenthalt bestellt, erwartet nicht, dass ihm die Annahme seines Angebotes mitgeteilt wird. Mit der Reservierung des Zimmers bringt der Hotelier seinen Annahmewillen zum Ausdruck und es kommt der Beherbergungsvertrag zu Stande (Staudinger/Bork § 151 Rdnr. 7).

Bei Reservierung eines längeren Hotelaufenthaltes erwartet der Hotelgast eine ausdrückliche Bestätigung der Bestellung (MünchKomm/Kramer § 151 Rdnr. 53).

C) Die **Zusendung unbestellter Waren** wurde bislang als Angebot zum Abschluss eines Kaufvertrages und zur Übereignung angesehen. Diese Angebote wurde durch Ingebrauchnahme oder sonstige Aneignungshandlungen angenommen (MünchKomm/Kramer § 151 Rdnr. 54). Nunmehr stellt § 241a Abs. 1 klar, dass durch die Lieferung durch einen Unternehmer an einen Verbraucher keine Ansprüche begründet werden. Sogar gesetzliche Ansprüche sind grundsätzlich ausgeschlossen (Ausnahme: § 241a Abs. 2).

D) In den Fällen der sog. **Erlassfalle** (bzw. Vergleichsfalle) übersendet der Schuldner dem Gläubiger einen Scheck mit einem geringeren als dem geschuldeten Betrag und teilt ihm mit, dass er bei Einlösung des Schecks die darüber hinaus gehende Forderung als erloschen ansieht. In dem Anschreiben an den Gläubiger liegt ein Angebot zum Teilerlass der Forderung und der Schuldner verzichtet auf den Zugang der Annahme. Problematisch ist, ob die Einlösung des Schecks als Annahme gewertet werden kann.

Grundsätzlich ist in der vorbehaltlosen Einlösung des Schecks die Annahme des Erlassangebotes zu sehen (BGHZ 111, 97, 102[@]).

Beispiel:
S und G streiten über die Höhe einer Schuld. G verlangt 150.000 DM. S will nur 100.000 DM zahlen. Schließlich schickt S dem G einen Verrechnungsscheck über 120.000 DM mit dem

Anschreiben, dass mit dem Einlösen des Schecks die Angelegenheit abgeschlossen und erledigt sei. Er verzichte auf eine Gegenerklärung. G löst den Scheck ein, ohne Widerspruch zu erheben. Später verlangt er Zahlung des Restbetrages.

(I) S hat ein Angebot auf Abschluss eines Vergleichsvertrages gemacht.
(II) Der G hat das Angebot angenommen, in dem er den Verrechnungsscheck zur Einlösung gegeben hat. Diese tatsächliche Handlung ließ nach den gesamten Umständen auf den Annahmewillen schließen. Es war für G eindeutig erkennbar, dass durch die Einlösung die Begrenzung der Schuld auf den im Scheck genannten Betrag erfolgen sollte.

Die Einlösung enthält keine Annahme, wenn sonstige Umstände das Fehlen eines wirklichen Annahmewillens ergeben.

- ▶ Solche Umstände sind zu bejahen, wenn der Gläubiger mit seinem Prozessbevollmächtigten ein Ablehnungsschreiben formuliert (BGHZ 111, 97, 103@).

- ▶ Auch ein krasses Missverhältnis zwischen der angebotenen Leistung und der erhobenen Forderung schliesst die Bewertung der Scheckeinlösung als Annahme aus.

    OLG Dresden WM 1999, 487: Forderung 54.000 DM, Scheck 973,- DM.
    OLG Dresden WM 1999, 488, 489: Forderung 220.000 DM, Scheck 1.000 DM.
    OLG Karlsruhe WM 1999, 490: Forderung 49.000 DM, Scheck 200,- DM.
    OLG München OLG-Report 1999, 75: Forderung 130.000 DM, Scheck 100,- DM.

    Bei einer Forderung von 120.000 DM kann aber in der Einlösung eines mit einem Vergleichsangebot übersandten Schecks über 85.000 DM die Annahme gesehen werden (OLG Hamm NJW-RR 1998, 1662).

Zur Erlassfalle vgl. im Einzelnen: v. Randow ZIP 1995, 445; Eckardt BB 1996, 1945 ff; Lange WM 1999, 1301; Schneider MDR 2000, 857.

1.4 Der Tod oder die Geschäftsunfähigkeit des Anbietenden

Wenn der Anbietende nach der Abgabe des Angebotes, aber vor der Annahme stirbt oder geschäftsunfähig wird, greifen folgende gesetzliche Regelungen ein:

- ▶ Das Angebot bleibt gemäß § 130 Abs. 2 wirksam.

- ▶ Gemäß § 153 bleibt die Annahme weiterhin möglich, es sei denn, es ist ein anderer Wille des Antragenden anzunehmen.

Fall 8: Tote brauchen keinen Anzug

A bestellt beim Versandhaus V einen Anzug. Einen Tag später stirbt er. Zehn Tage später liefert die Firma V den Anzug aus. Frau A, die Alleinerbin des A ist und von der Bestellung nichts gewusst hat, verweigert Abnahme und Bezahlung. Rechtslage?

(I) V könnte gegen Frau A einen Anspruch aus § 433 Abs. 2 haben.

   (1) Frau A selbst hat kein Angebot abgegeben. Als Alleinerbin des Mannes tritt sie in dessen Rechtsstellung ein (§§ 1922, 1967), sodass ein von A abgegebenes Angebot auch gegen Frau A wirkt.

(a) A hat durch Absenden der Bestellung ein Kaufangebot abgegeben.

(b) Dieses Angebot ist V auch zugegangen (§ 130 Abs. 1). Selbst wenn A zu diesem Zeitpunkt schon gestorben war, ist die Willenserklärung wirksam geworden. § 130 Abs. 2 bestimmt, dass es auf die Wirksamkeit der Willenserklärung ohne Einfluss ist, wenn der Erklärende nach der Abgabe stirbt oder geschäftsunfähig wird. Das bedeutet, dass die Willenserklärung auch dem Erben gegenüber wirksam wird.

(2) Das Versandhaus V hat mit dem Verpacken und Absenden die Annahme des Angebotes erklärt. Ein Zugang der Annahme war entbehrlich, weil nach der Verkehrsanschauung der Besteller nicht erwartet, dass ihm die Annahmeerklärung zugeht. Doch hat die Annahmeerklärung nur dann zum Zustandekommen des Vertrages geführt, wenn im Zeitpunkt der Annahme noch ein annahmefähiges Angebot des A vorgelegen hat. Nach § 153 steht der Tod des A der Annahmefähigkeit seines Angebotes grundsätzlich nicht entgegen. Jedoch kommt ein Vertrag dann nicht zu Stande, wenn „ein anderer Wille des Antragenden anzunehmen ist".

Dies ist der Fall bei einer Bestellung für den persönlichen Bedarf. Da es sich bei einem Anzug um eine solche handelt, lag somit hier kein annahmefähiges Angebot mehr vor und es ist kein Vertrag zu Stande gekommen.

(II) V könnte gegen Frau A einen Anspruch auf Ersatz der Kosten haben.

(1) Ein solcher Anspruch wird teilweise auf eine Analogie zu § 122 gestützt.

Palandt/Heinrichs § 153 Rdnr. 2; Erman/Hefermehl § 153 Rdnr. 4.

Der Verstorbene habe zwar die uneingeschränkte Geltung des Rechtsgeschäftes erklärt, doch werde durch § 153 der hypothetische Wille des Verstorbenen – unabhängig von dessen Erkennbarkeit – berücksichtigt und der erklärte Wille beseitigt. Dies rechtfertige eine Analogie zu der Rechtslage nach der wirksamen Anfechtung.

(2) Überwiegend wird jedoch eine analoge Anwendung des § 122 abgelehnt.

Flume § 35 I 4; MünchKomm/Kramer § 153 Rdnr. 3; differenzierend: Staudinger/Bork § 153 Rdnr. 8; Medicus AT Rdnr. 377.

Die Frage, ob „ein anderer Wille des Antragenden anzunehmen ist", ist durch Auslegung des Angebots zu ermitteln. Nach den Regeln der Auslegung einer empfangsbedürftigen Willenserklärung muss der hypothetische Wille dem Erklärungsgegner somit erkennbar sein. § 153 verwirklicht nur den erklärten Willen des Verstorbenen. Eine „Willensänderung" nach Tod des Erklärenden liegt folglich im Risikobereich des Erklärungsempfängers. Ihm kann kein Vertrauensschaden entstehen.

Diese Situation ist mit der Rechtslage nach erfolgter Anfechtung nicht vergleichbar.

Ein Anspruch des V besteht daher nicht.

– – –

2. Die Willensübereinstimmung zwischen Angebot und Annahme

Die Einigung setzt voraus, dass das Angebot mit der Annahme inhaltlich übereinstimmt. Die Annahme setzt eine uneingeschränkte Zustimmung zu dem Angebot voraus. Eine Annahme unter Einschränkungen oder Änderungen gilt als Ablehnung verbunden mit einem neuen Antrag (§ 150 Abs. 2).

Beim schuldrechtlichen Vertrag müssen sich die Parteien über die wesentlichen Vertragspflichten geeinigt haben und über den weiteren Vertragsinhalt, wenn eine Partei es verlangt.

Beim sachenrechtlichen Vertrag – Verfügungsvertrag – muss Übereinstimmung darüber bestehen, an welcher bestimmten Sache welche Rechtsänderung eintreten soll.

Beim familienrechtlichen, erbrechtlichen, gesellschaftsrechtlichen Vertrag ist die Einigung über den gesetzlich zulässigen Inhalt erforderlich.

- Sind die zum Zustandekommen des Vertrages abgegebenen Erklärungen missverständlich, widersprüchlich oder unvollständig, dann muss der Inhalt der Erklärung durch Auslegung ermittelt werden.

- Stimmen die ausgelegten Erklärungen nicht überein, so ist die Einigung infolge Dissens nicht wirksam zu Stande gekommen – §§ 154, 155 –.

- Ist die Einigung erzielt, so treten die mit dieser Einigung erstrebten Rechtsfolgen nicht ein, wenn ein Nichtigkeitsgrund besteht.

2.1 Die Nichtübereinstimmung der Vertragserklärungen – Dissens

Haben die Parteien keine Einigung über einen Vertragsbestandteil erzielt, über den nach dem Willen auch nur einer Partei eine Einigung gewollt war, so liegt

- ein offener Dissens gemäß § 154 vor, wenn die mangelnde Einigung den Parteien bekannt ist;

- ein versteckter Dissens gemäß § 155 vor, wenn der Einigungsmangel den Parteien unbekannt geblieben ist.

Im Falle des Dissenses ist kein Vertrag zu Stande gekommen.

2.1.1 Der offene Dissens gemäß § 154

Nach § 154 Abs. 1 S. 1 ist ein Vertrag im Zweifel nicht geschlossen, solange die Parteien sich nicht über alle Punkte geeinigt haben, über die nach dem erklärten Willen zumindest einer Partei eine Einigung erforderlich ist. § 154 Abs. 1 ist eine

Auslegungsregel, die nur „im Zweifel" gilt. Diese Zweifel sind widerlegt, wenn sich die Parteien trotz des offengebliebenen Punktes erkennbar vertraglich binden wollen.

BGH NJW 1997, 2671[@]; Palandt/Heinrichs § 154 Rdnr. 2.

A) Die Vorschrift des § 154 greift immer dann ein, wenn die Parteien sich über die Hauptleistungspflichten geeinigt haben und eine Partei oder beide Parteien eine zusätzliche Abrede über einzelne Vertragspunkte erstrebt bzw. erstreben.

Beispiele:

1. V und K verhandeln über den Verkauf von 12 Spielautomaten zum Gesamtpreis von 137.000 DM. V will in einem Monat liefern. K bittet darum, dass ihm eine Abnahmefrist von 4 Monaten eingeräumt wird, weil er die Räume noch umbauen muss. Bei der anschließenden schriftlichen Formulierung des Vertrages wird als Liefertermin 1 Monat genannt. K verlangt Abänderung der Klausel auf 4 Monate. Daraufhin erklärt V, man sollte das so stehen lassen. Es sei ohnehin nur eine Formalität, über den Liefertermin könne man sich, wenn es soweit sei, einigen. Ist der Vertrag zu Stande gekommen?

(I) V und K haben sich über die Hauptleistungspflichten geeinigt, nämlich über den Kaufgegenstand und den Kaufpreis.

(II) Nach der Erklärung der Parteien sollte eine Regelung über die Lieferfrist erfolgen. Diese Einigung ist nicht erzielt worden. Zwar haben die Parteien den schriftlichen Vertrag mit einer Lieferfrist von 1 Monat unterschrieben, doch war beiden Parteien bekannt, dass es insoweit noch nicht zu einer Einigung gekommen war, sondern diese noch erzielt werden sollte.

Da K den Vertrag ohne eine Abrede über die Lieferfrist nicht geschlossen hätte, ist der Vertrag nicht zu Stande gekommen (§ 154).

2. V und K verhandeln über den Kauf eines Mercedes 230, Baujahr 82, Preis 38.000 DM. Da ein Ledersitz beschädigt ist, erklärt K, den müsse V aber in Ordnung bringen. V antwortet, er verkaufe den Wagen nur so, wie er da stehe. K macht eine Probefahrt und erklärt, er nehme den Wagen auf jeden Fall. Über die Reparatur des Ledersitzes werde man sich schon einig werden.

(I) Die Parteien haben sich über den Kaufgegenstand und Kaufpreis, also über die Hauptleistungspflichten, geeinigt.

(II) Nach dem erklärten Willen des K sollte noch eine Einigung über die Instandsetzung des beschädigten Ledersitzes erzielt werden. Da diese Einigung fehlgeschlagen ist, könnte der Kaufvertrag gemäß § 154 nicht zu Stande gekommen sein. Doch der K hat nach der Probefahrt eindeutig zum Ausdruck gebracht, dass er den Wagen auf jeden Fall nehme. Es besteht also kein Zweifel im Hinblick auf den gewollten Vertragsschluss, sodass der Vertrag zu Stande gekommen ist.

(III) Um den Vertrag ordnungsmäßig abwickeln zu können, muss nunmehr im Wege der ergänzenden Vertragsauslegung ermittelt werden, ob und in welcher Höhe ein Vertragspartner die Kosten für die Instandsetzung des Ledersitzes zu tragen hat.

3. V verkauft dem K notariell ein bebautes Grundstück für 500.000 DM. Die Parteien wollten vor dem Notartermin besprechen, in welcher Höhe K dem V eine Anzahlung leisten sollte. Zu dieser Vereinbarung kam es jedoch nicht.

BGH NJW 1998, 3196[@]: „Der Vertrag ist wegen eines offenen Einigungsmangels nicht wirksam geschlossen (§ 154 BGB) ... Da die Parteien vor Abschluss des Vertrages darüber, in welcher Höhe die Anzahlung geleistet werden sollte, nicht mehr gesprochen haben, fehlt es an einer Einigung über diesen von den Parteien als Vertragsbestandteil vorgesehenen Punkt."

B) Die mangelnde Einigung über wesentliche Vertragsbestandteile

Ohne eine Einigung über wesentliche Vertragsbestandteile kommt ein Vertrag nicht zu Stande. Es handelt sich um einen „Totaldissens" oder „logischen Dissens", weil dieser Dissens den Vertragsschluss mit logischer Notwendigkeit verhindert.

Beispiel:
A und B können sich nicht darüber einigen, ob für die Übertragung einer Sache eine Gegenleistung zu erbringen ist.

Es handelt sich um einen Dissens. Ohne die Bestimmung, ob überhaupt eine Gegenleistung zu erbringen ist, kann nicht einmal der Vertragstyp (Schenkung, Tausch- oder Kaufvertrag) bestimmt werden. Eine fehlende Abrede der Parteien über das „Ob" der Gegenleistung ist nur in den Fällen der §§ 612 Abs. 1, 632 Abs. 1 und 653 Abs. 1 unschädlich, da nach diesen Vorschriften eine Vergütung als stillschweigend vereinbart gilt.

Zu beachten ist aber, dass es ausreicht, wenn die Vereinbarung nur bestimmbar ist und eine Leistungsbestimmung durch Auslegung oder die Anwendung dispositiven Rechts getroffen werden kann.

> **Fall 9: Kaufvertrag ohne Kaufpreisabrede**
>
> V und K schließen einen notariellen Kaufvertrag über ein Hotel und vereinbaren dabei, dass das Inventar Gegenstand eines selbstständigen Vertrags sein soll. Später erörtern sie den Verkauf des Inventars einschließlich Computeranlage. V verlangt 120.000 DM. K will nicht mehr als 100.000 DM aufwenden. Es kommt zu längeren mündlichen Verhandlungen ohne Einigung über den Kaufpreis. Das Hotel wird aber mit dem gesamten Inventar auf K übertragen. V verlangt Zahlung von 120.000 DM.

Anspruch des V gegen K auf Zahlung des Kaufpreises gemäß § 433 Abs. 2
V und K müssten sich über die Vertragsbestandteile des Kaufvertrages geeinigt haben. Sie haben sich darüber geeinigt, dass V verpflichtet sein soll, das Inventar gegen Zahlung eines Kaufpreises zu übertragen. Über die Höhe des Kaufpreises ist aber keine Einigung erzielt worden. Eine fehlende Vereinbarung über die **Höhe der Gegenleistung** schließt eine Einigung nicht aus, wenn die Gegenleistung **bestimmbar** ist.

(I) Im **Dienst-, Werk- und Maklerrecht** ist bestimmt, dass dann, wenn eine Vereinbarung über die Höhe der Vergütung fehlt, bei Bestehen einer Taxe die taxmäßige Vergütung, ansonsten die übliche Vergütung maßgeblich ist (§§ 612 Abs. 2, 632 Abs. 2, 653 Abs. 2).

(II) Im **UN-Kaufrecht** wird gemäß Art. 55 CISG eine stillschweigende Einigung über einen üblichen Preis vermutet.

> Art. 55 CISG lautet: „Ist ein Vertrag gültig geschlossen worden, ohne dass er den Kaufpreis ausdrücklich oder stillschweigend festsetzt oder dessen Festsetzung ermöglicht, so wird mangels gegenteiliger Anhaltspunkte vermutet, dass die Parteien sich stillschweigend auf den Kaufpreis bezogen haben, der bei Vertragsabschluss allgemein für derartige Ware berechnet wurde, die in dem betreffenden Geschäftszweig unter vergleichbaren Umständen verkauft wurde".

Das UN-Kaufrecht greift hier schon deswegen nicht ein, weil die Parteien ihre Niederlassung nicht in verschiedenen Staaten haben (vgl. Art. 1 CISG).

(III) Die Parteien können vereinbaren, dass eine **Leistungsbestimmung nach den §§ 315 ff.** erfolgen soll. Hier könnte § 316 eingreifen. V hätte dann das Leistungsbestimmungsrecht. § 316 gilt jedoch nur „im Zweifel". Die Vorschrift greift dann nicht ein, wenn die Auslegung des Vertrages ergibt, dass keiner der Parteien ein Bestimmungsrecht zustehen soll.

BGHZ 94, 98, 102@; NJW-RR 1992, 142; Palandt/Heinrichs § 316 Rdnr. 2.

K hat deutlich gemacht, dass er nicht mehr als 100.000 DM aufwenden will. Mit einer Leistungsbestimmung durch den V war er nicht einverstanden.

(IV) Nach ständiger Rechtsprechung des BGH kommt ein **Mietvertrag** auch ohne Einigung über die Höhe des Mietzinses zu Stande, wenn sich die Parteien bindend über die entgeltliche Überlassung des Gebrauchs einigen. Es gilt dann der angemessene oder ortsübliche Mietzins als vereinbart.

Der BGH lässt offen, ob dieses Ergebnis auf ergänzender Vertragsauslegung oder einer analogen Anwendung der §§ 612 Abs. 2, 632 Abs. 2 beruht (BGH WM 1992, 240; 1997, 1673@).

(V) Es könnte auch im vorliegenden Fall eine analoge Anwendung der §§ 612 Abs. 2, 632 Abs. 2, 653 Abs. 2 gerechtfertigt sein.

(1) Die Analogie setzt eine planwidrige Unvollständigkeit des Gesetzes voraus. Diese kann man für den Fall bejahen, dass sich die Parteien auch ohne den offen gebliebenen Punkt erkennbar vertraglich binden wollen. Ein solcher Wille ist i.d.R. zu bejahen, wenn die Parteien – wie hier – einvernehmlich mit der Durchführung des unvollständigen Vertrages begonnen haben.

BGH NJW 1997, 2671@; Soergel/Hefermehl § 154 Rdnr. 6.

(2) Sinn und Zweck der §§ 612 Abs. 2, 632 Abs. 2, 653 Abs. 2 ist es, einen Dissens der Parteien zu verhindern.

Dieser Gedanke liegt im Übrigen auch den Regelungen des § 316 und Art. 55 CISG zu Grunde (Palandt/Heinrichs § 316 Rdnr. 2).

Eine analoge Anwendung der genannten Regelungen ist aber nur dann möglich, wenn zumindest eine übliche Vergütung zu ermitteln ist. Für Mietverträge lässt sich eine ortsübliche Miete ermitteln. Für gebrauchtes Hotelinventar ist aber ein üblicher Kaufpreis nicht feststellbar.

(VI) Eine Bestimmung der Leistung ist daher allenfalls durch ergänzende Vertragsauslegung möglich.

(1) Die ergänzende Vertragsauslegung setzt voraus, dass der Vertrag eine Regelungslücke, eine „planwidrige Unvollständigkeit", enthält. Diese liegt vor, wenn sich die Parteien auch ohne den noch offen gebliebenen Punkt erkennbar vertraglich binden wollten.

(2) Die Vertragslücke ist durch Ermittlung des hypothetischen Parteiwillens zu schließen. Ein übereinstimmender hypothetischer Parteiwille bezüglich eines bestimmten Kaufpreises lässt sich nicht feststellen.

(a) Das OLG Hamm (NJW 1976, 1212, 1213) hat in einem vergleichbaren Fall einen hypothetischen Parteiwillen dahingehend angenommen, dass im Streitfall das Gericht einen angemessenen Preis bestimmen soll.

> Zustimmend: Jauernig § 154 Rdnr. 3; Larenz/Wolf § 29 Rdnr. 18; Soergel/Hefermehl § 154 Rdnr. 6. Ähnlich auch BGHZ 94, 98, 104[@].

(b) Diese Entscheidung wird in der Literatur kritisiert. Ohne eine Einigung über den Kaufpreis könne kein Kaufvertrag zu Stande kommen. Eine richterliche Ergänzung wesentlicher Vertragsbestandteile sei abzulehnen.

> MünchKomm/Kramer § 154 Rdnr. 5; Medicus AT Rdnr. 438; Brox AT Rdnr. 217, 220; Staudinger/Bork § 154 Rdnr. 3, 8.

(c) Wenn – wie hier – feststellbar ist, dass die Parteien auch ohne den offen gebliebenen Punkt eine vertragliche Bindung wollen, so ist dieser Parteiwille als vorrangig anzusehen. Es ist nicht einzusehen, warum eine richterliche Ergänzung wesentlicher Vertragsbestandteile ausgeschlossen sein soll. Für diese ist auch nicht erforderlich, dass objektive Maßstäbe wie eine übliche Vergütung existieren.

> BGHZ 94, 98, 101[@]: „Unwirksamkeit des Vertrages wegen Fehlens einer (exakten) Leistungsbestimmung wird in diesem Bereich heute auch dort nicht ernstlich in Betracht gezogen, wo es sowohl an einer Taxe als auch an einer festen Übung oder einem sonstigen objektiven Maßstab fehlt. Vielmehr sind in solchen Fällen die geschlossenen Verträge in der höchstrichterlichen Rechtsprechung durchweg aufrechterhalten worden, und zwar entweder gerade durch ein Zurückgreifen auf § 316 BGB (...), durch ein Abstellen auf die »Angemessenheit« (...) oder auch mit Hilfe der Mittel der Individualauslegung – gegebenenfalls auch der ergänzenden – (...)."

Zwischen V und K ist ein Kaufvertrag zu Stande gekommen. Im Streitfall hat ein Gericht einen angemessenen Kaufpreis zu bestimmen.

– – –

C) Die Anwendung des § 154 bei einander widersprechenden AGB

Wenn die wirksam gewordenen AGB der Parteien einander widersprechende Regelungen bzgl. einzelner bestimmter Vertragsbestandteile enthalten, dann ist davon auszugehen, dass die Parteien bezüglich dieser Punkte eine Einigung nicht zwingend wollen. Die Geltung dieser einzelnen Regelungen sollten nicht den ganzen Vertrag in Frage stellen, sodass der Vertrag trotz der widersprechenden Erklärungen wirksam ist. Nur die einander widersprechenden Klauseln sind ungültig. An die Stelle treten dispositive gesetzliche Vorschriften, oder es finden, falls ein hypothetischer gemeinsamer Wille erkennbar ist, die Regeln der ergänzenden Vertragsauslegung Anwendung.

2.1.2 Der versteckte Dissens gemäß § 155

Ein versteckter Dissens liegt vor, wenn die Parteien von einer Einigung über die Vertragsbestandteile ausgehen, diese Einigung aber in Wirklichkeit nicht erzielt worden ist. Das kann darauf beruhen, dass

▶ die Einigung unbewusst unvollständig geblieben ist oder

▶ ein Scheinkonsens gegeben ist, weil objektiv mehrdeutige Erklärungen unterschiedlich verstanden werden.

Ein versteckter Dissens ist also nur dann zu bejahen, wenn die Auslegung weder eine Übereinstimmung des wirklichen Willens der Partner (subjektiv) noch eine Übereinstimmung des Erklärungswertes (objektiv) von Angebot und Annahme ergibt.

Der versteckte Dissens hat zur Folge, dass das Vereinbarte nur gültig ist, wenn anzunehmen ist, dass der Vertrag auch ohne die offengebliebenen Punkte abgeschlossen worden wäre.

A) Die nicht erkannte Unvollständigkeit

Ein versteckter Dissens gemäß § 155 liegt vor, wenn ein regelungsbedürftiger Punkt vergessen oder übersehen worden ist.

Die Vorschrift des § 155 ist schon dann anzuwenden, wenn nur eine Partei den Vertrag irrtümlich für geschlossen hält, die andere Partei aber vom Einigungsmangel weiß (sog. einseitig versteckter Dissens; MünchKomm/Kramer § 155 Rdnr. 2).

Beispiel:
V und K verhandeln über den Kauf von zwei Maschinen. K erklärt dem V im Verlauf der Verhandlungen, dass er nur kaufen werde, wenn eine Abrede über die Transport- und Aufstellungskosten getroffen werde. Später wird der Vertrag schriftlich fixiert, dabei aber keine Abrede über die Transport- und Aufstellungskosten getroffen.

(I) Da K es verlangt hat, musste zum Zustandekommen des Vertrages eine Abrede über Transport- und Aufstellungskosten getroffen werden. Im schriftlichen Vertrag, der nach Auffassung beider Parteien verbindlich war, ist jedoch eine Abrede über diesen regelungsbedürftigen Punkt nicht enthalten, sodass es an einer Einigung fehlt.
(II) Da es dem K nach den Umständen darauf ankam, dass über diese Punkte eine Einigung erzielt wurde, er also den Vertrag ohne eine Abrede darüber nicht schließen wollte, ist überhaupt keine vertragliche Bindung entstanden.

B) Der Erklärungsdissens

Ein Erklärungsdissens liegt vor, wenn die Parteien den Vertragsschluss durch Angebot und Annahme erstreben und die Erklärungen nicht deckungsgleich sind.

Beispiel:
E telegrafiert an K: „Erbitten Limit über 100 Kilo Weinsteinsäuregries bleifrei." Der K antwortet: „Weinsteinsäuregrieß bleifrei Kilogramm 128 DM netto Kasse bei hiesiger Übernahme." Die Antwort des E lautet: „100 Kilo Weinsteinsäuregrieß bleifrei geordert. Briefliche Bestätigung unterwegs." Als E Erfüllung verlangt, stellt sich heraus, dass beide verkaufen wollten.

(I) Die Parteien haben sich nicht über die Kaufvertragsbestandteile geeinigt. Es ist aus den gewechselten Telegrammen nicht ersichtlich, wer kaufen und wer verkaufen wollte, deshalb liegt ein versteckter Dissens vor. Der Vertrag ist nicht zu Stande gekommen (RGZ 104, 265).
(II) Derjenige, der den versteckten Dissens verursacht hat, ist aus c.i.c. zum Ersatz des negativen Interesses verpflichtet (RGZ 104, 265; 143, 219; Palandt/Heinrichs § 155 Rdnr. 5; Staudinger/Bork § 155 Rdnr. 17; a.A. Flume § 34, 5; MünchKomm/Kramer § 155 Rdnr. 13; Jauernig § 155 Rdnr. 3).

In aller Regel kann im Wege der Auslegung ein eindeutiger Sinn des Angebotes bzw. der Annahmeerklärung ermittelt werden, dann gelten für das Zustandekommen des Vertrages die Regeln der §§ 145–151 und nicht die des § 155. Daher hat der Erklärungsdissens in der Praxis kaum eine Bedeutung.

Beispiel:
B möchte seine Wohnung und evtl. auch ein Mansardenzimmer anstreichen lassen. Der M macht nach der Besichtigung ein Angebot für die Wohnung – ohne Mansarde – für 2.400 DM. B schreibt an M, er sei einverstanden, vorausgesetzt die Mansarde werde auch gestrichen. M überliest den Zusatz bzgl. der Mansarde. Er erledigt die Malerarbeiten in der Wohnung. B verlangt, dass auch die Mansarde gestrichen wird.

Ein Anspruch des B aus einem Werkvertrag besteht nur, wenn sich die Parteien über die Bestandteile des Werkvertrages geeinigt haben.
(I) Die Einigung könnte durch Angebot und Annahme zu Stande gekommen sein.
(1) Das Angebot des M lautete über Malerarbeiten in der Wohnung ohne Mansarde.
(2) Dieses Angebot des M hat B nicht uneingeschränkt angenommen. Der M hätte als sorgfältiger Empfänger erkennen können, dass er für 2.400 DM auch die Mansarde streichen sollte. Die Ablehnung des Angebotes enthält gemäß § 150 Abs. 2 ein neues Angebot.
(3) Dieses neue Angebot des B hat M konkludent durch den Beginn der Arbeiten angenommen. Vom Empfängerhorizont des B ist der Arbeitsbeginn als Zustimmung zum Angebot zu werten. Aus dem Werkvertrag hat B einen Anspruch auf den Anstrich der Mansarde.
(II) M kann seine Erklärung – die konkludente Zustimmung durch den Arbeitsbeginn – gemäß § 119 Abs. 1 anfechten. Die Erklärung ist dann gemäß § 142 nichtig, der Werkvertrag unwirksam. Bei einer Anfechtung ist M dem B allerdings nach § 122 zum Ersatz des Vertrauensschadens verpflichtet.

C) Der Scheinkonsens

Ein Scheinkonsens liegt vor, wenn die Parteien vom Zustandekommen des Vertrages ausgehen. Doch stellt sich später heraus, dass das Vereinbarte objektiv mehrdeutig ist und sich im Wege der Auslegung der Erklärungen kein eindeutiger Sinn ermitteln lässt.

Beispiele:

1. M will in einem Hochhaus an der See für einen Monat eine Wohnung mieten. Nach einer Besichtigung schreibt er an V, er wolle die rechte Wohnung im obersten Stock. V bestätigt die Bestellung. Als M später einziehen will, stellt sich heraus, dass M die rechte Wohnung von der See her gesehen anmieten und V die rechte Wohnung von der Straßenseite her gesehen vermieten wollte.

Da sich auch im Wege der Auslegung nicht eindeutig ermitteln lässt, welche Wohnung Mietgegenstand sein sollte, die Erklärung „rechte Wohnung" also objektiv mehrdeutig ist, ist ein Vertrag nicht zu Stande gekommen.

2. V verkauft dem K 15 Tonnen Schrott. Die Auftragsbestätigung lautet: „Lieferung in zwei Monaten, frei Lagerplatz, Beschaffenheit: Semilodei." Bei Lieferung lehnt K die Abnahme ab,

weil der Schrott keinerlei Kupfer enthält. K ist davon ausgegangen, mit der Beschaffenheitsvereinbarung Semilodei sei klargestellt, dass der Schrott mindestens 10% Kupfer enthalte. Der V hat mit dem Begriff Semilodei den üblicherweise anfallenden Schrott verstanden. Es lässt sich nicht klären, welche Bedeutung dem Begriff Semilodei in diesem Falle zukommt.

Die Parteien wollten eine Vertragsabsprache über die Beschaffenheit der Kaufsache treffen. Doch da der dafür verwandte Begriff objektiv mehrdeutig ist, sich also im Wege der Auslegung kein eindeutiger Sinn ermitteln lässt und jede Partei darunter etwas anderes verstanden hat, ist keine Einigung über einen regelungsbedürftigen Punkt zu Stande gekommen. Nach dem Umständen ist davon auszugehen, dass die Parteien den Vertrag ohne eine Regelung über die Beschaffenheit nicht getroffen hätten. Es ist kein Vertrag zu Stande gekommen (RGZ 68, 6).

3. Das Zustandekommen der Einigung ohne Angebot und Annahme

Der Vertrag kann nicht nur durch Angebot und Annahme zu Stande kommen, sondern auch in der Weise, dass die Parteien

▶ gemeinsame übereinstimmende Erklärungen über die erstrebte Rechtsänderung abgeben oder

▶ durch sonstiges Verhalten den Vertragsschluss zum Ausdruck bringen.

3.1 Die Einigung durch gemeinsame Erklärung

Für das Zustandekommen ist zwar grundsätzlich die Einigung über die Vertragsbestandteile erforderlich, doch wie diese Einigung, die Willensübereinstimmung über die erstrebte Rechtsfolge erzielt wird, ist unerheblich.

Nach § 154 kommt die Einigung über den Vertragsinhalt erst dann zu Stande, wenn sich die Parteien über alle Punkte geeinigt haben, worüber nach dem erklärten Willen auch nur einer Partei die Einigung erzielt werden sollte. Diese Vorschrift geht somit davon aus, dass die Parteien den Vertrag durch Aushandeln der einzelnen Bedingungen abschließen können und jede Partei der anderen gegenüber zum Ausdruck bringen kann, über welche Punkte sie eine Einigung erstrebt.

Beim Vertragsschluss durch Angebot und Annahme muss der Anbietende alle Punkte, über die er eine Einigung erstrebt, im Angebot aufführen; mit der uneingeschränkten Annahme kommt die Einigung zu Stande.

Die Einigung ohne Angebot und Annahme kann in der Weise erzielt werden, dass

▶ die Parteien vorbereitete Vertragsentwürfe unterschreiben oder

▶ die einzelnen Vertragsbedingungen nach und nach aushandeln.

3.1.1 Die Einigung bei vorbereiteten Verträgen

Ist von einem Dritten ein Vertragsentwurf gefertigt und von den Parteien unterschrieben worden, dann ist die Einigung über den Vertragsinhalt erzielt worden und der Vertrag ist zu Stande gekommen, obwohl nicht festgestellt werden kann, wer das Angebot gemacht bzw. die Annahme erklärt hat. Das gilt insbesondere, wenn der Notar nach Rücksprache mit den Parteien den Entwurf eines Vertrages gefertigt hat, der nach Billigung der Parteien formgerecht abgeschlossen worden ist.

Beispiel:
V möchte dem K ein Grundstück verkaufen. Sie beauftragen den Notar N mit dem Abschluss des Vertrages. Dieser fertigt einen Vertragsentwurf und schickt ihn den Parteien zu. Einige Tage danach wird in einem vereinbarten Termin der Vertrag – unverändert oder abgeändert – vom Notar vorgelesen, von beiden Parteien und dem Notar unterschrieben.

Mit der Einigung, die vom Notar beurkundet worden ist, ist der Vertrag zu Stande gekommen, obwohl nicht festgestellt werden kann, von wem das Angebot ausgegangen ist und wer das Angebot angenommen hat.

3.1.2 Die Einigung nach Verhandlungen über einzelne Vertragsbestandteile

Haben die Parteien im Wege der Verhandlung über einzelne Vertragsbestandteile eine Einigung erzielt und wird nach Beendigung der Verhandlungen das Ergebnis – im Regelfall schriftlich – zusammengefasst, dann kommt der Vertrag zu Stande. Es bedarf nicht der Feststellung, wer das Angebot gemacht und die Annahme erklärt hat.

Beispiel:
U soll für K 25 Dieselmotoren herstellen. Die Parteien vereinbaren am 15.4., aus welchem Material im Einzelnen der Motor herzustellen ist, welche Stärke er haben soll und wann geliefert werden kann. Da U erst nach einer Kalkulation über den Preis genauere Angaben machen kann, wird vereinbart, dass am 29.4. die Einzelheiten bzgl. des Preises besprochen werden sollen. Bei diesen Preisverhandlungen am 29.4. erklärt sich K mit dem von U geforderten Preis nach Einräumung eines Zahlungszieles und der Übernahme der Wartungskosten einverstanden. Es wird vereinbart, den Vertrag erst am 14.5. schriftlich abzuschließen, damit jede Partei hinreichend Zeit zur Überlegung hat.

Mit der schriftlichen Festlegung des Inhaltes der Vereinbarungen kommt der Vertrag zu Stande, ohne dass es einer Klärung bedarf, von wem das Angebot gemacht und wer die Annahme erklärt hat.

Für die Wirksamkeit der einzelnen Vertragserklärungen gelten die Regeln über die Willenserklärungen, doch im Regelfall ergeben sich beim Vertragsschluss durch gemeinsame Erklärungen keine Abgabe- und Zugangsprobleme.

3.2 Der Vertragsschluss durch „sonstiges Verhalten"

In Ausnahmefällen kann ein Vertrag auch ohne die Einigung – Willensübereinstimmung – über die Vertragsbestandteile geschlossen werden oder fortbestehen, weil

▶ ein bestehender Vertrag fortgesetzt wird oder

▶ das Schweigen kraft spezieller gesetzlicher Regelung oder gemäß § 242 als Willenserklärung gewertet wird.

3.2.1 Die Fortsetzung des beendeten Vertrages

Wird ein Dauerschuldverhältnis, das durch Zeitablauf oder Kündigung beendet worden ist, von den Parteien fortgesetzt, so bleibt der Vertrag im Regelfall bestehen.

A) Die Fortsetzung des beendeten Miet- und Dienstvertrages (§§ 568, 625)

Nach § 568 wird der beendete Mietvertrages fortgesetzt, wenn der Mieter die Mietsache weitergebraucht und keine Partei Widerspruch erhebt. Die Fortsetzung des Gebrauchs wird nicht als Willenserklärung angesehen, sondern als rein tatsächlicher Vorgang angesehen (Palandt/Putzo § 568 Rdnr. 7).

Vergleichbares gilt bei der Fortsetzung eines Dienstverhältnisses durch den Dienstverpflichteten gemäß § 625. Die Fortführung der Dienste ist keine Willenserklärung, eine Anfechtung ist daher ausgeschlossen (Palandt/Putzo § 625 Rdnr. 4).

B) Fortsetzung sonstiger Verträge

Auch andere Dauerschuldverhältnisse können nach ihrer Beendigung durch ihre tatsächliche Fortführung als Vertrag fortgesetzt werden. Es sind dann in der Fortführung konkludente Willenserklärungen zu sehen.

Verbleibt ein Patient im Krankenhaus, obwohl er über das Ende der Kostenübernahme durch die gesetzliche Krankenkasse unterrichtet ist, gibt er durch schlüssiges Verhalten seinen Willen zu erkennen, einen Vertrag über die weitere stationäre Aufnahme und Betreuung zu dem dafür üblicherweise festgesetzten Pflegesatz zu schließen (BGH, Urt. v. 9.5.2000 – VI ZR 173/99@).

3.2.2 Der Vertragsschluss bei Inanspruchnahme von Leistungen im Rahmen der Daseinsvorsorge

Werden im Rahmen der Daseinsvorsorge Leistungen zu bestimmten, nicht aushandelbaren Bedingungen angeboten und wird die Leistung tatsächlich entgegengenommen, so kommt der Vertrag auch dann zu Stande, wenn der Abnehmende die für die Leistung geforderte Gegenleistung nicht erbringen will.

Beispiel:
A fährt auf einen gebührenpflichtigen Parkplatz und erklärt dem Parkplatzwächter ausdrücklich, er weigere sich, die Gebühren zu zahlen. Er sei an einem Vertragsschluss nicht interessiert. Ist ein Vertrag zu Stande gekommen, der zur Zahlung verpflichtet (BGHZ 21, 319)?

A) Nach der früher vertretenen **Lehre vom sozialtypischen Verhalten** kommt in den Fällen, in denen Leistungen im Rahmen der Daseinsvorsorge zu festen Bedingungen bereitgestellt werden, der Vertrag nicht durch Abgabe von Willenserklärungen, sondern durch die tatsächliche Inanspruchnahme der Leistung zu Stande. Der „Bezieher" der Leistung wird aufgrund der tatsächlichen Inanspruchnahme auch dann zur Gegenleistung verpflichtet, wenn er zum Ausdruck bringt, dass er dieses nicht will (BGHZ 21, 319, 333 ff.; 23, 175; Janke-Weddige BB 1985, 758 ff.). Dieser Auffassung liegt der Gedanke zu Grunde, dass in den Fällen der Massenversorgung im Rahmen der Daseinsvorsorge ohnehin keine Vertragsfreiheit bestehe und die Vertragsbedingungen nicht ausgehandelt werden können. Für denjenigen, der die Leistung bereitstellt, besteht im Regelfall Kontrahierungszwang, und der Bezieher hat keine Möglichkeit, die Leistung abweichend von den Lieferungsbedingungen zu erhalten.

B) Nach der heute **h.M.** besteht keine Notwendigkeit, einen Vertragsschluss durch sozialtypisches Verhalten anzunehmen, weil ohnehin in diesen Fällen regelmäßig ein Vertrag zu Stande komme. Das Bereitstellen der Leistung sei als konkludentes Vertragsangebot zu verstehen und die Inanspruchnahme der Leistung sei eine konkludente Annahme des Angebotes. Bringe der Nutzer bei der Inanspruchnahme zum Ausdruck, dass er die für die Leistung geforderte Gegenleistung nicht erbringen wolle, so sei dieser Widerspruch unerheblich (protestatio facto contraria; BGHZ 95, 393, 399; BGH, Urt. v. 9.5.2000 – VI ZR 173/99@; Palandt/Heinrichs Einf. v. § 145 Rdnr. 27; Brox AT Rdnr. 199; Brehm Rdnr. 200; Weth JuS 1998, 795, 796).

C) Die Gegenansicht sieht einen gleichzeitig mit der Annahmehandlung erklärten Protest als erheblich an. Zwar sei die Inanspruchnahme der Leistung grundsätzlich als Annahme zu werten und ein später erklärter Protest unerheblich, da er den abgeschlossenen Vertrag nicht beseitigen könnte. Erfolge der Protest aber vor der Inanspruchnahme oder gleichzeitig mit dieser, mache er die Erklärung widersprüchlich. Es komme kein Vertrag zu Stande. Der Anbieter der Leistung könne eine Eingriffskondiktion, ggf. auch Ansprüche aus §§ 987 ff. oder §§ 823 ff. geltend machen (Köhler § 15 Rdnr. 29 und JZ 1981, 466 ff.; MünchKomm/Kramer Vor § 166 Rdnr. 25, 38; Vor § 241 Rdnr. 58; Jauernig Vor § 145 Rdnr. 20; Larenz/Wolf § 30 Rdnr. 33).

3.2.3 Das Zustandekommen des Vertrages durch Schweigen

Das Schweigen hat grundsätzlich keinen Erklärungswert. Das Verhalten des Schweigenden lässt keinen Schluss auf einen bestimmten Geschäftswillen zu. Auch dann, wenn der Anbietende um Antwort bittet oder erwartet, dass sein Partner für den Fall der Nichtannahme des Angebotes antwortet, enthält das Schweigen keine Annahmeerklärung.

Das Schweigen kann im Einzelfall jedoch einen Schluss auf einen bestimmten Geschäftswillen zulassen oder als Willenserklärung zu werten sein:

▶ Vereinbarung der Bedeutung des Schweigens als Willenserklärung

▶ Geltung kraft Gesetzes als Willenserklärung

▶ Wertung gemäß § 242 als Willenserklärung

▶ Schweigen auf ein kaufmännisches Bestätigungsschreiben.

A) Das Schweigen als Willenserklärung kraft Vereinbarung

Die Parteien können vereinbaren, dass das Schweigen auf ein Angebot als Annahme gelten soll.

Palandt/Heinrichs Einf v § 116 Rdnr. 7; Steding JA 1998, 288, 290.

Beispiel:
K schreibt an V: „Unterbreiten Sie mir ein schriftliches Angebot über die Lieferung von 100

Regenmänteln. Sollte ich in zwei Tagen nach Zugang des Angebotes nicht ablehnen, so liefern Sie bitte sofort aus." V schickt dem K ein Angebot und K schweigt.

Zwischen den Parteien ist ein Kaufvertrag zu Stande gekommen.
(I) Der V hat dem K ein Angebot gemacht.
(II) Dieses Angebot hat K durch Schweigen angenommen. Er war kraft Vereinbarung zur Gegenerklärung verpflichtet, falls er das Angebot nicht annehmen wollte. Dem Schweigen konnte V nur entnehmen, dass K den Vertragsschluss wollte.

B) Fälle, in denen das Schweigen kraft Gesetzes als Willenserklärung gilt

In einzelnen gesetzlichen Vorschriften wird das Schweigen einer Willenserklärung gleichgestellt, sog. normiertes Schweigen.

I) Das Schweigen gilt als Annahmeerklärung in nachstehenden Fällen:

In § 362 Abs. 1 HGB ist bestimmt: „Geht einem Kaufmanne, dessen Gewerbebetrieb die Besorgung von Geschäften für andere mit sich bringt, ein Antrag über die Besorgung solcher Geschäfte von jemand zu, mit dem er in Geschäftsverbindung steht, so ist er verpflichtet, unverzüglich zu antworten; sein Schweigen gilt als Annahme des Antrags."

In § 5 Abs. 3 PflichtversicherungsG ist bestimmt: „Der Antrag auf Abschluss eines Haftpflichtversicherungsvertrags gilt als angenommen, wenn das Versicherungsunternehmen ihn nicht innerhalb einer Frist von zwei Wochen vom Eingang des Antrags an dem Antragsteller gegenüber schriftlich ablehnt."

Nach § 516 Abs. 2 S. 2 BGB gilt das Schweigen als Annahmeerklärung.

II) In Einzelfällen gilt das Schweigen als Genehmigung, vgl. § 416 Abs. 1 S. 2 BGB; §§ 75 h, 91 a HGB. Schließlich wird in einzelnen Fällen das Schweigen als Ablehnung einer Genehmigung gewertet, vgl. §§ 108 Abs. 2 S. 2, 177 Abs. 2 S. 2, 415 Abs. 2 S. 2.

C) Das Schweigen als Willenserklärung, weil gemäß § 242 eine Rechtspflicht zur Gegenerklärung besteht

In Ausnahmefällen kann für einen Vertragspartner gemäß § 242 die Rechtspflicht bestehen, dem anderen gegenüber eine Erklärung abzugeben, wenn sein Schweigen nicht als Annahmeerklärung gewertet werden soll. Insbesondere in folgenden Fallgruppen kann Schweigen gemäß § 242 als Willenserklärung gewertet werden.

▶ Schweigen als Reaktion auf ein verspätetes oder geringfügig geändertes Annahmeschreiben

Verspätetes Angebot: BGH NJW 1951, 313; NJW-RR 1994, 1163, 1165[@]; Ebert JuS 1999, 754, 756; Schultz MDR 1995, 1187, 1189. Geringfügig geändertes Angebot: OLG Hamm WM 1997, 611; LG Gießen MDR 1996, 781; Staudinger/Bork § 150 Rdnr. 15.

▶ Schweigen auf ein Angebot nach einverständlichen umfassenden Vorverhandlungen

BGH LM § 151 Nr. 2; NJW 1995, 1281; 1996, 919, 920@; Ebert JuS 1999, 754, 757.

▶ Schweigen auf ein Angebot, das auf ein „freibleibendes" Angebot hin ergeht

Das „freibleibende" Angebot enhält regelmäßig nur eine Aufforderung zur Abgabe von Angeboten (vgl. oben S. 14). Erfolgt daraufhin ein Angebot ist der „frei Anbietende" verpflichtet, sich über das in der Antwort auf seine Erklärung liegende Angebot unverzüglich zu äußeren. Gibt er keine Erklärung ab, wird in seinem Schweigen die Annahme das Angebots gesehen (MünchKomm/Kramer § 145 Rdnr. 6; Palandt/Heinrichs § 145 Rdnr. 4).

> **Fall 10: Schweigen nach verspäteter Annahme des Versicherungsantrags**
>
> A beantragt am 1.6. bei der V-Versicherungsgesellschaft den Abschluss einer Unfallversicherung und zahlt auch sofort die Jahresprämie. Nach dem Antragsformular war das Angebot bis zum 20.6. befristet. Die Annahme und Ausstellung des Versicherungsscheins durch V erfolgt am 21.6. und ging A am 25.6. zu. Vier Wochen später erleidet A einen Unfall und verlangt die Versicherungssumme. Nach Prüfung der Unterlagen zahlt V die Prämie zurück und verweigert die Auszahlung der Versicherungssumme mit der Begründung, ein Vertrag sei nicht zu Stande gekommen. A erklärt, er habe an die Fristsetzung in seinem Antrag nicht mehr gedacht und sei der Überzeugung gewesen, die Annahme durch V habe ohne weiteres einen Vertrag zu Stande gebracht.

A hat gegen die Versicherungsgesellschaft V einen Anspruch auf die Versicherungssumme, wenn ein Versicherungsvertrag zu Stande gekommen und der Versicherungsfall eingetreten ist (§ 1 Abs. 1 S. 2 VVG).

(I) Aufgrund des Angebotes des A zum 1.6. ist ein Vertrag nicht zu Stande gekommen. Das Angebot war befristet. Die Annahme erfolgte erst nach Ablauf der Frist.

(II) Ein Vertrag könnte später zu Stande gekommen sein.

    (1) Nach § 150 Abs. 1 gilt die verspätete Annahme eines Antrages als neuer Antrag.

    (2) Eine Annahme dieses Antrages hat A nicht erklärt. Sie könnte aber in dem Schweigen des A zu sehen sein. Grundsätzlich kommt dem Schweigen keine Erklärungsbedeutung zu. Das Schweigen gilt jedoch als Annahme, wenn nach den Umständen des Einzelfalles unter Berücksichtigung von Treu und Glauben mit Rücksicht auf die Verkehrssitte eine Ablehnungserklärung erwartet werden darf.

    Die Parteien nehmen es häufig mit der Einhaltung der Annahmefrist nicht so genau, obwohl sie weiterhin an dem Abschluss eines Vertrages interessiert sind. Sie erkennen gar nicht, dass in der verspäteten Annahme formell ein neuer Antrag liegt, der wiederum einer Annahme bedarf, sondern gehen als selbstverständlich davon aus, dass der Vertrag geschlossen ist. Unter diesen Umständen ist es nach Treu und Glauben geboten, dass der Empfänger, wenn er den Vertrag nicht gelten lassen will, der verspäteten Annahme widerspricht. Anderenfalls ist sein Schweigen als Zustimmung aufzufassen. Das gilt im vorliegenden Fall um so mehr, als A bereits die Prämie gezahlt hat: Es wäre unverständlich, wenn A an dem Vertragsschluss nicht hätte festhalten wollen, obwohl er die Prämie gezahlt hat und sie auch nicht zurückverlangt.

Die Entbehrlichkeit einer Annahmeerklärung als Antwort auf eine verfristete Annahme sollte aber nicht als feste Regel aufgefasst werden. Es kann sich aus den Umständen des Einzelfalls durchaus ergeben, dass auch eine als Angebot aufzufassende verspätete Annahmeerklärung der ausdrücklichen Annahme bedarf; so ist z.B. bei Darlehensverträgen über größere Summen eine ausdrückliche Annahme der Bank erforderlich (OLG Köln NJW 1990, 1051). Der BGH (NJW-RR 1994, 1163, 1165@) schließt es grundsätzlich aus, bei außergewöhnlichen und besonderes bedeutsamen Geschäften Schweigen gemäß § 242 als Willenserklärung zu werten. Schultz (MDR 1995, 1187, 1189) will das Schweigen auf eine verspätete Annahmeerklärung nur dann als Annahme ansehen, wenn die exakte Einhaltung der Frist erkennbar nicht von entscheidender Bedeutung und die Verspätung nur geringfügig war.

– – –

D) Das Schweigen auf ein kaufmännisches Bestätigungsschreiben

Personen, die in erheblichem Umfang wirtschaftlich tätig sind und eine Vielzahl von Verträgen abschließen, begnügen sich häufig damit, in – mündlichen, telefonischen – Verhandlungen die wesentlichen Vertragspunkte festzulegen und im Anschluss daran den Vertragsinhalt im Einzelnen schriftlich zu bestätigen. Der Empfänger eines solchen Bestätigungsschreibens ist gemäß §§ 157, 242 verpflichtet, unverzüglich zu widersprechen, wenn er verhindern will, dass der Vertrag mit dem Inhalt des Bestätigungsschreibens zu Stande kommt. Schweigt der Empfänger, so kommt der Vertrag mit dem Inhalt des Bestätigungsschreibens zu Stande. Der Bestätigende darf aus dem Schweigen entnehmen, dass der Empfänger mit dem bestätigten Vertragsschluss einverstanden ist.

BGH, Urt. v. 25.1.2000 – X ZR 149/97@; Staudinger/Dilcher Vorbem zu §§ 116–144 Rdnr. 49 ff.; Soergel/Wolf § 147 Rdnr. 27 ff.; Palandt/Heinrichs § 148 Rdnr. 8; Flume § 36; Diederichsen JuS 1966, 129; Larenz/Wolf § 30 Rdnr. 46 ff.; MünchKomm/Kramer § 151 Rdnr. 10 ff.; Brox AT Rdnr. 202; Köhler § 13 I 2 b, bb; Steding JA 1998, 288; Deckert JuS 1998, 121; Thamm/Detzer DB 1997, 213; Ebert JuS 1999, 754, 755.

Die Grundsätze zum kaufmännischen Bestätigungsschreiben haben sich aus einem Handelsbrauch entwickelt (§ 346 HGB) und sind inzwischen gewohnheitsrechtlich anerkannt. Beim Schweigen auf ein kaufmännisches Bestätigungsschreiben liegt keine echte Willenserklärung vor. Der Schweigende braucht also keinen Handlungswillen und kein Erklärungsbewusstsein zu haben. Ausreichend und erforderlich ist, dass ein Bestätigungsschreiben zugegangen ist und der Empfänger schweigt.

Die **Voraussetzungen** des kaufmännischen Bestätigungsschreibens:

▶ Die Parteien müssen Kaufleute sein oder zumindest wie Kaufleute in größerem Umfang am Wirtschaftsleben teilnehmen (BGHZ 11, 1, 3).

Dazu zählen z.B. Makler, auch wenn sie nicht im Handelsregister eingetragen sind (BGHZ 40, 42); Architekten, die ein größeres Büro haben (OLG Köln OLGZ 1974, 8).

▶ Die Parteien oder deren Vertreter müssen Vertragsverhandlungen geführt haben.

Es genügt, dass die Verhandlungen von einem nicht vertretungsberechtigten Vertreter geführt worden sind (BGHZ 7, 187). Im Regelfall muss es sich um mündliche Verhandlungen handeln, denn nur dann besteht das Bedürfnis nach Klarstellung. Hat ein Vertragsteil ein telefonisches Angebot gemacht, der andere es schriftlich angenommen und der Anbietende dann ein Bestätigungsschreiben abgesandt, so gelten nach BGHZ 54, 236 die Grundsätze des kaufmännischen Bestätigungsschreibens, weil auch in einem solchen Fall ein Bedürfnis des Anbietenden nach Klarstellung bestanden habe (krit. Lieb JZ 1971, 135).

▶ Es muss der **Vertragsschluss** bestätigt werden. Nach dem Inhalt des Schreibens muss der Bestätigende vom bereits abgeschlossenen Vertrag ausgegangen sein.

Das Schreiben muss erkennbar den Zweck verfolgen, das Ergebnis vorausgegangener Vertragsverhandlungen verbindlich festzulegen (BGHZ 54, 236, 239; BGH WM 1975, 325; OLG Düsseldorf NJW-RR 1996, 411; 1997, 211).

- Das Schreiben muss den wesentlichen Inhalt des Vertrages wiedergeben, darf jedoch die in den vorangegangenen Vertragsverhandlungen getroffene Regelung ergänzen und um die Vertragspunkte erweitern, die vernünftige Parteien zur ordnungsmäßigen Abwicklung des Vertrages vereinbart hätten und mit deren Billigung der Bestätigende rechnen darf.

BGH NJW 1994, 1288[@]; Palandt/Heinrichs § 148 Rdnr. 15 u. 16.

Zulässig ist, dass der Bestätigende seine AGB in den Vertrag einbezieht oder dass er Nebenpflichten konkretisiert, die ohnehin gemäß § 242 bestehen.

- Wenn absichtlich etwas Falsches bestätigt wird oder die Vertragsabsprachen derart erweitert werden, dass der Bestätigende nicht mit der Billigung rechnen kann, so treten die Wirkungen des Bestätigungsschreibens nicht ein.

Das Schweigen auf ein solches Bestätigungsschreiben bringt den Vertrag auch nicht mit dem zulässigen Inhalt zu Stande. Ähnlich wie bei den AGB findet also keine Reduktion auf den zulässigen Inhalt statt.

▶ Das Bestätigungsschreiben muss dem Partner **alsbald**, d.h. im engen zeitlichen Zusammenhang mit den Verhandlungen **zugegangen** sein, und der Empfänger darf nicht Widerspruch erhoben haben. Es ist nur ein unverzüglicher Widerspruch beachtlich.

BGHZ 18, 216; BGH NJW 1962, 246; OLG Hamm NJW 1994, 3172.

Rechtsfolge bei nicht erhobenem Widerspruch: Der Vertrag kommt mit dem Inhalt zu Stande, wie er im Bestätigungsschreiben niedergelegt ist.

Dabei spielt es im Ergebnis keine Rolle, ob durch das Schweigen auf das Bestätigungsschreiben der Vertrag erst zu Stande kommt oder ein bereits geschlossener Vertrag geändert wird oder ob das Schreiben den vorherigen Vereinbarungen vollständig entspricht. Durch das Bestätigungsschreiben soll ein Streit über diese Fragen vermieden werden.

> **Fall 11: Nicht zugesagte „Fritten"**
>
> V stellt Pommes Frites her. K betreibt einen Handel damit. Am 19. August vormittags rief K bei V an und erkundigte sich nach den Verkaufsbedingungen. Der weitere Inhalt des Telefongespräches ist streitig und lässt sich nicht mehr klären. Doch am selben Tag richtete V an K folgendes Schreiben:
>
> „Ich bestätige hiermit den Vertragsschluss über Pommes Frites:
> Menge: 3500–4000 kg je Woche
> Lieferzeit: vom 1. September dieses Jahres bis 30. Juni nächsten Jahres
> Preis: 2,15 DM je Kilo
> Verpackung: Kartons zu je 10 Kilo
> Zahlung: Netto Kasse innerhalb von 10 Tagen
> Es gelten meine Lieferungsbedingungen."
>
> Als K nichts mehr von sich hören ließ, verlangte V von K am 1. September Abnahme der Pommes Frites. Er behauptet, bei dem Telefongespräch sei der Vertrag geschlossen worden. K bestreitet das. Zwar habe man über Menge, Preis, Zahlungsweise und Lieferdauer gesprochen, doch sei es zu keiner endgültigen Einigung gekommen. Kann V von K Abnahme und Zahlung verlangen?

V hat gegen K einen Anspruch auf Abnahme und Zahlung, wenn ein Kaufvertrag mit entsprechenden Verpflichtungen zu Stande gekommen ist.

(I) Ob die Parteien sich anlässlich des Telefongesprächs über die Vertragsbestandteile geeinigt haben, ist umstritten, sodass nicht festgestellt werden kann, ob der Vertrag zu Stande gekommen ist.

(II) Wenn es sich bei dem Schreiben vom 19.8. um ein kaufmännisches Bestätigungsschreiben gehandelt hat, so ist zwischen den Parteien der Vertrag mit dem Inhalt des Schreibens geschlossen worden.

   (1) Die Voraussetzungen:

      (a) K ist Kaufmann (§ 1 HGB) und V nimmt im erheblichen Umfange am Wirtschaftsleben teil, sodass die Grundsätze des kaufmännischen Bestätigungsschreibens zwischen den Parteien Gültigkeit haben.

      (b) Die Parteien haben Vertragsverhandlungen geführt, deren Inhalt im Einzelnen streitig ist.

      (c) Der V hat den Vertragsschluss unter Beifügung der Lieferbedingungen und der genauen Bestimmung der Leistungsmodalitäten bestätigt. Er konnte damit rechnen, dass K diese Bedingungen billigen werde, weil er lediglich die einzelnen Vertragspflichten konkretisiert hat, und dass K widersprechen werde, falls er den bestätigten Vertragsschluss nicht wolle. Es liegt also ein echtes Bestätigungsschreiben vor.

(d) Das Bestätigungsschreiben hat V dem K noch am Verhandlungstage zugesandt, und K hat nach Zugang nicht unverzüglich widersprochen.

Damit ist der Vertrag mit dem Inhalt des Bestätigungsschreibens zu Stande gekommen.

(2) Der K ist an den Vertrag nicht gebunden, wenn er seinen unterlassenen Widerspruch, d.h. sein Schweigen gemäß §§ 119 ff. anfechten kann.

(a) Wenn der K geltend macht, nicht gewusst zu haben, dass sein Schweigen den Vertrag zu Stande bringt, dann hat er sich lediglich über die Rechtsfolgen seines Schweigens geirrt und eine Anfechtung nach § 119 Abs. 1 kommt nicht in Betracht.

BGHZ 11, 1; 20, 149; Palandt/Heinrichs § 148 Rdnr. 8; Deckert JuS 1998, 121, 124.

(b) Wenn der K in Kenntnis der Bedeutung des Schweigens von einer Gegenerklärung abgesehen und den Inhalt des Bestätigungsschreibens missverstanden, sich also über einzelne Vertragspunkte geirrt hat, dann ist der Tatbestand des § 119 Abs. 1 erfüllt.

Erman/Hefermehl § 147 Rdnr. 12; Soergel/Wolf § 147 Rdnr. 45; MünchKomm/Kramer § 119 Rdnr. 54 ff.; § 151 Rdnr. 23; Deckert JuS 1998, 121, 124.

Da K sich nach dem Sachverhalt lediglich über die Bedeutung des Schweigens geirrt hat, kommt eine Anfechtung nach § 119 Abs. 1 nicht in Betracht. Der Anspruch des V ist begründet.

– – –

Anders als das kaufmännische Bestätigungsschreiben enthält eine Auftragsbestätigung nicht die Bestätigung eines Vertragsschlusses, sondern die Annahme eines Angebotes. Weicht die Auftragsbestätigung von dem Angebot ab, gilt § 150 Abs. 2. Durch das Schweigen auf die modifizierte Annahme kommt grundsätzlich kein Vertrag zu Stande.

BGHZ 18, 212, 215; 61, 282, 287; BGH, Urt. v. 25.1.2000 – X ZR 149/97[@]. Bei einer modifizierenden Auftragsbestätigung kann aber in der widerspruchslosen Entgegennahme der Vertragsleistung eine stillschweigende Annahme des geänderten Antrags (§ 150 Abs. 2) gesehen werden (BGH NJW 1995, 1671[@]).

Im Rechtsverkehr wird der Ausdruck „Auftragsbestätigung" auch dann verwandt, wenn schon ein Vertragsschluss vorausgegangen ist. Übersendet eine Partei eine „Auftragsbestätigung", ist durch Auslegung zu ermitteln, ob es sich um ein kaufmännisches Bestätigungsschreiben oder um eine (ggf. modifizierte) Annahme handelt.

BGHZ 54, 236, 239; 112, 204, 211[@].

Zusammenfassende Übersicht: Vertragsschluss

Angebot und Annahme	▶ Angebot: einseitige Willenserklärung, auf Vertragsschluss gerichtet; inhaltlich so bestimmt oder bestimmbar, dass die Annahme durch ein einfaches „Ja" erfolgen kann ▶ Annahme: uneingeschränkte Zustimmung zu dem Angebot – verspätete Annahme gilt als neues Angebot (§ 150 Abs. 1) – Annahme mit Änderungen gilt als Ablehnung und neues Angebot (§ 150 Abs. 2) – Zugang der Annahme kann gemäß § 151 entbehrlich sein, es bleibt aber eine Annahme, eine eindeutig nach außen erkennbare Willensbetätigung, erforderlich – verstirbt der Anbietende oder wird er geschäftsunfähig bleibt die Annahme gemäß § 153 möglich
Willensübereinstimmung	▶ § 154: Vertrag im Zweifel nicht geschlossen, wenn nicht über alle erforderlichen Punkte Einigung erzielt wurde ▶ § 155: unbewusste Unvollständigkeit oder Scheinkonsens

sonstiges Verhalten	▶ Fortsetzung eines Vertrages
	▶ Schweigen hat grundsätzlich keine Erklärungsbedeutung, Ausnahmen:
	– Vereinbarung
	– gesetzliche Anordnung
	– Pflicht zur Gegenerklärung aus § 242
	   Schweigen auf verspätetes oder geringfügig geändertes Annahmeschreiben; Schweigen nach einverständlichen, umfassenden Vorverhandlungen; Schweigen auf „Annahme" eines „freibleibenden" Angebotes
	– kaufmännisches Bestätigungsschreiben
	   Parteien Kaufleute oder in größerem Umfang am Wirtschaftsleben teilnehmend; Vertragsverhandlungen; Bestätigung eines Vertragsschlusses; Zugang alsbald nach Verhandlungen; kein Widerspruch

3. Abschnitt: Das einseitige Rechtsgeschäft und die geschäftsähnlichen Handlungen

Die Person kann im Verhältnis zu einer anderen Person durch einseitige Erklärungen nur dann Rechtsfolgen auslösen, wenn ein vereinbarter oder gesetzlicher Grund vorliegt. Die Person tätigt dann mit der Abgabe der Erklärung ein einseitiges Rechtsgeschäft.

Tritt aufgrund einer abgegebenen Erklärung kraft Gesetzes eine Rechtsfolge ein, unabhängig davon, ob der Erklärende sie gewollt hat oder nicht, dann handelt es sich bei der Erklärung um eine geschäftsähnliche Handlung. Darauf finden die Regeln über einseitige Rechtsgeschäfte entsprechende Anwendung.

Beispiele:

1. K hat vom V eine Motorsäge gekauft. Als V die Motorsäge nicht wie vereinbart am 22.4. liefert, schreibt K an V, dass er die Lieferung bis spätestens 2.5. erwarte. Nach fruchtlosem Ablauf der Frist werde er den Vertrag nicht mehr erfüllen.

Die Fristsetzung mit Ablehnungsandrohung hat gemäß § 326 kraft Gesetzes zur Folge, dass der Erfüllungsanspruch erlischt. Diese Rechtsfolge tritt unabhängig davon ein, ob K das gewollt hat oder nicht. Daher ist die Fristsetzung mit Ablehnungsandrohung eine geschäftsähnliche Handlung. Die Wirksamkeit dieser geschäftsähnlichen Handlung bestimmt sich nach den Regeln über Rechtsgeschäfte, d.h. die Erklärung muss abgegeben worden sein und es muss, damit sie wirksam wird, der Zugang bewirkt werden; ein Minderjähriger kann die Erklärung nur mit Zustimmung der Eltern wirksam abgeben, weil die Erklärung nicht lediglich rechtlich vorteilhaft für den Minderjährigen ist. Der Vertretungsberechtigte kann mit Wirkung für und gegen den Vertretenen diese Fristsetzung mit Ablehnungsandrohung vornehmen.

2. V hat dem M eine Wohnung vermietet. M zahlt die Miete bei Fälligkeit nicht. V mahnt den geschuldeten Betrag an.

Mit der Mahnung des fälligen Anspruches tritt gemäß § 284 kraft Gesetzes der Verzug ein, unabhängig davon, ob V dieses gewollt hat oder nicht. Die Mahnung ist eine geschäftsähnliche Handlung, auf die die Regeln über Rechtsgeschäfte entsprechend anwendbar sind.

1. Die einseitigen Rechtsgeschäfte in den einzelnen Sachgebieten

1.1 Die einseitigen Rechtsgeschäfte im BGB AT

▶ Die Anfechtung

Die Anfechtungserklärung bewirkt bei Vorliegen eines Anfechtungsgrundes gemäß §§ 119, 120, 123 und fristgerechter formloser Ausübung, § 143, die Nichtigkeit der Willenserklärung, § 142.

▶ Die Bevollmächtigung zur Vornahme eines Rechtsgeschäfts gemäß § 167

Der Geschäftsherr kann ohne besonderen Grund eine andere Person zur Vornahme von Rechtsgeschäften bevollmächtigen. Die Wirksamkeit der

Vollmacht ist nicht davon abhängig, dass der Bevollmächtigte sich damit einverstanden erklärt. Die Vollmachtserteilung verpflichtet den Bevollmächtigten nicht, tätig zu werden.

Regelmäßig liegt der Vollmachtserteilung eine schuldrechtliche Vereinbarung zu Grunde, aus der sich im Einzelnen die Pflicht des Bevollmächtigten ergibt.

▶ Die Zustimmung gemäß § 182

Kraft Vereinbarung oder gesetzlicher Vorschrift kann die Wirksamkeit eines Vertrages oder eines einseitigen Rechtsgeschäftes von der Mitwirkung eines Dritten abhängig sein.

Das ohne die vorherige Zustimmung abgeschlossene Geschäft ist schwebend unwirksam und wird erst mit der Genehmigung wirksam bzw. mit der Ablehnung der Genehmigung endgültig unwirksam.

– Der Minderjährige kann wirksam keine Rechtsgeschäfte tätigen, die für ihn nicht lediglich rechtlich vorteilhaft sind. Der nicht lediglich rechtlich vorteilhafte Vertrag, der ohne die Genehmigung des gesetzlichen Vertreters vorgenommen wird, ist gemäß § 108 schwebend unwirksam.

– Der Vertrag, den der Vertreter ohne Vertretungsmacht abschließt, ist schwebend unwirksam, § 177, und wird erst wirksam mit der Genehmigung durch den Vertretenen.

– Damit eine Schuldübernahme wirksam ist, muss die Genehmigung des Gläubigers erbracht werden, § 415.

1.2 Die einseitigen Rechtsgeschäfte im Schuldrecht

1.2.1 Gemäß § 657 kann durch Auslobung – einem einseitigen Rechtsgeschäft – eine Verpflichtung begründet werden.

Grundsätzlich können Verpflichtungen durch Rechtsgeschäft nur aufgrund eines Vertrages entstehen. Davon macht § 657 eine Ausnahme.

1.2.2 Die rechtsgestaltenden Erklärungen im Schuldrecht

Wenn ein vereinbarter oder gesetzlicher Grund vorliegt, kann eine Partei durch einseitiges Rechtsgeschäft den schuldrechtlichen Vertrag in ein Rückgewährschuldverhältnis umwandeln, den schuldrechtlichen Vertrag beenden oder das Erlöschen eines einzelnen Anspruches auslösen.

▶ Das Entstehen eines Rückgewährschuldverhältnisses

– Eine Vertragspartei kann gemäß §§ 346, 349 vom Vertrage zurücktreten, wenn es vereinbart worden ist.

– Eine Vertragspartei kann gemäß §§ 325, 326 vom Vertrage zurücktreten, wenn es der anderen Partei aus zu vertretenden Gründen unmöglich ist, die Leistungsverpflichtung zu erfüllen oder die andere Partei im Falle des Verzuges trotz Fristsetzung mit Ablehnungsandrohung nicht geleistet hat.

- Eine Zwischenstellung (einseitiges Rechtsgeschäft – Vertrag) nimmt die Wandlungserklärung des Käufers bzw. Bestellers ein. Zwar muss sich der Verkäufer bzw. Werkunternehmer nach §§ 465, 634 mit der Wandlung einverstanden erklären. In der Praxis kann jedoch der Wandlungsberechtigte sogleich seinen Anspruch auf Leistung einklagen, wenn der Vertragspartner dieses Einverständnis verweigert.

▶ Die Beendigung des schuldrechtlichen Vertrages

- Dauerschuldverhältnisse können durch ordentliche oder außerordentliche Kündigung beendet werden.

- Schenkungsverträge können durch Widerruf beendet werden, wenn ein Widerrufsgrund vorliegt (§ 530).

- Der Käufer einer beweglichen Sache kann nach dem Verbraucherkreditgesetz die Einigung bei Abschluss eines Kauf- und Darlehensvertrages innerhalb der gesetzlichen Frist ohne Grund widerrufen.

▶ Der einzelne Anspruch aus dem Schuldverhältnis erlischt im Falle der Aufrechnung, §§ 387 ff.

1.3 Die einseitigen Rechtsgeschäfte im Sachenrecht

▶ Die Einigung kann bis zum Vollzug grundsätzlich widerrufen werden (Ausnahme § 873 Abs. 2).

▶ Der Eigentümer einer beweglichen Sache kann gemäß § 959 sein Eigentum durch Besitzaufgabe und Verzichtserklärung aufgeben.

▶ Vor Aufhebung eines Rechts an einem Grundstück ist gemäß § 875 die einseitige Aufgabeerklärung erforderlich sowie die Eintragung in das Grundbuch.

1.4 Die einseitigen Rechtsgeschäfte im Erbrecht

Im Erbrecht kann der Erblasser durch einseitige Erklärung ein Testament errichten und bestimmen, wer nach seinem Tod Erbe oder Vermächtnisnehmer sein soll, wer den Nachlass verwalten soll und wie der Nachlass zu verteilen ist (§ 2064).

Der berufene Erbe kann die Erbschaft durch einseitige Erklärung ausschlagen (§ 1946).

2. Die Wirksamkeitsvoraussetzungen des einseitigen Rechtsgeschäfts

2.1 Die Anwendung der Regeln über Rechtsgeschäfte

▶ Die Erklärung muss den Wirksamkeitsvoraussetzungen der Willenserklärung genügen. Die Erklärung muss auf einen bestimmten Geschäftswillen schließen lassen und der Erklärende muss mit potentiellem Erklärungsbewusstsein tätig geworden sein.

▶ Die Erklärung muss abgegeben worden sein und es muss der Zugang bewirkt worden sein. Die Rechtsfolgen treten grundsätzlich mit dem Zugang der Erklärung ein.

▶ Dem Schweigen kommt dann ein Erklärungswert zu, wenn dies gesetzlich bestimmt ist (Genehmigungsfiktionen, vgl. §§ 416 Abs. 1 S. 2 BGB; 75 h, 91 a HGB; Ablehnung einer Genehmigung, vgl. §§ 108 Abs. 2 S. 2, 177 Abs. 2 S. 2, 415 Abs. 2 S. 2).

Vgl. i.Ü. oben S. 69 ff.

▶ Eine besondere Bedeutung kommt der Verhinderung des Zugangs einer einseitig rechtsgestaltenden Willenserklärung zu.

– Verweigert der Empfänger oder Empfangsvertreter unberechtigt die Annahme, so gilt der Zugang als erfolgt (vgl. oben S. 45 ff.).

– Lehnt der Empfangsbote ohne Anordnung des Vertragspartners oder dessen Vertreters die Annahme ab, so ist der Zugang nicht erfolgt. Die Erklärung ist nicht in den Machtbereich des Empfängers gelangt.

Beispiel:
Der Arbeitgeber A kündigt zu Recht der Angestellten N, die eigenmächtig in Urlaub gefahren ist. Das Kündigungsschreiben wird von der Mutter der N nicht angenommen. Der Brief kommt zurück. Hat A wirksam gekündigt?

Die Kündigung ist nicht erfolgt, weil sie nicht zugegangen ist. Die Mutter als Empfangsbotin hat ohne Willen der Angestellten N die Entgegennahme abgelehnt, sodass die Erklärung nicht in den Machtbereich der N gelangt ist.
BAG NJW 1993, 1093, 1094: „Gleichwohl ist das Kündigungsschreiben der Kl. deshalb nicht zugegangen, weil es ihre Mutter an die Postanstalt zurückgeleitet und damit die Annahme verweigert hat. Lehnt der Empfänger grundlos die Annahme einer Willenserklärung ab, so muss er sich allerdings nach Treu und Glauben gem. § 242 BGB jedenfalls dann so behandeln lassen, als sei ihm das Schreiben im Zeitpunkt der Ablehnung zugegangen, wenn er im Rahmen vertraglicher Beziehungen mit rechtserheblichen Mitteilungen ... rechnen muss.
Verhindert jedoch ein nur als Empfangsbote in Betracht kommender Dritter durch Annahmeverweigerung den Zugang der Willenserklärung, so kann dies dem Adressaten nicht zugerechnet werden, wenn er hierauf keinen Einfluss hat ... Er muss die Erklärung in diesem Fall nur dann als zugegangen gegen sich gelten lassen, wenn der Dritte im Einvernehmen mit ihm bewusst die Entgegennahme verweigert und damit den Zugang vereitelt."

2.2 Die Besonderheiten beim einseitigen Rechtsgeschäft

Da beim einseitigen Rechtsgeschäft die Rechtsfolge mit Zugang der Erklärung eintreten soll, müssen die einseitig rechtsgestaltenden Erklärungen eindeutig sein, damit auf seiten des Empfängers keine Unklarheiten auftreten können.

▶ Die rechtsgestaltenden einseitigen Rechtsgeschäfte sind bedingungsfeindlich. Nur so kann verhindert werden, dass beim Empfänger eine Rechtsunsicherheit entsteht. Doch ist es zulässig, die rechtsgestaltende Wirksamkeit davon abhängig zu machen, dass der Empfänger sich in bestimmter Weise verhält, dann kann nämlich für ihn keine Unklarheit auftreten.

   Beispiele:
   1. V erklärt die Kündigung des Mietvertrages gegenüber M, falls dieser nicht bis zum 15.10. den noch ausstehenden Mietzins entrichtet hat.

   Die Kündigung ist wirksam.

   2. V erklärt die außerordentliche Kündigung des Arbeitsvertrages und verbindet damit die ordentliche Kündigung.

   Fügt er hinzu, dass die ordentliche Kündigung nur gelten soll, wenn das Gericht die außerordentliche Kündigung verwirft, so liegt eine bedingte ordentliche Kündigung vor. Die ordentliche Kündigung ist unwirksam.

   Formuliert der V so, dass die ordentliche Kündigung eingreifen soll, falls die außerordentliche Kündigung nach dem Gesetz unzulässig ist, so liegt eine Rechtsbedingung vor, die wirksam ist.

▶ Tätigt der vertretungsberechtigte Vertreter ein einseitiges Rechtsgeschäft, so empfiehlt es sich mit Rücksicht auf § 174, dass der Vertreter eine Vollmachtsurkunde beifügt.

   Nach § 174 ist ein einseitiges Rechtsgeschäft, das einem anderen gegenüber vorzunehmen ist, unwirksam, wenn der Bevollmächtigte keine Vollmachtsurkunde vorlegt und der andere das Rechtsgeschäft aus diesem Grunde unverzüglich zurückweist. Die Zurückweisung ist ausgeschlossen, wenn der Vollmachtgeber den anderen von der Bevollmächtigung in Kenntnis gesetzt hatte.

▶ Die einseitigen Rechtsgeschäfte des Vertreters ohne Vertretungsmacht sind nichtig, § 180, können also auch nicht genehmigt werden.

▶ Die einseitigen Rechtsgeschäfte, die der Minderjährige ohne die erforderliche Einwilligung des gesetzlichen Vertreters vornimmt, sind unwirksam, § 111.

   Hat der gesetzliche Vertreter in die Vornahme des Rechtsgeschäftes eingewilligt, so sollte der Minderjährige die Einwilligung in schriftlicher Form vorlegen. Anderenfalls kann der Partner das Rechtsgeschäft unverzüglich zurückweisen, es sei denn, der gesetzliche Vertreter hat den anderen von der Einwilligung in Kenntnis gesetzt.

4. Abschnitt: Auslegung

Bei der Prüfung vertraglicher Ansprüche können sich Auslegungsfragen an verschiedenen Positionen im Prüfungsaufbau stellen.

▶ Durch Auslegung ist zu ermitteln, ob überhaupt eine Willenserklärung vorliegt, insbesondere ob der Erklärenden einen Rechtsbindungswillen zum Ausdruck gebracht hat.

vgl. oben S. 10 ff.

▶ Bei der Frage, ob ein Vertrag zu Stande gekommen ist, wird im Wege der Auslegung bestimmt, welchen Inhalt die einzelnen Willenserklärungen haben und ob die Erklärungen übereinstimmen.

Im Einzelfall kann auch durch Auslegung zu bestimmen sein, ob die Parteien entgegen § 154 Abs. 1 eine vertragliche Bindung wollen, auch wenn sie sich noch nicht über alle Punkte geeinigt haben.

▶ Ist ein Vertrag zu Stande gekommen, kann durch Auslegung zu bestimmten sein, welchen Inhalt er hat.

Nur bei der Bestimmung des Inhalts eines Vertrages kommt eine ergänzende Vertragsauslegung in Betracht.

§ 133 bestimmt: Bei der Auslegung einer Willenserklärung ist der wirkliche Wille zu erforschen und nicht an dem buchstäblichen Sinne des Ausdrucks zu haften. Diese Vorschrift ist missverständlich, zu eng und unklar.

Missverständlich: Der wahre Wille ist nur entscheidend, wenn der Partner diesen Willen erkannt hat, anderenfalls ist der äußere Erklärungstatbestand für die Auslegung maßgebend.

Zu eng: Bei der Auslegung von vertraglichen Willenserklärungen gilt nicht nur § 133, sondern es ist auch § 157 hinzuzuziehen.

Unklar: Es ist nicht aus § 133 ersichtlich, ob eine Auslegung auch dann zulässig ist, wenn die verwendeten Begriffe in der Willenserklärung nach dem üblichen Sprachgebrauch eindeutig sind.

Teilweise wird die Ansicht vertreten, bei eindeutigen Willenserklärungen sei eine Auslegung unzulässig, da diese Erklärungen weder auslegungsbedürftig noch auslegungsfähig seien (Palandt/Heinrichs § 133 Rdnr. 6; so auch die frühere Rechtsprechung: BGH LM § 157 [C] Nr. 6; offengelassen in BGHZ 80, 246, 249; zur Auslegung allgemein vgl. Wörlen S. 95 ff.).

Diese Ansicht widerspricht dem in § 133 enthaltenen Verbot der Buchstabeninterpretation. Auch eindeutige Willenserklärungen sind daher nach heute h.M. auslegungsfähig (BGH NJW-RR 1996, 1458; MünchKomm/Mayer-Maly § 133 Rdnr. 42). Überspitzt kann man formulieren: Ob eine Erklärung auslegungsfähig ist, muss durch Auslegung ermittelt werden.

Für die Auslegung gilt gemäß §§ 133, 157:

▶ Wird der wahre Wille erkannt, so gilt das in Wahrheit Gewollte auch dann, wenn die Erklärung objektiv etwas anderes besagt, wenn also eine Falschbezeichnung vorliegt.

▶ Wird der wahre Wille nicht erkannt, so wird die wirksam gewordene Vertragserklärung mit dem Inhalt wirksam, wie sie vom sorgfältigen Empfänger verstanden werden durfte – normative Auslegung – Empfängerhorizont.

▶ Soweit der Empfänger die Erklärung vorformuliert hat, wird sie mit dem vorformulierten Inhalt wirksam.

1. Vorrang des erkannten Willens

Wird der wahre Wille, der innere Geschäftswille erkannt, so wird die Willenserklärung entsprechend dem erkannten Geschäftswillen wirksam, auch wenn die – äußere – Erklärung etwas Abweichendes besagt.

Das Gleiche gilt, wenn die Vertragsparteien übereinstimmend einen bestimmten Geschäftswillen haben, sie aber in ihrer Vertragserklärung etwas anderes zum Ausdruck bringen (falsa demonstratio non nocet).

BGH NJW 1984, 721: „Wird der tatsächliche Wille des Erklärenden bei Abgabe einer empfangsbedürftigen Willenserklärung bewiesen oder gar zugestanden und hat der andere Teil sie ebenfalls in diesem Sinne verstanden, dann bestimmt dieser Wille den Inhalt des Rechtsgeschäfts, ohne dass es auf weiteres ankommt, denn der wirkliche Wille des Erklärenden geht, wenn alle Beteiligten die Erklärung übereinstimmend in eben diesem Sinne verstanden haben, nicht nur dem Wortlaut, sondern jeder anderweitigen Interpretation vor."

ebenso: BGH NJW 1994, 1528; 1999, 486@; WM 1997, 777; NJW-RR 1993, 373; 1995, 859; 1996, 1458; Vogel JuS 1996, 964.

Beispiele:

1. V und K einigten sich über den Verkauf einer bestimmten Dampferladung Haakjöringsköd (das ist der norwegische Ausdruck für Haifischfleisch). Beide wollten hingegen Walfischfleisch als Kaufgegenstand. Sie irrten über die Bedeutung des Begriffes Haakjöringsköd (RGZ 99, 147).

(I) Die Parteien haben einen wirksamen Kaufvertrag über die Dampferladung Walfischfleisch geschlossen, weil sie übereinstimmend wollten, dass die Dampferladung Walfischfleisch gegen Zahlung des Kaufpreises übereignet werden sollte. Dass ihr wahrer Wille in der Erklärung überhaupt keinen Ausdruck gefunden hat und von einem Dritten nicht erkannt werden konnte, ist unschädlich. Entscheidend ist, was die Parteien in Wahrheit übereinstimmend gewollt haben. Das gilt selbst dann, wenn die Erklärung für sich genommen eindeutig etwas anderes besagt, „falsa demonstratio non nocet" (BGH NJW 1994, 1528; Staudinger/Dilcher § 133 Rdnr. 19; MünchKomm/Mayer-Maly § 133 Rdnr. 8 ff.; Larenz/Wolf § 28 Rdnr. 31).
(II) Ob es sich bei der Ermittlung des wahren Willens der Parteien um Auslegung handelt, ist umstritten.
(1) Nach der Rspr. ist für die Auslegung kein Raum, solange sich der wirkliche übereinstimmende Wille der Parteien im Wege des Beweises ermitteln lässt (BGH LM § 157 [Gf] Nr. 2).
(2) In der Lit. wird überwiegend angenommen, dass die Ermittlung des wahren Willens Auslegung sei, denn die Feststellung, dass die Parteien übereinstimmend dasselbe gewollt haben, sei eine Sinnerfassung und damit Auslegung (MünchKomm/Mayer-Maly § 133 Rdnr. 12; Palandt/Heinrichs § 133 Rdnr. 8).

2. V verkauft dem K nach Besichtigung ein Grundstück. In der notariellen Urkunde wird dieses Grundstück unter der Bezeichnung Parzelle 10, Flur 18 aufgenommen. In Wahrheit hat das besichtigte Grundstück die Bezeichnung Parzelle 10, Flur 18 und 19. K wird als Eigentü-

mer der Parzelle 10 Flur 18 eingetragen. Als der Irrtum bemerkt wird, verlangt K auch die Übereignung der Parzelle 10 Flur 19.

Der Anspruch ist begründet, wenn über diese Parzelle ein wirksamer Kaufvertrag zu Stande gekommen ist.
(I) Die Einigung der Parteien bezog sich auf das besichtigte Grundstück, das die Bezeichnung Flur 10, Parzelle 18 und 19 hatte, sodass sich die Einigung auch auf die Parzelle 19 bezog. dass dieses in der Erklärung keinen Ausdruck gefunden hat, ist unschädlich, weil der übereinstimmende – innere – Wille feststeht.
(II) Diese Einigung ist jedoch nur wirksam, wenn sie notariell beurkundet ist (§ 313). Nach der h.M. ist diese Form eingehalten, obwohl die Parzelle 19 irrtümlich in der notariellen Urkunde nicht genannt ist. Doch die Parteien verstehen unter der beurkundeten Bezeichnung übereinstimmend das besichtigte Grundstück und damit auch die Parzelle 18 und 19.
Somit kann K von V aus dem Kaufvertrag die Übereignung der Parzelle 19 verlangen.

2. Die normative Auslegung vom Empfängerhorizont

Da der Erklärende die Möglichkeit hat, seinen Willen eindeutig und unmissverständlich zu formulieren, muss er auch das Risiko dafür tragen, dass seine Erklärung vom Empfänger im Falle missverständlicher oder undeutlicher Formulierung anders als gewollt verstanden wird.

Empfangsbedürftige Willenserklärungen werden mit dem Inhalt wirksam, wie sie ein sorgfältiger – objektivierter – Empfänger verstehen durfte: **Auslegung aus der Sicht des Empfängers**.

BGH NJW 1990, 1913@; NJW 1988, 2878, 2879; Palandt/Heinrichs § 133 Rdnr. 9; Larenz/Wolf § 28 Rdnr. 23 ff.

Danach kommt es weder darauf an, was der Erklärende in Wahrheit gewollt hat, noch ist entscheidend, wie der Empfänger die Erklärung tatsächlich verstanden hat.

Bei der normativen Auslegung der einzelnen empfangsbedürftigen Willenserklärung, die zum Zustandekommen des Rechtsgeschäfts abgegeben wird, empfiehlt es sich, wie folgt vorzugehen:

1) Feststellung, dass der wahre – innere – Wille nicht erkannt worden ist,

2) Bestimmung der Auslegungsmöglichkeiten und

3) Ermittlung, welche der in Betracht kommenden Möglichkeiten hier nach der Erklärung gewollt ist. Dabei gilt im Wesentlichen:

▶ Es ist vom Wortlaut der Erklärung auszugehen.

BGH NJW 1970, 321; Soergel/Hefermehl § 133 Rdnr. 22.

▶ Es sind die Beweggründe und Begleitumstände, die zur Abgabe der Erklärung geführt haben, zu berücksichtigen, wie:

– Äußerungen der Parteien bei den Vorverhandlungen sowie bei den Vorverhandlungen vorgelegte Prospekte;

BGH WM 1971, 40; NJW 1981, 2295; 1999, 3191@.

- späteres Verhalten der Parteien.

    BGH WM 1971, 1515; NJW 1988, 2878, 2879; ZIP 1998, 106[@].

▶ Weiterhin sind zu berücksichtigen: der Zweck des Rechtsgeschäftes,

    BGHZ 2, 379, 385; 20, 109, 110.

▶ die bestehende Interessenlage

    BGHZ 21, 319, 328; BGH NJW 1981, 1549; 2295.

▶ Treu und Glauben: Das bedeutet, dass ein Auslegungsergebnis anzustreben ist, das die berechtigten Belange beider Parteien angemessen berücksichtigt.

▶ und die Verkehrssitte: Dies ist die im Verkehr der beteiligten Kreise herrschende Übung.

    Palandt/Heinrichs § 133 Rdnr. 21.

Die gesetzliche Grundlage für die Auslegung bilden die Vorschriften der §§ 133 und 157, sodass also auch bei der Auslegung einzelner Willenserklärungen die Vorschrift des § 157 heranzuziehen ist.

Die Vorschrift des § 133 gilt dem Wortlaut nach nur für die Auslegung der einzelnen Willenserklärungen. Sie ist aber auch auf Verträge anzuwenden (MünchKomm/Mayer-Maly § 133 Rdnr. 19; Staudinger/Dilcher § 133 Rdnr. 7; Palandt/Heinrichs § 133 Rdnr. 1).

Die Vorschrift des § 157 betrifft ihrem Wortlaut nach nur den bereits zu Stande gekommenen Vertrag. Sie gilt aber auch für das einseitige Rechtsgeschäft und für die einzelne vertragliche Willenserklärung (RGZ 169, 125; BGHZ 47, 75, 78; Palandt/Heinrichs § 133 Rdnr. 1).

2.1 Auslegung vom Empfängerhorizont des Vertragspartners

> **Fall 12: Geschenkt oder geliehen?**
>
> Den Geschwistern F und M gehören zwei Grundstücke. B, der mit der F befreundet ist, verkauft diese Grundstücke im Auftrage der F und der M wirksam an X für 400.000 DM. Als B der F die ihr zustehenden 100.000 DM bar aushändigen will, gibt die F dem B das Geld zurück. Später, als die freundschaftlichen Beziehungen abgekühlt sind, tritt die F die Forderung an K ab. Dieser verlangt von B Zahlung von 100.000 DM mit dem Hinweis darauf, die F habe das Geld dem B nur geliehen. B beruft sich auf Schenkung.
>
> Die von B benannten drei Zeugen sagen aus, dass die F dem B das Geld mit dem Bemerken zurückgegeben habe, er solle es behalten. Ein Zeuge erklärt, die F habe zudem gesagt, sie habe mit nichts gerechnet und sie gebe ihm lieber das Geld als der M (ähnlich BGH NJW 1984, 721).

Ein Anspruch des K gegen B auf Rückzahlung von 100.000 DM kann sich nur aus abgetretenem Recht ergeben (§ 398). F und K haben sich über die Abtretung einer Forderung geeinigt. Fraglich ist nur, ob der F ein Rückzahlungsanspruch zugestanden hat.

(I) Ein Rückzahlungsanspruch der F gegen B könnte sich aus einem Vertrag ergeben, der zur Rückzahlung des empfangenen Geldes verpflichtet. Ein solcher Vertrag könnte hier durch Angebot und Annahme zu Stande gekommen sein.

(1) F könnte ein Angebot zum Abschluss eines Vertrages abgegeben haben, der eine Rückzahlungspflicht begründet. Als die F das ihr von B angebotene Geld nicht entgegennahm, war dem B ihr innerer Wille nicht bekannt, sodass im Wege der normativen Auslegung ermittelt werden muss, was die F mit der Überlassung des Geldes aus der Sicht des sorgfältigen B erklären wollte.

(a) F kann mit der Überlassung des Geldes zum Ausdruck gebracht haben (Auslegungsmöglichkeiten bezüglich des Angebots):

▶ dass der B das Geld für sie aufbewahren soll – also ein Angebot zum Abschluss eines Verwahrungsvertrages,

▶ dass sie dem B ein zinsloses Darlehen gewähren wollte, dass B also das Eigentum an dem Gelde erhalten und es für sich verwenden durfte, ohne dafür Zinsen zu zahlen, B jedoch nach Kündigung einen Geldbetrag in gleicher Höhe zurückzahlen sollte,

▶ dass sie dem B das Geld schenken, also ihm das Geld zuwenden wollte, ohne dass B dafür eine Gegenleistung zu erbringen hatte.

(b) Welche Möglichkeit hier in Betracht kommt, muss aus der Sicht eines sorgfältigen Empfängers ermittelt werden. Die Überlassung des Geldes mit dem von drei Zeugen bestätigten Bemerken, er solle das Geld behalten, durfte B dahin verstehen, dass er das Geld endgültig zur Verfügung haben sollte, ohne dafür eine Gegenleistung zu erbringen, dass ihm also das Geld geschenkt werden sollte. Dafür spricht auch der Umstand, dass die F mit dem B befreundet war und sie überhaupt nicht mit einem Verkaufserlös gerechnet hatte. Die F wollte nach den gesamten Umständen diesen Betrag nicht wieder zurückhaben. Damit liegt ein Schenkungsangebot vor.

(2) Das Angebot hat B konkludent angenommen, sodass eine Einigung über die Vertragsbestandteile des Schenkungsvertrages erzielt worden ist.

(3) Die Einigung ist gemäß § 518 nur wirksam, wenn das Schenkungsversprechen notariell beurkundet worden ist. Das ist zwar nicht geschehen, doch ist die Schenkung vollzogen und der Formmangel damit geheilt (§ 518 Abs. 2). Es ist zwischen der F und dem B ein wirksamer Schenkungsvertrag zu Stande gekommen.

(II) Ein Rückzahlungsanspruch aus § 530 wegen groben Undanks besteht nicht. Allein die Tatsache, dass sich die freundschaftlichen Beziehungen abgekühlt haben, genügt nicht zur Tatbestandsverwirklichung.

– – –

2.2 Die Auslegung, wenn ein Empfangsvertreter eingeschaltet ist

Fall 13: Gewollte, nicht gewollte Wartung

V, der Werkzeugmaschinen herstellt, sendet dem K Werbematerial und Prospekte. Da K am Erwerb einer Maschine interessiert ist, schickt V seinen Vermittlungsvertreter A, der keine Abschlussvollmacht hat. Nach längeren Verhandlungen erklärt sich K bereit, die Maschine X 316 zu erwerben, wenn V u.a. auch für ein Jahr die kostenlose Wartung übernimmt. A füllt sodann ein Auftragsformular aus, vergisst aber, die Wartungsabrede aufzunehmen. K unterschreibt, ohne dies zu bemerken. V bestätigt den Vertragsschluss und liefert. Als K bald darauf die kostenlose Wartung verlangt, schickt ihm V eine Fotokopie des schriftlichen Auftrages. K meint, der Vertrag sei wegen Dissenses nichtig. Ist ein Kaufvertrag zu Stande gekommen?

V und K müssten sich über die Vertragsbestandteile geeinigt haben. Die Einigung kann durch ein Angebot des K und die Annahme des V zu Stande gekommen sein.

(I) Bei der Auslegung ist zu ermitteln, wie ein sorgfältiger Empfänger die Erklärung verstehen durfte. Ist ein Empfangsvertreter eingeschaltet, so ist dieser selbst der Empfänger. Die Auslegung hat aus der Sicht des Empfangsvertreters zu erfolgen.

BGH ZIP 2000, 1007[@]; MünchKomm/Schramm vor § 164 Rdnr. 53; Palandt/Heinrichs Einf v § 164 Rdnr. 11.

Der K hat gegenüber dem Vermittlungsvertreter des V zwei Erklärungen abgegeben: eine mündliche, die eine eindeutige Wartungsabrede enthält, und eine schriftliche ohne Wartungsabrede. Für den Vermittlungsvertreter A, der berechtigt war, als Empfangsvertreter für V Vertragsangebote anzunehmen (§ 164 Abs. 3), konnte kein Zweifel darüber aufkommen, dass K nur für den Fall der kostenlosen Wartung eine vertragliche Bindung wollte. A musste daher als verständiger Empfänger dieser eindeutigen Erklärung des K die maßgebliche Bedeutung beimessen und erkennen, dass der von ihm erstellte und von K unterschriebene Auftrag nur in verkehrsüblicher Weise die Einzelheiten des Vertragsinhaltes im Übrigen festlegen sollte. K hat somit dem Vermittlungsvertreter des V gegenüber ein Angebot zum Abschluss eines Kaufvertrages nebst Wartungsabrede gemacht.

(II) Dieses Angebot hat der V uneingeschränkt angenommen. Der K konnte als sorgfältiger Empfänger des Bestätigungsschreibens nur davon ausgehen, dass V sein mündliches Angebot uneingeschränkt annehmen wollte.

Dass V nicht das mündliche Angebot des K, sondern ein Angebot, wie es in dem Auftrage formuliert war, annehmen wollte, ist für das Zustandekommen des Vertrages unerheblich. Immer dann, wenn der Empfänger eines Angebotes dieses einschränkungslos annimmt, kommt der Vertrag mit dem Inhalt des Angebotes zu Stande. Allein der Umstand, dass die Parteien – innerlich – etwas Verschiedenes wollten, hat keinen Dissens zur Folge (vgl. zu einem ähnlichen Fall BGHZ 82, 219; kritisch: Tempel JuS 1984, 81 ff.).

– – –

3. Ausnahmen vom Grundsatz der Auslegung aus der Sicht des Empfängers

Die Willenserklärung ist nicht aus der Sicht des Empfängers auszulegen, wenn die Erklärung vom Empfänger vorformuliert worden ist.

3.1 Der Empfänger hat die Erklärung vorformuliert

Fall 14: Billiger Urlaub nach Werbeprospekt

Der Hotelier H hat seine Preislisten mit gegenüber dem Vorjahr erhöhten Preisen drucken lassen. Beim Versand des Werbematerials einschließlich dieser Preislisten werden zum Teil alte Preislisten beigefügt. Der A bucht im Sommer für 3 Wochen ein Doppelzimmer, das nach der dem A vorliegenden alten Preisliste mit 130 DM pro Tag ausgezeichnet ist. Nach Beendigung des Urlaubs will A diesen Preis zahlen. Der H verlangt 160 DM pro Tag unter Hinweis darauf, dass A eine Preisliste des Vorjahres erhalten habe. Dieser Preis könne für ihn nicht verbindlich sein. Welchen Preis muss A zahlen?

Der Anspruch des H gegen A, den erhöhten Preis zu zahlen, ist gegeben, wenn die Parteien sich darüber geeinigt haben.

(I) Mit der Zusendung des Werbematerials einschließlich der Preislisten hat H den A gebeten, bei ihm den Sommerurlaub zu den dort aufgeführten Bedingungen zu verleben und ihm ein entsprechendes Angebot zu machen. Der H wollte nach dem Zugang des Angebotes des A über die Annahme entscheiden. Das Zusenden der Werbeprospekte einschließlich der Preislisten ist lediglich eine Aufforderung zur Abgabe von Angeboten und enthält noch kein Angebot des Erklärenden (Staudinger/Bork § 145 Rdnr. 5).

(II) Der A hat das Doppelzimmer bestellt, ohne jedoch den Preis zu nennen. Da ein Angebot immer nur dann vorliegt, wenn es so bestimmt ist, dass mit der einschränkungslosen Annahme der Vertrag zu Stande kommt, könnte hier mangels Bestimmung der Gegenleistungsverpflichtung kein hinreichend bestimmtes Angebot gegeben sein. Doch hat der A konkludent unter Bezugnahme auf die ihm zugesandten Werbeunterlagen und die Preisliste das Angebot gemacht. Er wollte mit der Erklärung zum Ausdruck bringen, dass er gewillt war, den in der Preisliste aufgeführten Preis zu zahlen, sodass ein hinreichend bestimmtes Angebot des A vorliegt. Da der H den wahren – inneren – Willen des A nicht erkannt hat und jede Partei dieses Angebot des A anders versteht, muss eine Auslegung der – äußeren – Erklärung erfolgen.

(1) Willenserklärungen sind grundsätzlich unter Berücksichtigung des Empfängerhorizontes auszulegen. Der H konnte nach den gesamten Umständen als sorgfältiger Empfänger davon ausgehen, dass A seine Bestellung unter Bezugnahme auf die neue Preisliste vorgenommen hatte.

Die Entscheidung OLG Bremen OLG-Report 1999, 321[@] betrifft den Fall, dass einem Käufer eine neue Preisliste mit erhöhten Preisen übersandt worden war, dieser sie aber nicht zur Kenntnis genommen hatte. Die Angebote des Käufers durfte der Verkäufer von seinem Empfängerhorizont so verstehen, dass die neuen Preise zu Grunde lagen.

(2) Doch hatte der H dem A eine veraltete Preisliste zugesandt und A hat sein Angebot zum Abschluss des Beherbergungsvertrages unter Zugrundelegung dieser Preisliste gemacht. Die von H vorformulierte Preisliste ist somit Bestandteil des Angebotes des A geworden und der vorformulierende H muss die Erklärung des A nach Treu und Glauben mit dem vorformulierten Inhalt gegen sich gelten lassen.

Es ist Sache desjenigen, der die Willenserklärung formuliert, eindeutige Erklärungen abzugeben. Das Misslingen fällt in seinen Risikobereich. Wer Kataloge versendet, Speisekarten auslegt, durch Preislisten, Bekanntmachungen oder öffentliche Anschläge zum Ausdruck bringt, zu welchen Bedingungen er bereit ist, Angebote entgegenzunehmen, muss diese von ihm vorformulierten Erklärungen so gegen sich gelten lassen, wie sie der Besteller verstehen durfte (Larenz/Wolf § 28 Rdnr. 28; Medicus AT Rdnr. 324 ff.; BGH NJW 1983, 1903, 1904).

Da der vorformulierende H den Inhalt seiner Erklärung gegen sich gelten lassen muss, hat A ein Angebot zu dem Preis der ihm zugesandten Preisliste, also zu dem alten Preis gemacht.

(III) Dieses Angebot hat H einschränkungslos angenommen. Da A auf den Zugang der Annahmeerklärung des H verzichtet hat, ist der Vertrag gemäß § 151 mit der Reservierung des Zimmers für A zu Stande gekommen. A braucht nur den geringeren Preis zu zahlen.

(IV) Weil H mit der Annahmeerklärung etwas anderes zum Ausdruck gebracht hat, als er mit der Erklärung zum Ausdruck bringen wollte, liegt ein Anfechtungsgrund nach § 119 Abs. 1 vor. Für den Fall der Anfechtung muss er jedoch nach § 122 Schadensersatz zahlen.

– – –

3.2 Fälschung der vorformulierten Erklärung

Die vom Empfänger vorformulierte Erklärung wirkt auch dann gegen den Empfänger, wenn diese Erklärung in seinem Geschäftsbereich gefälscht worden ist.

Beispiele:

1. Unbekannte fälschen in der Gastwirtschaft des G die Speisekarte und setzen erheblich niedrigere Preise ein. Die Gäste bestellen nach der Speisekarte.

(I) Zwar ist der Wirt – als Empfänger des Angebotes – davon ausgegangen, dass der Gast ein Angebot zum üblichen Preis macht. Doch der Gast hat angenommen, dass er das Gericht zu dem auf der Speisekarte aufgeführten Preis bestellt.
(II) Im Falle der Fälschung der vorformulierten Erklärung dürfte zu unterscheiden sein:
(1) Wenn der Empfänger an der von ihm vorformulierten Erklärung die Fälschung hätte erkennen können, dann wird die „gefälschte" Erklärung ihm „zugerechnet".
(2) War die Fälschung für den Empfänger nicht erkennbar, so fehlt es an einem Zurechnungsgrund.
Danach ergibt sich: War die Fälschung der Speisekarte bereits beim Auslegen der Speisekarte

vorhanden, dann wird die Fälschung dem Gastwirt „zugerechnet". Ist hingegen die Fälschung erst nach dem Auslegen der Speisekarte, also kurz vor der Bestellung erfolgt, so liegt ein Dissens vor und es findet die Abwicklung nach Bereicherungsrecht statt (Medicus AT Rdnr. 324).

2. Der Elektrohändler V bietet seinem Kunden unter Beifügung eines Prospektes „Auslaufmodelle" an. Ein Angestellter fälscht nicht erkennbar die Preise im Prospekt, das an den Kunden F geschickt wird. F bestellt unter Bezugnahme auf den zugesandten Prospekt.

Zwischen V und F ist ein Kaufvertrag über das bestellte Gerät zu dem Preis zu Stande gekommen, der in dem F zugesandten Prospekt aufgeführt (gefälscht) war, da die Fälschung dem V zuzurechnen ist.

4. Die ergänzende Vertragsauslegung

Ist die vertraglich Regelung der Parteien auch unter Berücksichtigung der Auslegungsregeln und des dispositiven Rechts lückenhaft, kann diese Lücke durch ergänzende Vertragsauslegung zu schließen sein.

Für das Verhältnis zwischen dispositiven Vorschriften und ergänzender Auslegung gilt folgendes: Grundsätzlich ist das dispositive Recht vorrangig, weil es Vertragslücken schließt und insoweit die Voraussetzungen der ergänzenden Vertragsauslegung nicht vorliegen. Das dispositive Recht gibt aber nur einen allgemeinen, auf eine typisierte Interessenabwägung gegründeten Beurteilungsmaßstab. Weist der zu regelnde Sachverhalt oder die von den Parteien getroffene Regelung Besonderheiten auf, ist eine diesen Besonderheiten Rechnung tragende ergänzende Vertragauslegung vorrangig (BGHZ 74, 370, 373; Larenz/Wolf § 28 Rdnr. 109 ff.).

Voraussetzungen für eine ergänzende Vertragsauslegung:

▶ Es muss eine **Vertragslücke**, eine planwidrige Unvollständigkeit des Vertrages, bestehen.

BGH NJW 1997, 652$^@$, BGHZ 125, 7, 17; Palandt/Heinrichs § 157 Rdnr. 3.

▶ Die Vertragslücke ist durch **Ermittlung des hypothetischen Parteiwillens** zu schließen. Es ist zu ermitteln, was die Parteien im Falle des Erkennens der Regelungslücke bei einer angemessenen Abwägung ihrer Interessen nach Treu und Glauben als redliche Vertragspartner vereinbart hätten.

BGHZ 84, 1, 7; BGH NJW-RR 2000, 894$^@$; Palandt/Heinrichs § 157 Rdnr. 7.

Fall 15: Zweitkäufer ohne Gewährleistungsansprüche (BGH NJW 1997, 652$^@$)

D verkaufte formgerecht dem V ein gewerblich genutztes Grundstück. Dieser verkaufte es ebenfalls unter Beachtung der notariellen Form an K. Im Kaufvertrag zwischen V und K ist ein Gewährleistungsausschluss vereinbart. Nachdem das Eigentum auf den K umgeschrieben worden ist, stellt sich heraus, dass D dem V arglistig verschwiegen hat, dass das Grundstück mit Ölrückständen verunreinigt ist, deren Beseitigung einen Aufwand von 350.000 DM erfordert. Ansprüche des K gegen V?

(I) Ein Anspruch des K gegen V aus § 463 S. 2 wegen arglistigen Verschweigens des Mangels scheidet aus, da dem V keine Arglist vorzuwerfen ist.

Für diesen Anspruch wäre der Ausschluss der Gewährleistung gemäß § 476 unwirksam.

(II) Andere Gewährleistungsansprüche des K gegen V kommen nicht in Betracht, da V und K einen Gewährleistungsausschluss vereinbart haben.

(III) Es kommt ein Anspruch des K gegen V auf Abtretung der dem V zustehenden Gewährleistungsansprüche nach den Grundsätzen der Drittschadensliquidation in Betracht. Diese würde voraussetzen, dass V gegen K einen Anspruch, aber keinen Schaden hat. V hat aber einen Schaden, auch wenn er einen Kaufpreis von K erhalten hat, bei dessen Bestimmung die Ölverschmutzung nicht berücksichtigt wurde. Nach dem normativen Schadensbegriff kommt dem D die Tatsache, dass V von K einen ungeschmälerten Kaufpreis erlangt hat, nicht zu Gute.

OLG Hamm NJW 1974, 2091; Wolter NJW 1975, 622; Büdenbender JuS 1976, 153, 155; Soergel/Huber § 463 Rdnr. 58; a.A. Wackerbarth ZIP 1997, 2037, 2039.

(IV) K könnte gegen V einen Anspruch auf Abtretung der dem V gegen D zustehenden Gewährleistungsansprüche aus ergänzender Vertragsauslegung haben.

(1) Die ergänzende Auslegung setzt das Bestehen einer Vertragslücke voraus. Diese könnte man mit dem Argument verneinen, dass die Parteien das Risiko des Bestehens von Mängeln bedacht haben und für diesen Fall einen Gewährleistungsausschluss vereinbart haben. Bei der Vereinbarung des Ausschlusses der Gewährleistung gingen die Parteien aber nur von dem allgemeinen Mängelrisiko bei einem bebauten Grundstück aus. Dieses sollte der K übernehmen. V und K hatten keinen Anlass, das zusätzliche Risiko einer Bodenverunreinigung durch Öl zu bedenken und entsprechend zu regeln.

Eine Regelungslücke besteht insbesondere für den Umstand, das der D dem V die Verunreinigung arglistig verschwiegen hatte und deshalb dem V gegen K noch Gewährleistungsansprüche zustehen.

(2) Diese Vertragslücke ist durch Ermittlung des hypothetischen Parteiwillens zu schließen. Dabei sind die Interessen beider Parteien unter Berücksichtigung von Treu und Glauben und der Verkehrssitte gegeneinander abzuwägen. Eine interessengerechte Auslegung kommt zu dem Ergebnis, dass die Parteien das Risiko einer Ölbelastung jedenfalls mit einer Abtretung etwaiger Gewährleistungsansprüche geregelt hätten.

– – –

2. Teil: Die Bedingung und Befristung

Wenn der Erklärende will, dass mit Abschluss des Rechtsgeschäftes die erstrebten Rechtsfolgen noch nicht oder nicht endgültig eintreten sollen, so kann das Wirksamwerden oder Wirksambleiben des Rechtsgeschäftes von einer Bedingung oder einer Befristung abhängig gemacht werden.

1. Abschnitt: Die Bedingung

1. Der Begriff der Bedingung

Sollen die mit dem Rechtsgeschäft erstrebten Rechtsfolgen noch nicht oder nicht endgültig mit der Abgabe der Erklärungen eintreten, sondern erst mit dem Eintritt eines zukünftigen ungewissen Ereignisses, so wird das Rechtsgeschäft unter einer Bedingung getätigt.

1.1 Die aufschiebende und auflösende Bedingung

Bezogen auf den Zeitpunkt des Wirksamwerdens des Rechtsgeschäfts ist zu unterscheiden:

- Will die Partei, dass die Rechtsfolgen der Erklärung erst mit dem Eintritt eines zukünftigen ungewissen Ereignisses eintreten sollen, so vereinbaren sie eine aufschiebende Bedingung, § 158 Abs. 1.

- Soll das Rechtsgeschäft bereits mit Abschluss wirksam werden, aber mit dem Eintritt eines ungewissen Ereignisses enden, dann handelt es sich um eine auflösende Bedingung, § 158 Abs. 2.

Trotz dieser klaren Abgrenzungskriterien kann im Einzelfall fraglich sein, was die Parteien konkret gewollt haben. Ob eine aufschiebende oder eine auflösende Bedingung gewollt ist, muss im Wege der Auslegung ermittelt werden. Teilweise sind im Gesetz hierzu Auslegungsregeln enthalten; vgl. §§ 455, 495 Abs. 1 S. 2, 2075.

Beispiel:
K will von V ein Fertighaus kaufen, sofern er vom Eigentümer E ein passendes Grundstück erwerben kann. Schließen K und V bereits jetzt den Vertrag und vereinbaren, dass K nur dann zur Abnahme und Bezahlung verpflichtet ist, wenn er das Grundstück von E erwerben kann, so kann hierin gesehen werden die Vereinbarung

1. einer aufschiebenden Bedingung dahingehend, dass die Wirksamkeit des Vertrages dann eintreten soll, wenn K von E rechtsverbindlich ein Grundstück zum Erwerb angeboten bekommt, oder

2. einer auflösenden Bedingung dahingehend, dass der Vertrag außer Kraft tritt, wenn es K nicht gelingt, das in Aussicht genommene Grundstück von E zu erwerben.

Aufgrund der Interessenlage, nach der K zunächst überhaupt keine Verpflichtungen aus dem Kaufvertrag übernehmen will, ist – in diesen Fällen regelmäßig – vom Vorliegen einer aufschiebenden Bedingung auszugehen.

1.2 Die kasuelle Bedingung, die Potestativbedingung und die Wollensbedingung

Bezogen auf die Art und Weise des Eintritts des zukünftigen ungewissen Ereignisses kann unterschieden werden:

▶ Ist der Eintritt des zukünftigen Ereignisses vom Willen der Parteien unabhängig, so handelt es sich um eine kasuelle, zufällige Bedingung.

▶ Ist der Eintritt des zukünftigen ungewissen Ereignisses vom Willen einer Partei abhängig, so handelt es sich um eine **Potestativbedingung**. Diese ist unstreitig zulässig, wenn es sich bei der Bedingung um ein objektives Ereignis handelt, das eine Partei gewollt eintreten lassen kann.

Staudinger/Bork Vorbem. zu §§ 158 ff. Rdnr. 16; Soergel/Wolf Vor § 158 Rdnr. 23.

Beispiele:

V verkauft dem K eine Sache unter Eigentumsvorbehalt. Die Eigentumsübertragung erfolgt unter der aufschiebenden Bedingung vollständiger Kaufpreiszahlung. Diese ist ein objektives Ereignis, das vom Willen einer Partei abhängt.

Erfolgt die Erbeinsetzung eines Ehegatten unter der auflösenden Bedingung der Wiederverheiratung, handelt es sich um eine gemäß § 2075 zulässige Potestativbedingung (BGHZ 96, 198, 202@).

▶ Bei den „Wollensbedingungen" handelt es sich um Potestativbedingungen, für deren Eintritt lediglich das Wollen einer Partei entscheidend sein soll. Es steht im Belieben der Partei, ob das Rechtsgeschäft wirksam wird.

Staudinger/Bork Vorbem. zu §§ 158 ff. Rdnr. 16; Soergel/Wolf Vor § 158 Rdnr. 25 ff.

Den gesetzlichen Fall einer solchen Bedingung enthält § 495 Abs. 1. Der Kauf auf Probe steht im Zweifel unter der aufschiebenden Bedingung der Billigung, wobei diese im Belieben des Käufers steht.

Ob Wollensbedingungen über den Fall des § 495 Abs. 1 hinaus anzuerkennen sind, ist umstritten.

Beispiel:
V verkauft dem K notariell ein Grundstück für 550.000 DM unter der aufschiebenden Bedingung, dass der Kaufvertrag erst dann wirksam werden soll, wenn K dies erklärt (Ankaufsrecht, Kaufoption).

(I) In der Literatur wird die Wollensbedingung teilweise abgelehnt. Wenn es im Belieben einer Partei stehe, ob eine Vereinbarung gelten solle, sei noch kein verbindliches Rechtsgeschäft zu Stande gekommen. Den Interessen der Parteien könne durch ein Angebot mit verlängerter Bindungswirkung, den Abschluss eines Vorvertrages oder durch die Vereinbarung eines Rücktrittsvorbehalts Rechnung getragen werden (Staudinger/Bork Vorbem. zu §§ 158 ff. Rdnr. 19; MünchKomm/Westermann § 158 Rdnr. 22).

(II) Die Gegenansicht, insbesondere die Rechtsprechung, lässt die Konstruktion eines verbindlichen Vertrags unter der aufschiebenden Bedingung einer im Belieben einer Partei stehenden Billigung zu. Die Parteien gingen ungeachtet der Bedingung schon mit Abschluss des Vertrages eine Bindung ein. Der Verkäufer binde sich endgültig, der Käufer lege sich bereits auf den möglichen Inhalt des Vertrages fest (BGH WM 1996, 1734[@]; vgl. auch BGH NJW 1996, 3338[@]). Der Vertragsabschlusstatbestand sei bereits vollzogen und die Wollensbedingung stelle nur einen einseitigen Akt außerhalb des Vertragsschlusses dar (Soergel/Wolf Vor § 158 Rdnr. 28).

1.3 Die Rechtsbedingung ist keine Bedingung i.S.d. § 158

Keine Bedingungen i.S.d. §§ 158 ff. sind die Rechtsbedingungen, die bereits kraft Gesetzes vorliegen müssen, damit das Rechtsgeschäft überhaupt wirksam wird.

Beispiel:
Schließt der Minderjährige einen Kaufvertrag unter der „Bedingung" ab, dass seine Eltern zustimmen, so handelt es sich um eine gesetzliche Wirksamkeitsvoraussetzung und nicht um eine Bedingung i.S.d. § 158. Die Aufnahme einer solchen Rechtsbedingung in die vertragliche Vereinbarung ist rechtlich bedeutungslos. Sie hat allenfalls klarstellende Bedeutung in der Weise, dass darauf hingewiesen wird, dass mit der Abgabe der Erklärung als solche das Rechtsgeschäft noch nicht wirksam ist. Im Übrigen kann dadurch die Kenntnis einer Partei von einem bestimmten Umstand nachgewiesen werden.

2. Die Zulässigkeit der Bedingung

Grundsätzlich ist eine Bedingung bei jedem Rechtsgeschäft zulässig, auch bei Verfügungsgeschäften. Bestimmte Rechtsgeschäfte sind jedoch bedingungsfeindlich:

- Bedingungsfeindlich kraft gesetzlicher Vorschrift sind z.B. die Auflassung (§ 925 Abs. 2) sowie im Familienrecht die Eheschließung (§ 1311 S. 2) und die Anerkennung der Vaterschaft (§ 1594 Abs. 3).

- Bedingungsfeindlich sind i.d.R. auch einseitige Rechtsgeschäfte, z.B. die Ausübung von Gestaltungsrechten (Anfechtung, Rücktritt, Kündigung), da dem Erklärungsempfänger eine Ungewissheit oder ein Schwebezustand nicht zugemutet werden kann. Für die Aufrechnungserklärung ist dies ausdrücklich in § 388 S. 2 geregelt.

Staudinger/Bork Vorbem zu §§ 158 ff Rdnr. 38 ff; MünchKomm/Westermann § 158 Rdnr. 28, 29; Palandt/Heinrichs Einf vor § 158 Rdnr. 13.

Diese Gründe für die Bedingungsfeindlichkeit sind nicht gegeben, wenn die Ausübung von Gestaltungsrechten mit solchen Bedingungen versehen wird, die den Erklärungsempfänger nicht in eine ungewisse Lage versetzen. Das gilt insbesondere für die in das Belieben des Erklärungsempfängers gestellten Potestativbedingungen.

BGHZ 97, 264, 267[@]; Palandt/Heinrichs Einf vor § 158 Rdnr. 13.

Beispiel:
Arbeitgeber G kündigt den Arbeitsvertrag mit dem Arbeitnehmer N unter der Bedingung, dass N nicht bereit ist, einen anderen Platz in der Firma einzunehmen, d.h. er spricht eine Änderungskündigung aus.

3. Die Rechtsfolgen des bedingten Rechtsgeschäftes

3.1 Folgen des Eintritts der Bedingung

Mit Eintritt der Bedingung treten die vereinbarten Rechtsfolgen ein. Das aufschiebend bedingte Rechtsgeschäft wird endgültig wirksam; das auflösend bedingte Rechtsgeschäft wird endgültig unwirksam. Der Eintritt der Bedingung wirkt nicht zurück (§ 158 „mit dem Eintritt"). Die Parteien können aber gemäß § 159 eine schuldrechtliche Rückwirkung vereinbaren.

Beispiel:
K will von V ein teures Gemälde erwerben, wenn die B-Bank den Kaufpreis finanziert. Er vereinbart mit V, dass er das Bild nur dann erwerben wolle, wenn die Finanzierung sichergestellt ist. Das Bild nimmt K sofort mit, da er eine Kunstausstellung durchführen will. Anlässlich eines unverschuldeten Brandes bei K wird das Bild zerstört, bevor es zum Abschluss eines Darlehensvertrages mit B gekommen ist. V verlangt den Kaufpreis. Zu Recht?

Da dem V die Übereignung des Bildes unmöglich geworden ist und diese Unmöglichkeit weder von V noch von K zu vertreten ist, verliert V gemäß § 323 Abs. 1 den Anspruch auf die Gegenleistung (Kaufpreis), wenn nicht aufgrund der Übergabe die Gefahr des Untergangs gemäß § 446 Abs. 1 auf den K übergegangen ist. Dann bleibt K zur Zahlung des Kaufpreises verpflichtet. Sowohl § 323 als auch § 446 setzen jedoch das Vorliegen eines wirksamen Vertrages voraus. Dieser liegt nur dann vor, wenn in der Finanzierungsabrede eine auflösende Bedingung zu sehen ist. Da aber nicht anzunehmen ist, dass K – wenn auch nur auflösend bedingt – vor erfolgreicher Finanzierung eine Zahlungsverpflichtung eingehen wollte, ist die Abrede nach dem Parteiwillen als aufschiebende Bedingung auszulegen. Beim aufschiebend bedingten Verkauf fehlt es jedoch zunächst an dem Vorliegen eines Kaufvertrages, sodass die Voraussetzungen des § 446 nicht gegeben sind. Die Parteien können aber nach § 159 vereinbaren, dass die an den Eintritt der Bedingung geknüpften Rechtsfolgen auf einen früheren Zeitpunkt zurückbezogen werden sollen. Dann sind die Beteiligten im Falle des Bedingungseintritts schuldrechtlich verpflichtet einander so zu stellen, als wenn die Folgen des Bedingungseintritts bereits in dem früheren Zeitpunkt eingetreten wären. Aus einer Vorleistung, wie hier der Übergabe, ist regelmäßig der Parteiwille zu entnehmen, dass die eingetretenen Folgen nach § 159 zurückbezogen werden sollen (Palandt/Putzo § 446 Rdnr. 8).
Damit die Kaufpreisverbindlichkeit des K zur Entstehung gelangt, muss aber auch jetzt noch die Bedingung eintreten: Erst dann braucht K den Kaufpreis zu zahlen. Tritt die Bedingung nicht ein, besteht kein Kaufvertrag und auch kein Kaufpreisanspruch (BGH NJW 1975, 776).

3.2 Der Schutz des bedingt Berechtigten nach §§ 160–162

Vom Zeitpunkt des Abschlusses des aufschiebend bedingten Vertrages bis zum Bedingungseintritt, dem endgültigen Wirksamwerden des Vertrages ist der bedingt Berechtigte gemäß §§ 160–162 gschützt.

▶ Er kann bei verschuldeter Beeinträchtigung seiner Rechtsposition Schadensersatz verlangen (§ 160).

▶ Er ist vor beeinträchtigenden Verfügungen gemäß § 161 geschützt.

▶ Er ist gemäß § 162 vor unzulässigen Einwirkungen auf den Eintritt der Bedingung geschützt.

3.2.1 Die Haftung des Verpflichteten während der Schwebezeit gemäß § 160

Tritt die aufschiebende Bedingung ein und kann der Verpflichtete aus zu vertretenden Gründen seine Vertragspflicht nicht erfüllen, so haftet er gemäß § 160 auf Schadensersatz.

Im Regelfall bedarf es jedoch keines Rückgriffs auf § 160, wenn der Verpflichtete Pflichten aus dem zu Grunde liegenden Kausalgeschäftes verletzt hat. Nur wenn die bedingte Verfügung bei Eintritt der Bedingung durch zu vertretendes Verhalten des Verpflichteten beeinträchtigt wird, greift § 160 ein. Diese Vorschrift begründet ein gesetzliches Schuldverhältnis aus dem sich Schutzpflichten zu Gunsten des Erwerbers während der Schwebezeit ergeben.

Staudinger/Bork § 160 Rdnr. 1; MünchKomm/Westermann § 160 Rdnr. 3 m.w.N.

3.2.2 Der Schutz vor Verfügungen gemäß § 161

▶ Derjenige, der aufschiebend bedingt sein Recht – insbesondere das Eigentum an beweglichen Sachen – auf eine andere Person übertragen hat, bleibt auflösend bedingt Berechtigter – Eigentümer –, sodass zwei Rechtsinhaber vorhanden sind. Der bisherige Eigentümer als auflösend bedingt Berechtigter und der Erwerber als aufschiebend bedingt Berechtigter.

▶ Tritt die aufschiebende Bedingung ein, so erlangt der Erwerber das Vollrecht. Der bisherige auflösend bedingte Rechtsinhaber verliert sein Recht.

▶ Verfügt der auflösend bedingt Berechtigte zu Gunsten eines Dritten, so gilt:

– Ist der Dritte im Hinblick auf die bereits erfolgte aufschiebend bedingte Verfügung bösgläubig, so erwirbt er zwar das Recht, aber gemindert um die aufschiebend bedingte Berechtigung des Dritten, sodass er im Falle des Eintrittes der aufschiebenden Bedingung sein – auflösend bedingtes – Recht verliert.

– Ist der Dritte im Hinblick auf die „Belastung", also der Verfügung zu Gunsten bedingt Berechtigten gutgläubig, so gelten gemäß § 161 Abs. 3 die Regeln des Erwerbs vom Nichtberechtigten. Er erwirbt das Vollrecht.

Beispiel:
V verkauft dem K ein Gemälde unter der aufschiebenden Bedingung der Kaufpreiszahlung und übergibt ihm das Gemälde. Später verkauft der V das Gemälde an X. Er erklärt dem X, er habe das Gemälde dem K geliehen. Die Übereignung an X erfolgt gemäß §§ 929, 931 unter Abtretung des Anspruchs aus der Leihe.
(I) X hat das Gemälde gemäß §§ 929, 931 vom verfügungsberechtigten Eigentümer, also vom Berechtigten, erworben.
(II) Doch diese Verfügung ist im Falle der Kaufpreiszahlung gemäß § 161 Abs. 1 dem K gegenüber unwirksam. Im Verhältnis zum K ist V noch Eigentümer, sodass K das Eigentum erwirbt gemäß § 929, es sei denn, der X hat gemäß §§ 161 Abs. 3, 932 ff. „lastenfreies" Eigentum erworben.
(III) Der X war gutgläubig. Er wusste nichts von der bedingten Verfügung des V an K. Doch da der Herausgabeanspruch aus Leihe nicht bestand, hat X mangels Übergabe

nicht gemäß § 934 lastenfreies Eigentum erworben. Der Erwerb hätte erst eintreten können, wenn dem X das Gemälde übergeben worden wäre. Somit hat K mit Zahlung des Kaufpreises – dem Eintritt der Bedingung – das Eigentum erworben. (K ist als bedingt Berechtigter Anwartschaftsberechtigter. Das Anwartschaftsrecht erstarkt zum Vollrecht.)

Examensrelevant ist die bedingte Übereignung beweglicher Sachen, d.h. die Einräumung eines Anwartschaftrechtes.

▶ Es sind zwei Berechtigte vorhanden: Der (Noch-)Eigentümer, dessen Eigentumsrecht um das Anwartschaftsrecht des bedingt Berechtigten gemindert ist und der bedingt Berechtigte (Anwartschaftsberechtigte), der mit dem Eintritt der Bedingung Volleigentümer wird.

▶ Der (Noch-)Eigentümer ist im Verhältnis zu Dritten weiterhin Eigentümer und somit auch zur Verfügung berechtigt.

▶ Nur im Verhältnis zum Anwartschaftsberechtigtem ist die Verfügung zu Gunsten des Dritten gemäß § 161 unwirksam (relative Unwirksamkeit), es sei denn, der Dritte hat „lastenfreies" Eigentum, also das Volleigentum gemäß §§ 161 Abs. 3, 932 ff. erworben.

▶ Tritt die Bedingung ein und ist der Anwartschaftsberechtigte noch Inhaber des Rechtes, so wird er Volleigentümer.

3.2.3 Der Schutz des Berechtigten gemäß § 162

Der bedingt Berechtigte ist vor unzulässigen Einwirkungen auf den Eintritt der Bedingung geschützt. Die Bedingung gilt als eingetreten, wenn der Eintritt von der Partei, zu deren Nachteil sie gereichen würde, wider Treu und Glauben verhindert wird (§ 162 Abs. 1). Die Bedingung gilt als nicht eingetreten, wenn ihr Eintritt von der Partei, zu deren Vorteil sie gereicht, wider Treu und Glauben herbeigeführt wird (§ 162 Abs. 2).

2. Abschnitt: Die Befristung

1. Der Begriff der Befristung

Befristet ist ein Rechtsgeschäft, wenn seine Rechtswirkungen von einem zukünftigen, gewissen Ereignis aufschiebend (Anfangstermin) oder auflösend (Endtermin) abhängig gemacht werden, § 163. Meist ist das Ereignis ein kalendermäßiges Datum, es kann jedoch jeder sichere Umstand sein, so z.B. der Tod einer Person.

BayObLG MDR 1993, 972.

Der Unterschied zwischen einer Bedingung und einer Befristung besteht darin, dass bei der Befristung eine Gewissheit besteht, während beim Bedingungseintritt die Ungewissheit besteht.

2. Befristet oder betagt?

Bei Forderungen ist die Befristung von der Betagung abzugrenzen. Die aufschiebend befristete Forderung entsteht erst in der Zukunft, die betagte Forderung besteht dagegen schon jetzt, ist aber noch nicht fällig.

Ob bei Vereinbarung eines Anfangstermins Befristung oder Betagung gewollt ist, ist Auslegungsfrage. Entscheidend ist, ob die Parteien subjektiv den Eintritt des künftigen Ereignisses, von dem das Entstehen der Forderung abhängig sein soll, als ungewiss (dann aufschiebende Bedingung) oder als gewiss (dann Befristung) angesehen haben.

BGHZ 118, 282, 290; KG KG-Report 1998, 1; Palandt/Heinrichs § 163 Rdnr. 2; Staudinger/Bork § 163 Rdnr. 2; MünchKomm/Westermann § 163 Rdnr. 3; Jauernig § 163 Rdnr. 4; kritisch Deubner JuS 1992, 19, 22.

Die Unterscheidung der betagten von der befristeten Forderung hat insbesondere Bedeutung für die Vorschrift des § 813 Abs. 2. Wird eine betagte Verbindlichkeit vorzeitig erfüllt, so ist die Rückforderung danach ausgeschlossen, da ein unnötiges Hin und Her der dem Grunde nach gewissen Leistung vermieden werden soll. Wird dagegen eine Leistung auf eine aufschiebend befristete Forderung erbracht, so kann diese nach h.M. gemäß § 812 zurückverlangt werden (Palandt/Heinrichs § 163 Rdnr. 2; a.A. Flume § 41).

3. Die entsprechende Anwendung der Regeln der Bedingung

Auf die Befristung finden die Regeln über die Bedingung – soweit dies der Natur der Befristung entspricht – analoge Anwendung. Die Vorschrift des § 163 verweist jedoch nicht auf die §§ 159 und 162, sodass diese Bestimmungen nicht analog anwendbar sind.

Nach h.M. können die Parteien jedoch im Rahmen der Vertragsfreiheit bestimmen, dass eine obligatorische Rückwirkung eintreten soll.

Staudinger/Bork § 163 Rdnr. 8; MünchKomm/H.P.Westermann § 163 Rdnr. 6.

Zusammenfassende Übersicht: Bedingung und Befristung

Begriff der Bedingung

- ▶ jedes zukünftige ungewisse Ereignis
  - Soll das Rechtsgeschäft erst mit Eintritt wirksam werden, handelt es sich um eine **aufschiebende** Bedingung; soll es bei Eintritt enden, ist eine **auflösende** Bedingung gegeben.
  - Wenn der Eintritt vom Willen der Parteien unabhängig ist, liegt eine kasuelle Bedingung vor. Ist das künftige Ereignis willensabhängig, liegt eine Potestativbedingung vor (Sonderfall: Wollensbedingung).
- ▶ keine Bedingung i.S.d. § 158 ist die Rechtsbedingung

Zulässigkeit der Bedingung

- ▶ Grundsätzlich kann jedes Rechtsgeschäft von dem Eintritt eines künftigen ungewissen Ereignisses abhängig gemacht werden.
- ▶ bedingungsfeindlich sind
  - gesetzlich bestimmte Fälle (z.B.: Auflassung, § 925 Abs. 2; Eheschließung, § 1311 S. 2)
  - einseitige Rechtsgeschäfte (inbesondere Gestaltungsrechte), es sei denn, es entsteht für den Vertragspartner keine Ungewissheit

Schutz des bedingt Berechtigten

- ▶ Schadensersatzanspruch aus § 160
- ▶ Schutz des bedingt Berechtigten aus § 161
  - Weitere Verfügungen des Rechtsinhabers sind dem bedingt Berechtigten gegenüber gemäß § 161 Abs. 1 (Abs. 2) unwirksam.
  - Zu Gunsten des Erwerbes greifen allerdings gemäß § 161 Abs. 3 die Regeln des Erwerbs vom Nichtberechtigten ein.
- ▶ Wird der Eintritt der Bedingung wider Treu und Glauben verhindert, gilt die Bedingung gemäß § 162 Abs. 1 als eingetreten. Entsprechendes gilt für die auflösende Bedingung.

Befristung

zukünftiges gewisses Ereignis ist für Beginn oder Ende der Rechtswirkung maßgeblich
- ▶ Die Regeln über die Bedingung finden entsprechende Anwendung.
- ▶ Dies gilt ggf. auch für §§ 159, 162.

3. Teil: Die Vertretung

Die mit der Willenserklärung erstrebte Rechtsfolge tritt grundsätzlich in der Person des Erklärenden ein. Wenn der Erklärende jedoch zum Ausdruck bringt, dass er die Willenserklärung für einen anderen abgibt – er also im fremden Namen handelt –, dann treten die Rechtsfolgen in der Person ein, für die gehandelt worden ist, wenn der Erklärende vertretungsberechtigt ist.

Vertretung i.S.d. §§ 164 ff. ist rechtsgeschäftliches Handeln für einen anderen. Im Vertretungsrecht gilt das **Repräsentationsprinzip**, d.h. der Vertreter ist der rechtsgeschäftlich Handelnde. Er formuliert die Willenserklärung und bewirkt den Zugang. Doch die Wirkungen dieser Erklärung treffen denjenigen, für den der Vertreter mit Vertretungsmacht gehandelt hat.

Palandt/Heinrichs Einf v § 164 Rdnr. 2; Staudinger/Schilken Vorbem zu §§ 164 ff. Rdnr. 32.

In den Fällen der Vertretung sind also drei Personen am Rechtsgeschäft beteiligt:

▶ der **Vertreter**, der die Willenserklärung im fremden Namen abgibt, der also das Rechtsgeschäft mit dem anderen tätigt (Aktivvertretung, § 164 Abs. 1) oder die Willenserklärung des anderen entgegennimmt (Passivvertretung, § 164 Abs. 3);

▶ der **Vertretene**, bei dem die Rechtsfolgen der abgegebenen Willenserklärung eintreten sollen und auch tatsächlich eintreten, wenn der Vertreter Vertretungsmacht besitzt;

▶ der **Partner**, dem gegenüber der Vertreter im fremden Namen das Rechtsgeschäft tätigt.

Damit – bei der Aktivvertretung – die Rechtsfolgen den Vertretenen treffen, müssen folgende Voraussetzungen gegeben sein:

▶ Die Stellvertretung muss **zulässig** sein.

> Eine Vertretung kommt grundsätzlich nur bei rechtsgeschäftlichem Handeln in Betracht (vgl. § 164 Abs. 1: „Eine Willenserklärung ..."). Sie kann durch spezielle Normen (z.B. § 1311 für die Eheschließung) ausgeschlossen sein.

▶ Der Vertreter muss eine **eigene Willenserklärung** abgeben.

> vgl. § 164 Abs. 1: „Eine Willenserklärung, **die jemand** [d.h. der Vertreter] ... **abgibt**". Im Unterschied zum Vertreter überbringt der Bote eine fremde Willenserklärung.

▶ Bei der Abgabe der Erklärung muss der Vertreter **im fremden Namen**, d.h. im Namen des Vertretenen handeln.

▶ Der Vertreter muss **Vertretungsmacht** besitzen.

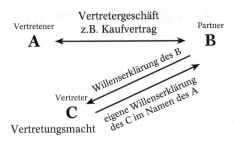

1. Abschnitt: Die Zulässigkeit der Vertretung

Die Vertretung ist bei allen **Rechtsgeschäften** zulässig, die **nicht höchstpersönlich** vorzunehmen sind.

1. Rechtsgeschäfte

Die Vertretungsregeln der §§ 164 ff. gelten grundsätzlich nur für die Vornahme von Rechtsgeschäften. Auf geschäftsähnliche Handlungen, wie z.B. die Mahnung gemäß § 284 Abs. 1, sind die Vorschriften über die Vertretung entsprechend anwendbar. Die § 164 ff. können aber nicht – auch nicht entsprechend – auf die übrigen rechtlich erheblichen Verhaltensweisen angewandt werden. Insbesondere gibt es keine Stellvertretung:

▶ bei der Ausführung von **Realakten**, wie der Verbindung, Vermischung, Verarbeitung gemäß §§ 946 ff. Der Eigentumserwerb tritt gemäß §§ 946 ff. unabhängig davon ein, wer die Verbindung vorgenommen hat und welchen Willen der Handelnde hatte.

▶ bei dem **Erwerb** oder der **Übertragung des Besitzes**. Wer die tatsächliche Gewalt über eine Sache für einen anderen in dessen Haushalt, Erwerbsgeschäft oder ähnlichem Verhältnis ausübt, ist Besitzdiener (§ 855). Besitzt jemand eine Sache als Nießbraucher, Pfandgläubiger, Pächter, Mieter usw., so ist auch der andere, gegenüber dem er auf Zeit zum Besitz berechtigt ist, mittelbarer Besitzer, § 868.

▶ bei der **Vornahme rechtswidriger Handlungen**. Die rechtswidrigen Handlungen werden unter den Voraussetzungen der §§ 278, 831, 31, 89 zugerechnet.

– Nach § 278 wird dem Geschäftsherrn die schuldhafte Vertragsverletzung seines Erfüllungsgehilfen zugerechnet.

– Gemäß § 831 haftet der Geschäftsherr für rechtswidrige unerlaubte Handlungen seines Verrichtungsgehilfen, und

– gemäß §§ 31, 89 sind die juristischen Personen für das rechtswidrige schuldhafte Verhalten ihrer Organe verantwortlich.

2. Die höchstpersönlichen Rechtsgeschäfte

▶ Im **Gesetz** ist vor allem im Familien- und Erbrecht angeordnet, dass bestimmte Rechtsgeschäfte höchstpersönlich getätigt werden müssen, sodass eine Vertretung unzulässig ist.

Im Familienrecht ist die Vertretung unzulässig z.B.

- bei der Eheschließung, § 1311
- bei der Anfechtung der Vaterschaft, § 1600 a Abs. 1

Im Erbrecht sind insbesondere nachstehende Rechtsgeschäfte höchstpersönlich zu tätigen:

- Errichtung einer Verfügung von Todes wegen, § 2064
- Widerruf der testamentarischen Anordnung, § 2254 i.V.m. § 2064; Rücknahme des Testaments § 2256 Abs. 2 S. 2
- Erbverzicht, §§ 2347 Abs. 2, 2351

▶ Die künftigen Vertragspartner können vereinbaren, dass die Rechtsgeschäfte zwischen ihnen höchstpersönlich getätigt werden müssen, sog. **gewillkürte** Höchstpersönlichkeit.

BGHZ 99, 90, 94; Palandt/Heinrichs Einf v § 164 Rdnr. 4; MünchKomm/Schramm Vor § 164 Rdnr. 70.

Tritt in diesen Fällen dennoch ein „Vertreter" auf, so ist die von ihm abgegebene Willenserklärung ohne Genehmigungsmöglichkeit nichtig.

2. Abschnitt: Eigene Willenserklärung im fremden Namen

Vertreter ist nur, wer eine eigene Willenserklärung abgibt. Überbringt der Handelnde hingegen eine fremde, vom Geschäftsherrn vorformulierte Erklärung, so wird er als Bote tätig.

Der Vertreter muss im fremden Namen handeln. Er muss zum Ausdruck bringen, dass die Rechtsfolge der Willenserklärung, die er abgibt, nicht ihn, sondern einen anderen treffen soll. Versäumt er, die „Fremdbestimmung" zum Ausdruck zu bringen, so wirkt die Erklärung für und gegen ihn (§ 164 Abs. 2).

1. Vertreter oder Bote

Der Vertreter gibt eine eigene Willenserklärung ab, wohingegen der Bote lediglich eine fremde Willenserklärung überbringt. Eine eigene Willenserklärung liegt dann vor, wenn der Vertreter einen **eigenen Entscheidungsspielraum** hat bezüglich der Frage, ob das Rechtsgeschäft überhaupt abgeschlossen werden soll, der Auswahl des Geschäftspartners oder des Inhalts des Rechtsgeschäfts (z.B. Preis, Leistung; Monhemius JA 1998, 378, 380).

Vertretung kann aber auch dann vorliegen, wenn die Willenserklärung in allen Einzelheiten vom Vertretenen vorgegeben ist („Vertreter mit gebundener Marschroute"). Entscheidend ist nicht die eigene Willensbildung des Vertreters, sondern die Tatsache dass der Vertreter das Rechtsgeschäft an Stelle des Vertretenen vornimmt.

MünchKomm/Schramm Vor § 164 Rdnr. 45.

Ist zweifelhaft, ob jemand als Vertreter oder Bote tätig geworden ist, ist auf das äußere Auftreten des Handelnden gegenüber dem Erklärungsgegner abzustellen. Bote ist danach derjenige, von dem der Geschäftspartner den Eindruck haben muss, er nehme nur eine Übermittlungsfunktion wahr. Gibt der Handelnde dagegen zu erkennen, dass er eine eigene, selbstständig formulierte Willenserklärung abgibt, so liegt Vertretung selbst dann vor, wenn dem Vertreter diese Willenserklärung im Innenverhältnis in allen Einzelheiten vorgegeben war. Entscheidend ist, wie der Handelnde tatsächlich aufgetreten ist.

BGHZ 12, 327, 334; MünchKomm/Schramm Vor § 164 Rdnr. 44; Staudinger/Schilken Vorbem zu §§ 164 ff. Rdnr. 74; RGRK/Steffen vor § 164 Rdnr. 32; Palandt/Heinrichs Einf v § 164 Rdnr. 11; Brehm Rdnr. 439; Giesen/Hegermann Jura 1991, 357, 359.

Die Abgrenzung zwischen Vertreter und Bote ist in folgenden Fällen von Bedeutung:

- ▶ Vertreter kann gemäß § 165 eine in der **Geschäftsfähigkeit** beschränkte Person sein. Bote kann dagegen auch der Geschäftsunfähige sein, wenn er zur Überbringung der Erklärung in der Lage ist.

- ▶ Ist ein Rechtsgeschäft **formbedürftig**, muss bei der Stellvertretung die Willenserklärung des Vertreters, bei der Botenschaft die des Geschäftsherrn der Form genügen.

- ▶ Kommt es auf die **Kenntnis** oder das Kennenmüssen von Umständen an, ist gemäß § 166 Abs. 1 grundsätzlich auf die Person des Vertreters abzustellen. Bei der Botenschaft ist die Person des Geschäftsherrn entscheidend.

- ▶ Beim **Empfang** einer Willenserklärung kann derjenige, der die Erklärung entgegennimmt, Empfangsvertreter (§ 164 Abs. 3) oder Empfangsbote sein.

  - Für die **Auslegung** der Willenserklärung ist beim Empfangsvertreter dessen Empfängerhorizont, beim Empfangsboten derjenige des Geschäftsherrn entscheidend.

  - Der **Zugang** ist bei der Empfangsvertretung bewirkt, wenn der Vertreter die Möglichkeit der Kenntnisnahme hatte und mit dieser zu rechnen ist. Nimmt ein Empfangsbote eine Erklärung entgegen, ist bezüglich der Zugangsvoraussetzungen auf die Person des Geschäftsherrn abzustellen.

1.1 Vertretung auch bei der sog. „gebundenen Marschroute"

Vertreter ist der Handelnde nach h.M. auch dann, wenn er das ihm vom Geschäftsherrn aufgetragene inhaltlich bestimmte Rechtsgeschäft als Vertreter tätigt (MünchKomm/Schramm Vor § 164 Rdnr. 45).

Beispiel:
V schließt mit K formgerecht einen Kaufvertrag über ein Grundstück, die Auflassung soll erst nach Zahlung des Kaufpreises durch K erfolgen. In derselben Urkunde bevollmächtigt V den Bürovorsteher B des beurkundenden Notars, die Auflassungserklärung für ihn abzugeben. Nach Zahlung des Kaufpreises teilt V dem B mit, dass die Auflassung erfolgen könne. B erklärt daraufhin im Namen des V vor dem Notar die Auflassung gegenüber K. K wird als Eigentümer eingetragen. Hat K das Eigentum erworben?

K hat gemäß §§ 873, 925 mit der Eintragung das Eigentum am Grundstück erworben, wenn eine wirksame Auflassung erfolgt ist. Nach § 925 muss die Auflassung in Anwesenheit der beiden Erklärenden – Parteien oder Vertreter – erfolgen. Für den Veräußerer V hat der Bürovorsteher B den Eigentumsübertragungswillen im Namen des V mit dessen Vertretungsmacht vor dem Notar erklärt und K war damit einverstanden. Obwohl dem B bzgl. des Inhaltes der Auflassung und auch darüber, ob er die Auflassung erklären wollte, keine eigene Entscheidungsfreiheit zustand, ist er nach außen als Vertreter aufgetreten. Damit ist dem Formerfordernis des § 925 genügt.

Wäre B dagegen als Bote aufgetreten und hätte dementsprechend keine eigene, sondern eine fremde Willenserklärung – die des V – abgegeben, wäre diese formnichtig, da der Erklärende V nicht anwesend war. Haben die Parteien in diesen Fällen gewusst, dass nur bei Auftreten als Vertreter ein formgerechter Abschluss vorliegt, so ist im Zweifel von Vertretung auszugehen.

1.2 Der Handelnde tritt nicht so auf, wie ihm aufgetragen worden ist

Tritt der Handelnde weisungswidrig nach außen als Vertreter oder Bote auf, so ist die Wirksamkeit des Rechtsgeschäfts des Handelnden davon abhängig, ob das getätigte Rechtsgeschäft von der Boten- bzw. Vertretungsmacht gedeckt ist oder nicht.

1.2.1 Das getätigte Rechtsgeschäft wird von der Boten- bzw. Vertretungsmacht gedeckt

▶ Wenn der Handelnde nach der Weisung des Geschäftsherrn als Vertreter tätig werden sollte, er nach außen aber – bewusst oder unbewusst – als Bote aufgetreten ist, so wirkt die Willenserklärung für und gegen den Geschäftsherrn, falls die Rechtsfolgen, die die Willenserklärung auslöst, identisch sind mit denen, die im Falle des Handelns als Vertreter eingetreten wären. Obwohl hier weder der Geschäftsherr (er hat die Willenserklärung nicht formuliert) noch der „Vertreter" (er hat keine eigene, sondern eine vermeintlich fremde Willenserklärung abgegeben) eine Willenserklärung abgegeben hat, wird eine Bindung des Geschäftsherrn angenommen, denn diesem kommt es nur darauf an, mit welchem Inhalt und nicht wie das Rechtsgeschäft zu Stande kommt.

Flume § 43, 4; Soergel/Leptien vor § 164 Rdnr. 52; Medicus BR Rdnr. 79; MünchKomm/Schramm Vor § 164 Rdnr. 49; Erman/Palm vor § 164 Rdnr. 24.

▶ Wenn der Handelnde als Bote auftreten sollte, er aber nach außen – bewusst oder unbewusst – als Vertreter aufgetreten ist, so wirkt die Willenserklärung ebenfalls für und gegen den Geschäftsherrn, wenn der Handelnde bzgl. des Inhalts des Rechtsgeschäfts weisungsgemäß tätig geworden ist. Aus der Botenmacht ergibt sich hier zugleich die Vertretungsmacht; einer Genehmigung gemäß § 177 bedarf es nicht.

MünchKomm/Schramm Vor § 164 Rdnr. 47 a; Medicus BR Rdnr. 78; Soergel/Leptien vor § 164 Rdnr. 52; a.A. Hueck AcP 152, 433, 437.

1.2.2 Das getätigte Rechtsgeschäft wird von der Boten- bzw. Vertretungsmacht nicht gedeckt

▶ Tritt der als Bote eingesetzte Mittler – bewusst oder unbewusst – als Vertreter auf und weicht er von der vom Geschäftsherrn vorformulierten Erklärung ab, so handelt er als Vertreter ohne Vertretungsmacht; es gelten unmittelbar die §§ 177–179.

MünchKomm/Schramm Vor § 164 Rdnr. 50; Medicus BR Rdnr. 78; abweichend Erman/Palm Vor § 164 Rdnr. 24: entsprechende Anwendung.

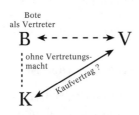

Beispiel:
Der Kunsthändler K hat mit V über den Ankauf eines Gemäldes verhandelt. Später beauftragt K den Angestellten B, dem V mitzuteilen, dass er, K, das Bild für 33.000 DM kaufe, wenn V die Echtheitsgarantie übernehme. B verhandelt mit V über die Kaufbedingungen. Er schließt nach längerem Hin und Her im Namen des K einen Kaufvertrag über 30.000 DM ab. Wirkt dieser Vertrag für und gegen K?

V und B haben sich über den Kauf geeinigt. Diese Einigung wirkt für und gegen K, wenn K wirksam vertreten worden ist.
(I) Entgegen seiner Weisung hat B eine eigene Willenserklärung im Namen des K abgegeben und damit als Vertreter des K gehandelt.
(II) B hatte keine Vertretungsmacht. K kann das Auftreten des B gemäß § 177 genehmigen. Verweigert er die Genehmigung haftet der vollmachtlose Vertreter B dem V aus § 179.

▶ Handelt der Vertreter als Bote und wird das Handeln nicht von der Boten- bzw. Vertretungsmacht gedeckt, so sind die Regeln der §§ 177–179 nach der h.M. entsprechend anwendbar, unabhängig davon, ob er bewusst von der ihm erteilten Vollmacht abweicht oder ob eine Beauftragung als Bote fehlt.

MünchKomm/Schramm Vor § 164 Rdnr. 51; § 177 Rdnr. 8; Medicus BR Rdnr. 78, 79.

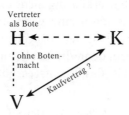

Beispiel:
Der H ist selbstständiger Kaufmann und im begrenzten Umfang bevollmächtigt, für den Autohändler V Fahrzeuge zu verkaufen. H verhandelt namens des V mit K über den Verkauf eines BMW 520. Es kommt zu keiner Einigung. Einige Tage später ruft H bei K an und erklärt, sein Chef – V – lasse ausrichten, dass er an ihn, den K, das Fahrzeug zu den von K vorgeschlagenen Bedingungen verkaufe. Da V den H damit nicht beauftragt hat und die Vollmacht das Rechtsgeschäft nicht deckt, weigert sich V, den Wagen zu übertragen.

(I) Wirksame Einigung V – K unter Einschaltung des H
H hat als Bote des V das angebliche Kaufangebot des V überbracht.
(II) Das Kaufangebot wirkt nicht gegenüber V, weil dem K keine Botenmacht eingeräumt worden ist und der Abschluss des Kaufvertrages von der Vollmacht nicht gedeckt ist.
(III) Es gelten nach h.M. die §§ 177–179 und nicht § 120, unabhängig davon, ob in diesen Fällen der als Bote Auftretende die Vollmacht überschritten hat oder ob überhaupt keine Beauftragung vorlag, der Bote also als Pseudobote tätig geworden ist.
(1) Fehlt die Beauftragung als Bote, so kann § 120 nicht angewandt werden, weil es an der für § 120 erforderlichen Veranlassung durch den Geschäftsherrn fehlt.
(2) Weicht der Bote bewusst von dem Auftrag ab, so kann § 120 nicht zur Anwendung kommen, weil diese Vorschrift voraussetzt, dass eine Erklärung übermittelt worden ist.

RGRK/Krüger-Nieland § 120 Rdnr. 5; MünchKomm/Schramm Vor § 164 Rdnr. 51; Soergel/Hefermehl § 120 Rdnr. 4; Palandt/Heinrichs § 120 Rdnr. 3 f; Larenz/Wolf § 46 Rdnr. 44; Flume § 23, 3; a.A. MünchKomm/Kramer § 120 Rdnr. 3; Medicus AT Rdnr. 748; Marburger AcP 173, 137 ff.

▶ Tritt der Vertreter als Bote auf und weicht er unbewusst von der ihm erteilten Vollmacht ab, so gilt nach h.M. § 120. Die Willenserklärung wird dem Geschäftsherrn zunächst zugerechnet, kann jedoch mit der Folge der Haftung nach § 122 angefochten werden.

Soergel/Leptien vor § 164 Rdnr. 52 mwN; a.A. MünchKomm/Schramm Vor § 164 Rdnr. 51, der analog § 122 zwar eine Vertrauenshaftung des Geschäftsherrn bejaht, aber keine Anfechtung fordert, da das doppelte Fehlverhalten des Bevollmächtigten, der als Bote auftrete und auch noch seine Macht überschreite, den Geschäftsherrn nicht zusätzlich belasten sollte.

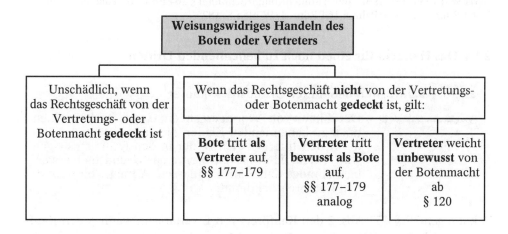

2. Das Handeln im fremden Namen gemäß § 164

▶ Der Vertreter muss seinen „Fremdwirkungswillen" äußern. Er muss mit seiner Erklärung zum Ausdruck bringen, dass nicht ihn, sondern einen anderen die Rechtsfolgen treffen sollen, die nach dem Inhalt der Erklärung eintreten sollen. Es gilt das **Offenkundigkeitsprinzip**.

▶ In Ausnahmefällen kann auf die Offenkundigkeit des Vertretungsverhältnisses verzichtet werden, insbesondere dann, wenn für den Vertragspartner erkennbar ist, wen die Rechtsfolgen des Geschäftes treffen sollen.

▶ Tritt der Wille, im fremden Namen zu handeln, nicht erkennbar hervor, so wird der Erklärende selbst verpflichtet. Es liegt dann ein unanfechtbares Eigengeschäft vor, weil § 164 Abs. 2 die Anfechtung wegen des Irrtums, im fremden Namen handeln zu wollen, ausschließt.

BGH NJW-RR 1992, 1010, 1011@; MünchKomm/Schramm § 164 Rdnr. 54.

2.1 Die Offenkundigkeit

Der Offenkundigkeitsgrundsatz ist gewahrt, wenn der Vertreter deutlich macht, dass die Rechtsfolgen aus dem Geschäft nicht ihn, sondern einen anderen treffen sollen. Der Vertreter braucht nicht ausdrücklich im fremden Namen zu handeln; ausreichend ist, dass nach den gesamten Umständen zum Ausdruck gebracht wird, dass die mit der Erklärung erstrebten Rechtsfolgen einen anderen treffen sollen (§ 164 Abs. 1 S. 2). Der Name des Vertretenen braucht nicht genannt zu werden. Es genügt, dass die Person des Vertretenen bestimmbar ist. Die Auslegungsregel des § 164 Abs. 1 S. 2 gilt nicht nur für die Frage, ob jemand in fremdem Namen gehandelt hat, sondern ist auch dann anzuwenden, wenn ungewiss ist, in welchem Namen der Vertreter einen Vertrag abschließt.

BGH WM 1985, 451; 1988, 466@; MünchKomm/Schramm § 164 Rdnr. 18; Palandt/Heinrichs § 164 Rdnr. 1; Erman/Palm § 164 Rdnr. 4; Wörlen S. 182.

2.1.1 Das Handeln für einen noch zu benennenden Dritten

Fall 16: Nachträglich benannter Grundstückskäufer

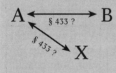

Der X kauft von A formgerecht ein Grundstück für einen noch zu benennenden Käufer. Nach zwei Monaten findet X den Interessenten B, der in den Kauf „einsteigen will". X teilt dem A mit, B werde das Grundstück erwerben; A möge daher an B auflassen. A fragt, von wem er den Kaufpreis bekommt.

A kann gemäß § 433 Abs. 2 den Kaufpreis von B verlangen, wenn X den Kaufvertrag wirksam als Vertreter des B abgeschlossen hat.

(I) X hat bei Vertragsschluss den von ihm Vertretenen noch nicht benannt. Es wird jedoch für zulässig erachtet, dass der Geschäftsherr im Zeitpunkt der Abgabe der Willenserklärung noch nicht feststeht und noch benannt werden soll. Auch dann ist ersichtlich, dass der Erklärende nicht für sich selbst, sondern für einen anderen die Erklärung abgibt. Durch die spätere Benennung des Dritten wird dann der Vertragspartner endgültig festgelegt. Es muss jedoch im Vertrag festgelegt werden, durch wen bzw. aufgrund welcher sonstigen Umstände die nachträgliche Bestimmung getroffen werden soll. Obliegt sie dem Vertreter und unterlässt er sie, gilt § 179 entsprechend.

RGZ 140, 338; BGH NJW 1989, 164, 166; MünchKomm/Schramm § 164 Rdnr. 20; Palandt/Heinrichs § 164 Rdnr. 2; Erman/Palm § 164 Rdnr. 3; Staudinger/Schilken Vorbem zu §§ 164 ff. Rdnr. 51; Flume § 44 II 1 a; Medicus AT Rdnr. 916.

Demnach hat X die Vertragserklärungen im Namen des B abgegeben.

(II) X war zwar bei Abschluss des Vertrages nicht zur Vertretung des B berechtigt. Durch seine Erklärung gegenüber X, in den Kauf einsteigen zu wollen, hat der B dem X aber nachträglich Vertretungsmacht eingeräumt. Es ist ein Kaufvertrag zwischen A und B zu Stande gekommen. A kann von B Zahlung des Kaufpreises verlangen.

Beachte: Nach h.M. stellt die nachträgliche Bevollmächtigung keine Genehmigung i.S.v. § 177 dar. Wird der Geschäftspartner nachträglich bestimmt, so kommt das Geschäft erst in diesem Zeitpunkt zu Stande; eine Rückwirkung wie bei § 177 i.V.m. § 184 Abs. 1 scheidet aus (MünchKomm/Schramm § 164 Rdnr. 20; Staudinger/Schilken Vorbem zu §§ 164 ff. Rdnr. 51; Soergel/Leptien vor § 164 Rdnr. 33).

– – –

2.1.2 Ermittlung des Vertragspartners durch Auslegung

Ist nicht eindeutig, für wen der Vertreter gehandelt hat, so muss im Wege der Auslegung ermittelt werden, mit wem das Rechtsgeschäft zu Stande gekommen ist. Dabei sind neben den Auslegungsgrundsätzen, die für jede Willenserklärung anzuwenden sind, zwei Auslegungsregeln zu berücksichtigen:

▶ Bei einem unternehmensbezogenen Geschäft geht der Wille der Beteiligten im Zweifel dahin, dass der Inhaber des Unternehmens Vertragspartner wird und nicht der für das Unternehmen Handelnde.

▶ Gemäß § 164 Abs. 2 ist ein Eigengeschäft des Vertreters gegeben, wenn der Wille, im fremden Namen zu handeln, nicht erkennbar hervortritt.

A) Unternehmensbezogene Geschäfte

Bei unternehmensbezogenen Geschäften wird im Zweifel im Namen des Inhabers des Unternehmens gehandelt.

Fall 17: Irrtum über den Betriebsinhaber

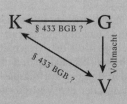

Frau G ist Inhaberin der Firma J, Fliesenhandel und -verlegung. Ihr Ehemann V, der von G mit der Führung der Geschäfte beauftragt ist, bestellt bei K durch einen von ihm unterzeichneten Kaufvertrag einen Lkw mit Ladekran. K liefert den Lkw und verlangt Bezahlung von V, weil er ihn für den Inhaber der Firma gehalten hat. Als er erfährt, dass V vermögenslos und in Wahrheit Frau G Inhaberin des Geschäftes ist, verlangt er von ihr die Bezahlung. Diese macht geltend, K habe den Vertrag mit V und nicht mit ihr abschließen wollen.

K kann von Frau G gemäß § 433 Abs. 2 Bezahlung verlangen, wenn er mit ihr einen Kaufvertrag abgeschlossen hat. Da Frau G keine eigene Willenserklärung abgegeben hat, kann der Vertrag nur in der Weise zu Stande gekommen sein, dass V als Vertreter der Frau G mit K das Rechtsgeschäft getätigt hat.

(I) V und K haben sich darüber geeinigt, dass der Lkw gegen Zahlung des Kaufpreises übertragen werden soll. Diese Einigung wirkt für und gegen G, wenn V wirksam als Vertreter der Frau G die Willenserklärung abgegeben hat.

(II) V ist nicht ausdrücklich im Namen der G aufgetreten. Nach der Auslegungsregel vom unternehmensbezogenen Handeln geht bei unternehmensbezogenen Geschäften der Wille der Beteiligten im Zweifel dahin, dass der Inhaber des Unternehmens Vertragspartei werden soll.

BGH NJW 1995, 43, 44; NJW-RR 1995, 991; K. Schmidt JuS 1987, 425, 428; Giesen/Hegermann Jura 1991, 357, 360; Ahrens JA 1998, 895; MünchKomm/Schramm § 164 Rdnr. 19, 23; Palandt/Heinrichs § 164 Rdnr. 2; Staudinger/Schilken § 164 Rdnr. 20; Hübner Rdnr. 1220; Medicus AT Rdnr. 917; Larenz/Wolf § 46 Rdnr. 77.

Voraussetzung ist allerdings, dass der Handelnde ein Auftreten für ein Unternehmen hinreichend deutlich macht. Der **Unternehmensbezug** kann sich z.B. ergeben aus dem Ort des Vertragsschlusses, Zusätzen im Zusammenhang mit der Unterschrift oder daraus, dass die Vertragsleistung für den Betrieb des Unternehmens bestimmt ist.

BGH NJW-RR 1997, 527; ZIP 2000, 972[@]; OLG Köln MDR 1999, 1012.

Bestehen Zweifel an der Unternehmensbezogenheit, ist gemäß § 164 Abs. 2 grundsätzlich von einem Eigengeschäft des Vertreters auszugehen (BGH NJW-RR 1995, 991).

Der bestellte Lkw ist eindeutig für den Betrieb der Firma J bestimmt. Besteht – wie hier – ein hinreichender Unternehmensbezug, spricht allein diese Tatsache dafür, dass das Geschäft nicht mit dem Erklärenden, sondern mit dem Unternehmensträger abgeschlossen wird (BGH NJW-RR 1998, 1342). Dies gilt auch dann, wenn der Inhaber des Unternehmens falsch bezeichnet wird oder sonst Fehlvorstellungen über ihn bestehen.

BGH NJW 1990, 2678; 1998, 2897.

Teilweise wird das unternehmensbezogenen Geschäft als eine Ausnahme vom Offenkundigkeitsprinzip angesehen (Medicus AT Rdnr. 917), nach heute h.M. handelt es sich lediglich um eine Lockerung, weil auch in diesen Fällen der Vertragspartner, das Unternehmen, für den Geschäftspartner eindeutig erkennbar sein muss (BGH ZIP 1992, 475, 476; 2000, 972, 973[@]; vgl. auch Ahrens JA 1998, 895, 897).

BGH ZIP 1992, 475, 476: „Die Anwendung der Grundsätze über betriebsbezogene Geschäfte ändert nichts an dem für das Vertretungsrecht geltenden Offenkundigkeitsprinzip. Auch in diesen Fällen muss der Vertragsgegner (das Unternehmen) für den Geschäftspartner von vornherein eindeutig erkennbar sein. Die Besonderheit liegt lediglich darin, dass das Auseinanderfallen zwischen dem Vertragsschließenden und der Vertragspartei dem Geschäftsgegner verborgen bleibt, z.B. weil der Geschäftsgegner den Vertreter für den Betriebsinhaber hält."

Demnach handelte V im Namen der G als Inhaberin der Fa. J.

(III) Da V auch Vertretungsmacht für G hatte, wirkte die von ihm abgegebene Erklärung gemäß § 164 Abs. 1 S. 1 für und gegen G. Damit ist G gemäß § 433 Abs. 2 zur Zahlung des Kaufpreises verpflichtet.

— — —

2.1.3 Die Auslegungsregel des § 164 Abs. 2

Wird der Wille, im fremden Namen zu handeln, nicht hinreichend deutlich erklärt, so kommt gemäß § 164 Abs. 2 „der Mangel des Willens, im eigenen Namen zu handeln, nicht in Betracht". Es liegt ein Eigengeschäft des Vertreters vor.

▶ Aus § 164 Abs. 2 kann – unstreitig – geschlossen werden, dass ein Rechtsgeschäft nicht angefochten werden kann, wenn der Erklärende im fremden Namen handeln will, aber im eigenen Namen handelt.

▶ Umstritten ist, ob ein Umkehrschluss aus § 164 Abs. 2 dahingehend gerechtfertigt ist, dass eine Anfechtung durch den Vertreter nicht möglich ist, wenn dieser im fremden Namen handelt, aber im eigenen Namen handeln will.

Fall 18: Günstiger Mercedes 190

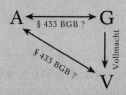

G bittet den Automechaniker V, für ihn bei dem Gebrauchtwagenhändler A einen bereits besichtigten Mercedes 190 zu erwerben, falls dieser keine technischen Mängel aufweise. Der G ruft bei A an und verständigt ihn davon, dass V in den nächsten Tagen vorbeikommen werde. V stellt bei der Überprüfung des Wagens fest, dass es sich um ein außerordentlich günstiges Geschäft handelt und will den Wagen für sich selbst erwerben. Er erklärt dem A, er kaufe den Wagen und werde ihn in den nächsten Tagen abholen und bezahlen. Zwischen wem ist der Kaufvertrag über den Wagen zu Stande gekommen?

Es ist zwischen G und A ein Kaufvertrag zu Stande gekommen, wenn V als Vertreter des G sich mit A über die Kaufvertragsbestandteile geeinigt hat.

(I) Dann müsste V gemäß § 164 die Kaufvertragserklärungen im fremden Namen abgegeben und entgegengenommen haben.

(1) Als V zum Ausdruck brachte, dass er den Wagen kaufen wolle, konnte A nach den gesamten Umständen davon ausgehen, dass V diesen Wagen für G erwerben wollte. Der äußere Erklärungstatbestand ließ aus der Sicht des A nur den Schluss zu, V wolle nicht für sich, sondern für den G erwerben, denn der G hatte zuvor den A davon verständigt, dass der V dieses Rechtsgeschäft für ihn tätigen sollte. Daher hat V im fremden Namen gehandelt.

(2) Dass der V nicht den inneren Willen hatte, für G zu erwerben, ist rechtlich unerheblich. Sofern der wahre innere Wille nicht erkannt wird, ist

für die Entscheidung, ob jemand im fremden Namen gehandelt hat, allein sein äußeres Verhalten maßgebend.

(II) V müsste ferner Vertretungsmacht für G gehabt haben. Der G hat den V, als er ihn um den Erwerb des Wagens bat, bevollmächtigt, diesen Kaufvertrag in seinem Namen zu tätigen. Mit der Beauftragung des V, für ihn den Mercedes zu erwerben, hat G dem V gegenüber eine sog. Innenvollmacht (§ 167 Abs. 1 1. Alt.) erteilt. Mit dem Anruf bei A hat G diesem die Bevollmächtigung des V kundgetan (§ 171 Abs. 1 1. Alt.). Damit ist ein Kaufvertrag zwischen A und G, vertreten durch V, zu Stande gekommen.

(III) Da der V die Kaufvertragserklärungen im eigenen Namen abgeben wollte, also eine andere Erklärung abgegeben hat, als er beabsichtigte, könnte er gemäß § 119 Abs. 1 zur Anfechtung der Kaufvertragserklärung berechtigt sein.

(1) Nach Auffassung der Rechtsprechung kann der Vertreter, der ein eigenes Rechtsgeschäft tätigen wollte, aber nach außen zum Ausdruck gebracht hat, ein fremdes Rechtsgeschäft abzuschließen, seine Erklärung nicht anfechten. Ein Umkehrschluß zu § 164 Abs. 2 ergebe, dass der Wille, im eigenen Namen zu handeln, ebenso wie der Wille, im Namen eines anderen zu handeln, unbeachtlich sei, sofern dies nicht nach außen zum Ausdruck käme.

BGHZ 36, 30, 33; BGH WM 1970, 816; NJW-RR 1992, 1010, 1011[@]; Palandt/Heinrichs § 164 Rdnr. 16.

(2) In der Literatur wird dagegen überwiegend die Auffassung vertreten, dass die Willenserklärung irrtumsbedingt und daher gemäß § 119 Abs. 1 anfechtbar sei. Die Regelung des § 164 Abs. 2, wonach ein Anfechtungsrecht ausgeschlossen ist, sei eine nicht analogiefähige Ausnahmevorschrift. Umstritten ist jedoch, wem das Anfechtungsrecht dann zusteht:

- ▶ Einige gewähren ausschließlich dem Vertreter das Recht zur Anfechtung. Staudinger/Schilken § 164 Rdnr. 21; Hübner Rdnr. 1221; RGRK/Steffen § 164 Rdnr. 5.

- ▶ Lieb JuS 1967, 106, 112 FN 63 vertritt die Auffassung, beide – der Vertreter und der Vertretene – seien anfechtungsberechtigt.

- ▶ MünchKomm/Schramm § 164 Rdnr. 58 u. Brox JA 1980, 449, 454 differenzieren nach der Wirksamkeit der Stellvertretung:

  - Wirke das Geschäft mangels Vertretungsmacht bzw. Genehmigung nicht gegen den Vertretenen, so komme für diesen eine Anfechtung nicht in Betracht. Vielmehr könne der Vertreter seine Willenserklärung anfechten, um der Haftung aus § 179 Abs. 1 zu entgehen.

  - Bei einem für den Vertretenen wirksam gewordenen Geschäft könne dieser selbst die Anfechtung erklären, §§ 119 Abs. 1, 166 Abs. 1. Zu beachten sei jedoch, dass beim Vertretenen in diesen Fällen i.d.R. die Erheblichkeit des Irrtums (§ 119 Abs. 1 a.E.) fehle (so MünchKomm/Schramm § 164 Rdnr. 58).

(3) Gegen die Gewährung eines Anfechtungsrechtes spricht die mangelnde Schutzbedürftigkeit des Vertretenen wie des Vertreters. Hatte der Ver-

treter keine Vertretungsmacht, so ist der Vertretene schon deswegen nicht schutzbedürftig, weil er nicht an die Erklärung gebunden ist. Hatte er ihm jedoch Vertretungsmacht eingeräumt, so hat der Vertretene dem abgeschlossenen Rechtsgeschäft zugestimmt, sodass nicht einzusehen ist, weshalb dem Vertretenen ein Anfechtungsrecht zustehen sollte. Ebenso ist der Vertreter nicht schutzbedürftig. Da für ihn ein Nachteil nur bei fehlender Vertretungsmacht eintritt, ließe sich die Erforderlichkeit der Anfechtung allenfalls mit der dann bestehenden Haftung aus § 179 begründen. § 164 Abs. 2 gibt demgegenüber aber der Rechtssicherheit den Vorrang. Will der Vertreter im fremden Namen handeln, bringt er dies jedoch nicht hinreichend zum Ausdruck, so versagt § 164 Abs. 2 die Anfechtung. Der Vertreter ist selbst zur Erfüllung verpflichtet. Nichts anderes kann gelten, wenn der Vertreter im eigenen Namen handeln wollte, nach außen aber als Vertreter aufgetreten ist. Fehlt ihm die Vertretungsmacht, so haftet er gemäß § 179 Abs. 1 ebenfalls auf Erfüllung bzw. für den Erfüllungsschaden. Die Interessenlage des Vertreters ist also in beiden Fällen gleich. Dementsprechend ist der aus dem Umkehrschluss aus § 164 Abs. 2 abgeleitete Anfechtungsausschluss gerechtfertigt. V kann seine Kaufvertragserklärung nicht anfechten.

– – –

2.2 Die Einschränkungen des Offenkundigkeitsgrundsatzes

Die §§ 164 ff. können ausnahmsweise auch dann anwendbar sein, wenn der Erklärende nicht deutlich macht, dass die Rechtsfolgen der Vereinbarung einen Dritten treffen sollen.

▶ Beim **Geschäft, wen es angeht**, ist es dem Empfänger der Erklärung gleichgültig, wer sein Vertragspartner wird.

▶ Bei dem **Handeln unter fremdem Namen** finden die §§ 164 ff. Anwendung, wenn eine Identitätstäuschung vorliegt.

2.2.1 Das Geschäft für den, den es angeht

Fall 19: Kauf für einen anderen

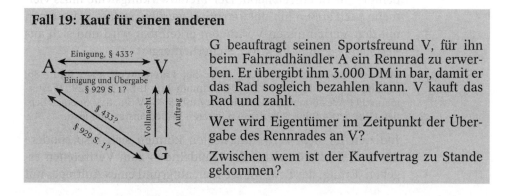

G beauftragt seinen Sportsfreund V, für ihn beim Fahrradhändler A ein Rennrad zu erwerben. Er übergibt ihm 3.000 DM in bar, damit er das Rad sogleich bezahlen kann. V kauft das Rad und zahlt.

Wer wird Eigentümer im Zeitpunkt der Übergabe des Rennrades an V?

Zwischen wem ist der Kaufvertrag zu Stande gekommen?

(A) Wer ist **Eigentümer** geworden?
G hat gemäß § 929 S. 1 das Eigentum erworben, wenn zwischen ihm und A eine Einigung über den Eigentumswechsel vorliegt und eine Übergabe an ihn erfolgt ist.

(I) A und V haben sich anlässlich der Übergabe über den Eigentumsübergang geeinigt. Diese Einigung wirkt für und gegen G, wenn G durch V vertreten worden ist.

(1) V hat eine eigene Willenserklärung abgegeben. Aus der Sicht des A ist er nicht als Bote einer Erklärung des G erschienen.

(2) V handelte allerdings weder ausdrücklich noch konkludent im Namen des G. Für den A war nicht offenkundig, dass die Übereignung an einen anderen als den tatsächlich Handelnden V erfolgen sollte.

Auf die Einhaltung des Offenkundigkeitsgrundsatzes kann jedoch beim Geschäft, wen es angeht, verzichtet werden.

RGZ 140, 223, 229; BGH NJW 1955, 587, 590; BGHZ 114, 74, 80[@]; MünchKomm/Schramm § 164 Rdnr. 44; Palandt/Heinrichs § 164 Rdnr. 8; Staudinger/Schilken Vorbem zu §§ 164 ff. Rdnr. 51 ff., 56; Müller JZ 1982, 777 nimmt als Ansatzpunkt für das Geschäft, wen es angeht, die ergänzende Vertragsauslegung; ablehnend Flume § 44 II 2 c mit dem Argument, dass die Grenze zwischen unmittelbarer und mittelbarer Stellvertretung verwischt werde.

(a) Es muss dem Geschäftsgegner gleichgültig sein, wer sein Vertragspartner wird. Dies ist grundsätzlich bei **Bargeschäften des täglichen Lebens** der Fall.

BGHZ 114, 74, 80[@]; MünchKomm/Schramm § 164 Rdnr. 47–49; Baur/Stürner, SachenR, 17. Aufl., § 51 Rdnr. 43.

Auch dann, wenn der Veräußerer durch einen Eigentumsvorbehalt gesichert ist, kann ein Geschäft, wen es angeht, angenommen werden (BGHZ 114, 74, 80[@]). Es erfolgt dann eine Einigung mit dem, den es angeht, unter der Bedingung der vollständigen Kaufpreiszahlung.

(b) Ein Geschäft, wen es angeht, setzt weiterhin voraus, dass der Vertreter den Willen hat, die Sache für den Vertretenen zu erwerben. Dabei ist nach der h.M. der bloße innere Wille des Handelnden nicht ausreichend. Der Fremdwirkungswille muss vielmehr nach außen hin dokumentiert werden, sodass er für einen mit den Verhältnissen Vertrauten erkennbar wird und sich aus der Sachlage mit objektiver Sicherheit ergibt.

MünchKomm/Schramm § 164 Rdnr. 50; Larenz/Wolf § 46 Rdnr. 86; v. Lübtow ZHR 112, 227, 229; K. Schmidt JuS 1987, 425, 429; Westermann/H.P.Westermann, SachenR I, 7. Aufl., § 43 IV 3 a; a.A. Soergel/Leptien (Vor § 164 Rdnr. 29), der den inneren Willen ausreichen lässt.

Indizien für den Vertretungswillen können sich insbesondere aus dem Innenverhältnis des Handelnden zum Vertretenen ergeben. Erfolgt der Erwerb, wie hier, aufgrund eines Auftrages mit

Mitteln des Hintermannes, so genügt dies nach allgemeiner Ansicht für den danach erforderlichen Fremdbezug.

(3) Da V Vertretungsmacht hatte, wirkt die Einigung für und gegen G.

(II) Die Übergabe gemäß § 929 S. 1 ist erfolgt, weil der Veräußerer A den Besitz an dem Rennrad auf den Erwerber G übertragen hat. Zwar hat G nicht den unmittelbaren Besitz erlangt, doch für § 929 S. 1 ist es ausreichend, wenn der Erwerber mittelbarer Besitzer wird. Das ist hier gegeben, weil zwischen dem G und dem V ein wirksames Besitzmittlungsverhältnis gemäß § 868 bestand. Es bestand zwischen dem V und dem G ein Auftragsverhältnis, das dem G einen Herausgabeanspruch gemäß § 667 gegen den V gewährte und V hatte auch den Fremdbesitzerwillen.

Beachte: Für den Besitzerwerb greifen die Stellvertretungsregeln nicht ein. Bei der Übereignung muss also unterschieden werden: Die Einigung zwischen dem Erwerber und dem Veräußerer kann unter Einschaltung von Vertretern erfolgen. Für den Besitzerwerb gelten die §§ 854 ff.

Der G hat daher das Eigentum in dem Zeitpunkt erworben, als der A dem V das Rennrad aushändigte.

(B) Zwischen wem ist der **Kaufvertrag** zu Stande gekommen?
Nach h.A. können die Grundsätze des Geschäftes für den, den es angeht, auch auf schuldrechtliche Verpflichtungsgeschäfte angewendet werden.

BGH WM 1978, 12, 13; Staudinger/Schilken Vorbem zu §§ 164 ff. Rdnr. 54; Erman/Palm § 164 Rdnr. 9; Soergel/Leptien vor § 164 Rdnr. 31; Medicus BR Rdnr. 90; K. Schmidt JuS 1987, 425, 429; MünchKomm/Schramm § 164 Rdnr. 49. Gegen die Anwendung der Grundsätze auf das schuldrechtliche Grundgeschäft: Baur/Stürner, SachenR, 17. Aufl., § 51 Rdnr. 43; Flume § 44 II 2 b.

Ob es dem Verkäufer bei Abschluss des Kaufvertrages gleichgültig ist, wer sein Vertragspartner wird, muss im Wege der Auslegung unter Berücksichtigung der Interessenlage ermittelt werden. Die Grundsätze des Geschäftes für den, den es angeht, sind anwendbar beim anonymen Kauf im Warenhaus und, im Regelfall, wenn der Kaufpreis bar entrichtet wird. Im vorliegenden Fall liegt für den Fahrradhändler A ein Geschäft des täglichen Lebens vor und es wurde der Kaufpreis in bar entrichtet, sodass es dem Verkäufer A gleichgültig sein kann, wer sein Vertragspartner ist.

Daher ist der Kaufvertrag zwischen G und A zu Stande gekommen.

– – –

2.2.2 Das Handeln unter fremdem Namen

Wenn der Erklärende bei der Abgabe einer Willenserklärung einen anderen Namen verwendet, er also nicht im fremden Namen, sondern unter Verwendung eines fremden Namens handelt, ist zu unterscheiden, ob lediglich eine Namenstäuschung oder eine Identitätstäuschung vorliegt.

A) Wird lediglich über den Namen getäuscht, so wird der Erklärende aus der von ihm abgegebenen Willenserklärung berechtigt und verpflichtet. In den Fällen der bloßen **Namenstäuschung** hat der Name für das abschließende Geschäft überhaupt keine Bedeutung, er ist Schall und Rauch. Das Rechtsgeschäft wäre mit dem Erklärenden auch dann zu Stande gekommen, wenn er den richtigen Namen genannt hätte.

MünchKomm/Schramm § 164 Rdnr. 38; Staudinger/Schilken Vorbem zu §§ 164 ff. Rdnr. 88, 92; Soergel/Leptien § 164 Rdnr. 22; Palandt/Heinrichs § 164 Rdnr. 10, 12; Medicus BR Rdnr. 83.

Beispiel: A mietet im Romantikhotel H ein Doppelzimmer. Da er mit seiner Freundin unterwegs ist, stellt er sich als Graf Y vor und füllt auch die Anmeldeformulare mit diesem Namen aus.

Der Beherbergungsvertrag ist hier zwischen dem A und H zu Stande gekommen. H wollte mit dem abschließen, der die Vertragserklärungen abgegeben hat. Der Name des Gastes war für ihn völlig ohne Bedeutung.

B) Wenn eine **Identitätstäuschung** vorliegt und der Vertragspartner diesen Vertrag gerade nur deswegen abgeschlossen hat, weil er mit dem wahren Namensträger abschließen wollte, so wird dieses Handeln unter fremdem Namen dem Handeln im fremden Namen gleichgestellt. In den Fällen der Identitätstäuschung hätte der Vertragspartner den Vertrag bei Kenntnis des wahren Namens des Erklärenden nicht abgeschlossen.

Fall 20: Einkauf auf fremde Rechnung

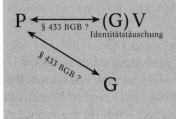

Der vermögenslose Bruder V des bekannten, vermögenden G kauft in dem gerade eröffneten Geschäft des P Herrenbekleidung im Werte von 4.500 DM. Er stellt sich vor als Kaufmann G und bittet die Rechnung an seine Adresse zu schicken. Als diese Rechnung mit der Bemerkung des G zurückkommt, er habe in dem Geschäft noch nie gekauft, stellt sich alles heraus. Kann P Bezahlung von G verlangen?

(A) Ein Anspruch des P ergibt sich aus § 433 Abs. 2, wenn zwischen G und P ein wirksamer Kaufvertrag besteht.

   (I) Die Einigungserklärungen sind zwischen P und V ausgetauscht worden. Sie haben sich über die Bestandteile des Kaufvertrages geeinigt.

   (II) Diese Einigung wirkt für und gegen G, wenn V als sein Vertreter mit Vertretungsmacht gehandelt hat oder als Vertreter ohne Vertretungsmacht tätig geworden ist und dieses rechtsgeschäftliche Verhalten des V von G genehmigt worden ist (§ 177).

      (1) Dann müsste V zunächst im Namen des G aufgetreten sein. Zwar hat V den Namen des G verwendet, jedoch hat er dabei nicht zum

Ausdruck gebracht, dass G eine von ihm verschiedene Person ist. P ist vielmehr davon ausgegangen, dass G und nicht V der Erklärende sei. V wollte dagegen, dass nicht ihn als Erklärenden, sondern den G die Rechtsfolgen der Willenserklärung treffen. Ein Handeln im fremden Namen liegt demnach nicht vor. V ist vielmehr als G und damit unter dessen Namen aufgetreten.

Anders als im Fall einer bloßen Namenstäuschung kam es dem P bei dem Rechtsgeschäft gerade darauf an, den Vertrag mit dem ihm als vermögend bekannten G abzuschließen. Bei dieser Identitätstäuschung gelten die §§ 164 ff. nach h.M. analog. Nach dem Normzweck der Vorschriften, insbesondere der §§ 177 ff., soll der wahre Namensträger in Fällen, in denen der Geschäftspartner gerade mit ihm abschließen wollte, auch die Möglichkeit haben, durch Genehmigung das Geschäft an sich zu ziehen.

<small>BGHZ 45, 193, 195; OLG Düsseldorf MDR 1985, 583; Giesen/Hegermann Jura 1991, 357, 360 f; kritisch Mittenzwei NJW 1986, 2472 f; Staudinger/Schilken Vorbem zu §§ 164 ff. Rdnr. 91; Soergel/Leptien § 164 Rdnr. 23; Larenz/Wolf § 46 Rdnr. 89; Hübner Rdnr. 1223; eine direkte Anwendung der §§ 164 ff. bejahen Flume § 44 IV; Medicus BR Rdnr. 82; wohl auch MünchKomm/Schramm § 164 Rdnr. 36.</small>

(2) Der V hatte keine Vertretungsmacht, doch kann der G durch Genehmigung erreichen, dass der Kaufvertrag zwischen ihm und P zu Stande kommt, § 177 Abs. 1 analog. Dass G eine solche Genehmigung erteilt, ist nach der Sachlage im vorliegenden Fall jedoch nicht anzunehmen.

(B) Wird die Genehmigung verweigert, so haftet der V analog § 179 Abs. 1 als Vertreter ohne Vertretungsmacht auf Erfüllung, d.h. er und nicht G muss den Kaufpreis bezahlen.

– – –

C) Nach h.M. gilt Entsprechendes auch für die Unterzeichnung einer Urkunde mit dem Namen des Geschäftsherrn, wenn der Geschäftspartner von der Identität des Unterzeichners mit dem Namensträger ausgeht (Staudinger/Schilken Vorbem zu §§ 164 ff. Rdnr. 91).

Beachte: Ist dem Vertragspartner die Nichtidentität von Unterzeichner und Namensträger bekannt, liegt erkennbar ein Handeln im fremden Namen vor.

D) Ebenso ist die Fälschung zu beurteilen. Zwar gibt der Erklärende hier, anders als beim Handeln unter fremdem Namen, nicht vor, ein anderer zu sein, sondern will den Eindruck hervorrufen, der andere habe selbst gehandelt. Die Interessenlage ist jedoch ähnlich wie bei der Identitätstäuschung, sodass die §§ 164 ff., insbesondere §§ 177 ff. analog gelten (Staudinger/Schilken Vorbem zu §§ 164 ff. Rdnr. 91).

3. Abschnitt: Die Vertretungsmacht

Die vom Vertreter im fremden Namen für einen anderen abgegebene Willenserklärung löst die erstrebte Rechtsfolge beim Vertretenen nur dann aus, wenn der Vertreter Vertretungsmacht zur Vornahme des Rechtsgeschäfts hat.

Diese Vertretungsmacht ist gegeben, wenn

- der Vertretene dem Vertreter eine entsprechende **Vollmacht** erteilt hat oder
- der Vertreter **kraft Gesetzes** zur Vornahme des Rechtsgeschäftes befugt ist.

1. Erteilung der Vollmacht und das Grundverhältnis

Die Vollmacht wird gemäß § 167 durch eine einseitige empfangsbedürftige Willenserklärung erteilt. Die Vollmachtserteilung ist zu unterscheiden von dem ihr zu Grunde liegenden Rechtsverhältnis. Bei Letzterem handelt es sich häufig um einen Auftrag i.S.d. §§ 670 ff.

1.1 Die Erteilung der Vollmacht

Die Vollmachterteilung ist ein einseitiges, grundsätzlich nicht formbedürftiges Rechtsgeschäft, § 167. Als einseitige empfangsbedürftige Willenserklärung wird sie mit dem Zugang wirksam. Der Erklärungsempfänger braucht also keine Einverständniserklärung abzugeben.

MünchKomm/Schramm § 167 Rdnr. 3; Staudinger/Schilken § 167 Rdnr. 10.

1.1.1 Die Art und Weise der Vollmachterteilung

Die Vollmachterteilung kann gemäß § 167 in der Weise erfolgen, dass der Vollmachtgeber – Geschäftsherr –

- gegenüber dem Vertreter Vollmacht erteilt, sog. **Innenvollmacht** (§ 167 Abs. 1 1. Alt.),
- gegenüber dem – künftigen – Geschäftspartner die Bevollmächtigung des Vertreters erklärt, sog. **Außenvollmacht** (§ 167 Abs. 1 2. Alt.).
- Außerdem wird von der h.M. die Vollmachterteilung auch durch bewusste Erklärung an die Öffentlichkeit, etwa durch öffentliche Bekanntmachung, anerkannt. Dabei handelt es sich, anders als bei der Vollmachterteilung nach § 167, um eine nicht empfangsbedürftige Willenserklärung.

MünchKomm/Schramm § 167 Rdnr. 10; Staudinger/Schilken § 167 Rdnr. 12; Larenz/Wolf § 47 Rdnr. 19; Hübner Rdnr. 1243.

Beachte: Es liegt kein Fall des § 171 Abs. 1 vor. Dort geht es um die Mitteilung, dass eine Bevollmächtigung bereits erfolgt sei, hier hingegen darum, dass durch die Mitteilung die Bevollmächtigung erst vorgenommen wird.

1.1.2 Der Umfang der Vollmacht

Mit der Erteilung der Vollmacht wird auch der Umfang der Berechtigung, für den Geschäftsherrn Rechtsgeschäfte zu tätigen, festgelegt. Der Geschäftsherr kann den Umfang der Vollmacht grundsätzlich nach seinem Belieben festlegen.

Im Handelsrecht ist der Umfang der Vollmacht im Einzelfall gesetzlich bestimmt. Eine Einschränkung im Innenverhältnis ist dem Partner gegenüber unbeachtlich – z.B. Prokurist, § 49 HGB; Handlungsbevollmächtigter, § 54 HGB; Ladenangestellter, § 56 HGB.

Der Bevollmächtigte kann zur Vornahme

- eines einzelnen Rechtsgeschäftes befugt sein, sog. Einzelvollmacht;
- der zu einem bestimmten Geschäftsbereich gehörenden Rechtsgeschäfte befugt sein, sog. Gattungs- bzw. Artvollmacht;
- von Rechtsgeschäften schlechthin für den Geschäftsherrn befugt sein, sog. Generalvollmacht.

Ist der Umfang der Vollmacht nicht eindeutig, so greifen die Auslegungsregeln über Willenserklärungen, §§ 133, 157, ein. Maßgebend ist nicht, wozu der Vollmachtgeber bevollmächtigen wollte – also nicht der innere Wille –, sondern entscheidend ist, wie der Erklärungsempfänger, d.h. der Vertragspartner bzw. der Vertreter die Bevollmächtigung verstehen durfte, also der geäußerte Wille.

Der Bauherr, der den Architekten mit der Durchführung des Bauvorhabens beauftragt, erteilt Vollmacht zu den Rechtsgeschäften, die zur Vollendung des Bauvorhabens getätigt werden müssen (BGH NJW 1960, 859; Palandt/Heinrichs § 167 Rdnr. 8 m.w.N.).

Wird ein Vertreter von seinem Vertragspartner bestochen, ist er im Zweifel ohne vorherige Information seines Geschäftsherrn nicht befugt, einen Vertrag abzuschließen (BGH NJW 1999, 2266).

Der Eigentümer, der einen anderen damit beauftragt, für ihn Grundstücke zu verkaufen, kann den Beauftragten konkludent bevollmächtigen, mit einem Makler einen Maklervertrag im Namen des Eigentümers abzuschließen, da bei der Grundstücksveräußerung häufig Maklerverträge abgeschlossen werden (BGH NJW 1988, 3012).

Der gute Glaube an die Vollmacht wird grundsätzlich nicht geschützt, sodass i.d.R. der Geschäftsgegner das Risiko der mangelnden Vertretungsmacht trägt.

Ausnahmen bestehen nach § 54 Abs. 3 HGB, §§ 170–173 BGB sowie bei der Rechtsscheinsvollmacht (vgl. dazu unten S. 128 ff.).

1.1.3 Die Form der Vollmacht

Nach § 167 Abs. 2 bedarf die Vollmachterteilung nicht der Form, welche für das Rechtsgeschäft bestimmt ist, auf das sich die Vollmacht bezieht. Die Vollmacht ist also grundsätzlich formlos gültig. Ausnahmsweise ist jedoch die Vollmachterteilung formbedürftig:

- wenn die Parteien dies rechtsgeschäftlich vereinbart haben oder
- wenn dies gesetzlich bestimmt ist. Dabei ist zu unterscheiden:

- Die Einhaltung der Form ist Wirksamkeitsvoraussetzung,

    z.B.: §§ 1484 Abs. 2, 1945 Abs. 3; §§ 2 Abs. 2, 47 Abs. 3 GmbHG; §§ 134 Abs. 3, 135 AktG.

- Die Vollmacht ist zwar formlos wirksam, bedarf aber gegenüber dem Gericht eines formgebundenen Nachweises,

    z.B.: § 80 ZPO (Prozessvollmacht); § 29 GBO (Nachweis der Eintragungsvoraussetzungen); § 12 Abs. 2 HGB.

▶ § 167 Abs. 2 wird darüberhinaus in Sonderfällen einschränkend ausgelegt:

- Im Rahmen von Rechtsgeschäften, die nach § 313 beurkundungsbedürftig sind, muss eine entsprechende Vollmacht notariell beurkundet sein, wenn sie **unwiderruflich** ist.

    BGH NJW 1979, 2306; BGHZ 132, 119, 124@;

    Das Gleiche gilt, wenn die Vollmacht zum Abschluss eines nach § 313 formbedürftigen Geschäfts zwar widerruflich ist, aber eine **tatsächliche Bindung** des Vollmachtgebers eingetreten ist.

    BGH NJW 1979, 2306; BGHZ 132, 119, 124@;

    Wann eine solche tatsächliche Bindung eintritt, ist unter Berücksichtigung der Gesamtumstände im Einzelfall zu entscheiden. Der BGH hat sie dann bejaht, wenn das Rechtsgeschäft ausschließlich den Interessen des Bevollmächtigten dient und ihm die Möglichkeit eröffnet, unverzüglich die erteilte Vollmacht zu seinen Gunsten zu verwerten (BGHZ 132, 119, 124@ m.w.N.). Die Befreiung des Bevollmächtigten von der Beschränkung des § 181 ist ein Indiz für eine tatsächliche Bindung (Rösler NJW 1999, 1150, 1151), aber allein kein ausschlaggebender Gesichtspunkt (BGH NJW 1979, 2306, 2307).

- In der Literatur werden überwiegend diese zu § 313 entwickelten Grundsätze verallgemeinert und die Formbedürftigkeit der Vollmacht immer dann bejaht, wenn die Vollmacht unwiderruflich ist oder eine tatsächliche Bindung des Vollmachtgebers besteht.

    Palandt/Heinrichs § 167 Rdnr. 2. Der BGH hat offengelassen, ob diese Grundsätze auf eine Vollmacht zum Abschluss eines Ehevertrages zu übertragen sind (BGHZ 138, 239, 246 f.) und die Vollmacht bei Unwiderruflichkeit oder tatsächlicher Bindung der Form des § 1410 bedarf (vgl. dazu Kanzleiter NJW 1999, 1612).

- Bei **formbedürftigen Bürgschaften** bedarf nach der Rechtsprechung die Vollmacht des Bürgen der Form des § 766.

    BGHZ 132, 119, 125@; a.A. Fischer JuS 1998, 205, 207; Rösler NJW 1999, 1150, 1152.

    Dies gilt insbesondere für die Ausfüllungsermächtigung bei der Blankobürgschaft. Bedarf die Bürgschaft der Form des § 766, kann sie nicht in der Weise erteilt werden, dass der Bürge ein Blankoformular unterzeichnet und jemanden mündlich ermächtigt, wesentliche Bestandteile wie die Bezeichnung des Gläubiger, des Hauptschuldners oder der verbürgten Forderung und deren Höhe einzusetzen. Der Zweck des § 766 würde ausgehöhlt, wenn man es ausreichen ließe, dass der Bürge die Unterschrift unter ein Papier setzt, welches nicht sämtliche notwendigen Erklärungsbestandteile enthält (BGHZ 132, 119, 125 f.@).

- Teilweise wird auch eine generelle Erstreckung aller Formvorschriften mit Warnfunktion auf die Erteilung der Vollmacht befürwortet (Flume § 52 2 b; Staudinger/Schilken § 167 Rdnr. 20). Dies wird von der h.M. jedoch abgelehnt.

BGHZ 138, 239, 243[@]; MünchKomm/Schramm § 167 Rdnr. 20.

Die Vollmacht zum Abschluss eines Kreditvertrages bedarf zu ihrer Wirksamkeit nicht der Angaben nach § 4 Abs. 1 S. 4 Ziff. 1 VerbrKrG (OLG Frankfurt OLG-Report 2000, 191[@]; LG München WM 2000, 1488; das LG München hält allerdings die Schriftform nach § 4 Abs. 1 VerbrKrG für erforderlich).

- Die Rechtsprechung lehnt auch die Auffassung ab, dass die Vollmacht dann der Form des getätigten Rechtsgeschäftes bedarf, wenn der Vertreter keinen eigenen Entscheidungsspielraum hat.

BGHZ 138, 239, 246[@]; a.A. Staudinger/Thiele § 1410 Rdnr. 5; Medicus AT Rdnr. 929;

1.2 Die Vollmacht und das zugrundeliegende Rechtsgeschäft

Die Vollmacht erschöpft sich ihrem Inhalt nach darin, dem bevollmächtigten Vertreter die Befugnis zur Vornahme von Rechtsgeschäften für den Vertretenen einzuräumen. Sie besagt inhaltlich nichts darüber, ob der Vertreter verpflichtet ist, für den Vertretenen das Rechtsgeschäft abzuschließen, ob der Vertreter für seine Tätigkeit ein Entgelt erhält oder den Vertretenen unterrichten muss bzw. Rechnungslegung erforderlich ist. Der Umfang der Rechte und Pflichten im (Innen-) Verhältnis des Bevollmächtigten zum Vollmachtgeber ergibt sich vielmehr aus dem der Vollmacht zugrundeliegenden Rechtsgeschäft, dem Kausalgeschäft. Als Kausalgeschäft kommt jedes Verpflichtungsgeschäft in Betracht, das auf Vornahme von Tätigkeiten für einen anderen gerichtet ist, z.B. ein Arbeits- bzw. Dienstvertrag oder ein Geschäftsbesorgungsvertrag. Falls im Zeitpunkt der Vollmachterteilung noch keine Kausalbeziehung besteht und mit der Vollmachterteilung auch nicht ausdrücklich ein Kausalgeschäft abgeschlossen wird, so ist i.d.R. davon auszugehen, dass mit der Erteilung konkludent ein Auftragsvertrag gemäß § 662 zu Stande gekommen ist. Möglich ist aber auch eine isolierte Vollmacht, bei der kein bzw. kein wirksames Grundgeschäft besteht.

BGHZ 110, 363, 367; Staudinger/Schilken § 167 Rdnr. 2; Soergel/Leptien § 167 Rdnr. 1; MünchKomm/Schramm § 168 Rdnr. 2; Jauernig § 167 Rdnr. 1; krit.: Medicus AT Rdnr. 949.

1.2.1 Die Unabhängigkeit der Vollmacht vom Grundgeschäft – Abstraktionsprinzip

Ist das Grundgeschäft nicht wirksam zu Stande gekommen, so bleibt die Vollmacht grundsätzlich wirksam. Die Unwirksamkeit des Grundgeschäftes hat grundsätzlich keinen Einfluss auf den Bestand der Vollmacht. Ob und inwieweit von diesem Grundsatz Ausnahmen möglich sind, ist umstritten.

▶ Teilweise wird davon ausgegangen, dass das Grundgeschäft und die Vollmachterteilung der Parteien grundsätzlich miteinander verbunden seien: Die

Nichtigkeit des Kausalgeschäftes bewirke auch die Nichtigkeit der Bevollmächtigung.

Medicus AT Rdnr. 949: Wenn schon § 168 S. 1 den Bestand der Vollmacht mit der Beendigung des Grundverhältnisses verknüpfe, sei es nur konsequent, die Vollmacht auch vom Entstehen des Grundsverhältnisses abhängig zu machen.

▶ Nach der Rechtsprechung können Vollmacht und Grundgeschäft zu einem einheitlichen Rechtsgeschäft verbunden werden. Die Formnichtigkeit eines Baubetreuungsvertrages nach §§ 125, 313 S. 1 führt gemäß § 139 zur Nichtigkeit der Vollmacht des Baubetreuers.

BGH NJW 1985, 730; 1990, 1721, 1723; 1992, 3237, 3238; 1997, 312@. In diesen Fällen kann sich allerdings eine Vollmacht des Baubetreuers aus §§ 170–173 (BGH NJW 1985, 730) oder eine Duldungsvollmacht (BGH NJW 1997, 312@) ergeben.

▶ In der Literatur wird teilweise die Anwendung des § 139 auf das Verhältnis zwischen Vollmacht und Grundgeschäft abgelehnt. Dies sei mit dem Abstraktionsgrundsatz nicht zu vereinbaren.

Staudinger/Schilken Vorbem zu §§ 164 ff Rdnr. 33; MünchKomm/Schramm § 164 Rdnr. 94; Soergel/Leptien Vor § 164 Rdnr. 40. Letzterer hält allerdings „unter besonderen Umständen" eine „gleichsam bedingungsweise" Verknüpfung der Vollmacht mit dem Grundgeschäft für möglich.

Beispiel: A beauftragt den 17jährigen M zum Verkauf seines Autos.
I. Der Auftrag ist ohne Einwilligung des gesetzlichen Vertreters des M schwebend unwirksam (§§ 662, 107, 108), weil M durch den Vertrag nicht lediglich einen rechtlichen Vorteil erhält.
II. Umstritten ist die Wirksamkeit der Vollmacht.
1. Nach der Ansicht von Medicus (AT Rdnr. 949) ist die Vollmacht auch in ihrem Entstehen abhängig vom Bestand des Grundverhältnisses. Die Vollmacht wäre demnach unwirksam. M würde bei einem Verkauf des Fahrzeugs ohne Vertretungsmacht handeln.
2. Hält man mit der Rechtsprechung die Verknüpfung der Vollmacht mit dem Grundgeschäft zu einem einheitlichen Rechtsgeschäft i.S.d. § 139 für möglich, ist die Vollmachterteilung nicht von der Unwirksamkeit des Grundgeschäftes erfasst, da keine Anhaltspunkte für die Annahme eines einheitlichen Geschäfts bestehen. Die Vollmacht ist auch nicht gemäß §§ 107, 108 Abs. 1 unwirksam, da sie lediglich rechtlich vorteilhaft ist.
3. Lehnt man die Anwendung des § 139 auf Vollmacht und Grundverhältnis ab, ist die Vollmacht wirksam, da sie lediglich rechtlich vorteilhaft ist.

Die Innenvollmacht ist nach h.M. grundsätzlich auch dann wirksam und berechtigt den Bevollmächtigten zur Vertretung nach außen, wenn das Innenverhältnis, d.h. die Rechtsbeziehung zwischen dem Geschäftsherrn und dem Vertreter, unwirksam ist. Es ist streng zu unterscheiden zwischen

▶ der Vollmachterteilung (Innen- und Außenvollmacht), die den Vertreter berechtigt, Rechtsgeschäfte mit Dritten zu tätigen, dem Außenverhältnis,

▶ dem zugrundeliegenden Kausalgeschäft, das die Rechte und Pflichten im Verhältnis Vertreter – Geschäftsherr festlegt, dem Innenverhältnis, und

▶ dem Rechtsgeschäft, das der Vertreter mit Vertretungsmacht zwischen dem Geschäftsherrn und dem Vertragspartner zu Stande bringt, dem Vertretergeschäft.

1.2.2 Die Bedeutung der Weisung im Innenverhältnis

Wenn der Geschäftsherr (= Vollmachtgeber) mit dem Vertreter vereinbart hat, dass von der Vollmacht nur in einem bestimmten Umfang Gebrauch gemacht werden darf, dann kann dieses bedeuten, dass

- die Vollmacht dem Umfange nach begrenzt wird, sodass der Vertreter, der entgegen dieser Bestimmung des Geschäftsherrn ein Rechtsgeschäft abschließt, als vollmachtloser Vertreter tätig geworden ist.

- Aus Gründen des Vertrauensschutzes des Vertragspartners oder der Rechtssicherheit kann die Vereinbarung auch lediglich die Bedeutung haben, dass der Vertreter schuldrechtlich verpflichtet ist, von der inhaltlich nicht begrenzten Vollmacht nur in einem beschränkten Umfang Gebrauch zu machen, mit der Folge, dass die Verletzung dieser Verpflichtung den Vertreter nur schadensersatzpflichtig gegenüber dem Vertretenen macht. Das Rechtsgeschäft ist gegenüber dem Partner hingegen wirksam, da die Vertretungsmacht davon unberührt geblieben ist (Abstraktion).

Die Abgrenzung, ob durch eine entsprechende Abrede die erteilte Vollmacht begrenzt oder lediglich der Umfang der Pflichten im Innenverhältnis konkretisiert werden soll, muss unter Berücksichtigung aller Umstände, der Verkehrssitte, der Schutzwürdigkeit des Vertragspartners und Treu und Glauben erfolgen.

Beachte: Der Umfang der Vollmacht richtet sich nach dem Inhalt der Bevollmächtigung, nicht nach dem des Innenverhältnisses (Abstraktionsprinzip). Der Vollmachtsumfang (= rechtliches Können) kann also weiterreichen als das im Innenverhältnis vereinbarte „rechtliche Dürfen". Bei der Auslegung der Vollmacht können jedoch die Regelungen des Innenverhältnisses herangezogen werden (Larenz/Wolf § 47 Rdnr. 8).

Beispiele:
1. G beauftragt den V, seinen Pkw für mindestens 3.000 DM zu verkaufen, und erteilt dem V gleichzeitig Vollmacht.
2. G beauftragt den V, den Wagen „bestens" zu verkaufen, wobei er dem V gegenüber äußert, er rechne mit einem Erlös von mindestens 3.000 DM.

Wie ist die Rechtslage, wenn V den Wagen für nur 2.500 DM verkauft?

(1) Im ersten Fall hat G zwar die Vollmacht nicht ausdrücklich dahingehend beschränkt, dass V nur zum Verkauf für mindestens 3.000 DM vertretungsberechtigt sein sollte. Aus der Weisung im Rahmen des Auftrages als Innenverhältnis ergibt sich jedoch im Wege der Auslegung, dass dadurch auch die Vollmacht entsprechend begrenzt sein sollte. V hat demnach nicht im Rahmen seiner Vertretungsmacht gehandelt. Das Geschäft bindet den G nur, wenn er es genehmigt, § 177 Abs. 1.

(2) Im zweiten Fall lässt sich dagegen die Regelung im Innenverhältnis (Verkauf „bestens") nicht zwingend zur Auslegung der Vollmacht heranziehen. Aus Gründen des Verkehrsschutzes und der Rechtssicherheit spricht in diesen Fällen mehr für die Auslegung, dass die Vollmacht hinsichtlich der Kaufpreishöhe nicht begrenzt ist, sondern dass V sich lediglich im Rahmen des Auftrages bemühen muss, einen bestmöglichen Preis zu erzielen. Aufgrund der ihm erteilten, uneingeschränkten Vollmacht „konnte" V den Wagen auch zu einem niedrigeren Preis als dem erwarteten verkaufen, nach dem Innenverhältnis „durfte" er ihn lediglich nicht zu diesem Preis verkaufen. Aufgrund der uneingeschränkten Vollmacht hat V demnach im Rahmen seiner Vertretungsmacht gehandelt, das Geschäft wirkt gemäß § 164 Abs. 1 für und gegen G.

2. Das Erlöschen der Vollmacht

Das Erlöschen der Vollmacht ist in § 168 geregelt. Danach erlischt die Vollmacht mit Wirkung für die Zukunft, wenn

▶ das zugrundeliegende Rechtsgeschäft erlischt, § 168 S. 1, oder

▶ die Vollmacht einseitig widerrufen wird, § 168 S. 2.

▶ Daneben kommen als Erlöschensgründe in Betracht:

- Anfechtung der Vollmacht

- Beendigung nach dem Inhalt der Vollmacht, z.B. auflösende Bedingung, Befristung oder Verbrauch durch Abschluss bzw. Unmöglichkeit des Abschlusses des Vertretergeschäftes;

- nach h.M. einseitiger Verzicht des Bevollmächtigten (Staudinger/Schilken § 168 Rdnr. 18);

- Geschäftsunfähigkeit des Bevollmächtigten (Argument aus § 165);

- Eröffung des Insolvenzverfahrens über das Vermögen des Vollmachtgebers, § 117 InsO.

2.1 Das Erlöschen, weil das zugrundeliegende Rechtsgeschäft erlischt

Mit der Beendigung des zugrundeliegenden Arbeits-, Dienst-, Geschäftsbesorgungsvertrags oder Auftrags erlischt auch die Vollmacht, § 168 S. 1.

▶ Gemäß §§ 674, 169 gilt die erloschene Vollmacht gegenüber Gutgläubigen als fortbestehend.

▶ Im Falle des Todes eines Beteiligten gilt:

- Mit dem Tod des Beauftragten erlischt i.d.R. auch die Vollmacht, §§ 168 S. 1, 673 S. 1, 675.

Eine Ausnahme wird dann bejaht, wenn die Vollmacht im Interesse des Bevollmächtigten erteilt wurde, wie z.B. die Auflassungsvollmacht für den Käufer eines Grundstücks (Staudinger/Schilken § 168 Rdnr. 19 m.w.N.).

- Mit dem Tod des Auftraggebers erlischt gemäß § 672 der Auftrag grundsätzlich nicht, sodass, wenn nichts Abweichendes vereinbart worden ist, auch die Vollmacht fortbesteht (sog. postmortale Vollmacht). An die Stelle des Erblassers, der nicht mehr Träger von Rechten und Pflichten sein kann, tritt der Erbe. Er ist der Geschäftsherr. Für und gegen ihn wirken die vom Vertreter vorgenommenen Rechtsgeschäfte.

Zur Berechtigung aus postmortaler Vollmacht vgl. BGHZ 127, 239[@].

2.2 Das Erlöschen der Vollmacht durch Widerruf

Gemäß § 168 S. 2 kann die Vollmacht auch bei Fortbestehen des Grundverhältnisses durch Widerruf erlöschen, es sei denn, sie ist als unwiderrufliche Vollmacht erteilt worden.

A) Der Widerruf der Vollmacht

Der Widerruf erfolgt durch einseitige, empfangsbedürftige Willenserklärung des Vollmachtgebers, für die gemäß § 168 S. 3 die Vorschrift des § 167 Abs. 1 entsprechend gilt. Danach kann die Vollmacht sowohl gegenüber dem Bevollmächtigten als auch gegenüber dem Empfänger der Erklärung, dem Geschäftspartner, wirksam widerrufen werden. Das gilt nach h.A. unabhängig davon, wem gegenüber die Vollmacht erteilt worden ist, sodass die Außenvollmacht durch Erklärung gegenüber dem Vertreter wirksam widerrufen werden kann.

MünchKomm/Schramm § 168 Rdnr. 30; Palandt/Heinrichs § 168 Rdnr. 5; Jauernig § 168 Rdnr. 5.

Der auf den Fortbestand der Vollmacht vertrauende Dritte (Geschäftspartner) wird durch die §§ 170 ff. geschützt (vgl. unten S. 128 ff.).

Beispiel:
G hat dem V eine Vollmacht erteilt, indem er dem Geschäftspartner P geschrieben hat, V sei berechtigt, für ihn die Waren einzukaufen. Bevor V tätig geworden ist, kommt es zu Unstimmigkeiten. G erklärt dem V, er sei nicht berechtigt, für ihn mit P Rechtsgeschäfte abzuschließen. V kauft dennoch Waren im Werte von 3.000 DM.
(I) Der V war nicht vertretungsberechtigt, weil die Außenvollmacht des G erloschen ist, da G gegenüber V die Vollmacht widerrufen hat, §§ 168 S. 3, 167 Abs. 1.
(II) Jedoch wird P, der auf den Fortbestand der Vollmacht gutgläubig vertraut hat, gem. §§ 170, 173 geschützt. Da dem P das Erlöschen der Vollmacht nicht von G angezeigt wurde und G auch nicht das Erlöschen kannte oder kennen musste, wird ihm gegenüber die Vollmacht als fortbestehend behandelt.

B) Die unwiderrufliche Vollmacht

Eine Unwiderruflichkeit kann sich aus dem der Vollmacht zugrundeliegenden Rechtsgeschäft ergeben (§ 168 S. 2 „sofern"), z.B. bei Erteilung eines unwiderruflichen Auftrages (Abbedingung des § 671 Abs. 1).

Doch kann die Widerruflichkeit der Vollmacht nach h.M. nur dann wirksam ausgeschlossen oder beschränkt werden, wenn der Bevollmächtigte (oder ein Dritter) ein besonderes Eigeninteresse an der Bevollmächtigung hat, das dem Interesse des Vollmachtgebers an der Widerruflichkeit zumindest gleichwertig ist. Bei einer ausschließlich oder überwiegend im Interesse des Vollmachtgebers erteilten Vollmacht ist die Unwiderruflichkeitsklausel dagegen unwirksam.

BGH WM 1971, 956, 957; MünchKomm/Schramm § 168 Rdnr. 32; Palandt/Heinrichs § 168 Rdnr. 6; Staudinger/Schilken § 168 Rdnr. 8; Hübner Rdnr. 1273; enger Flume § 53, 3: nur wenn der Bevollmächtigte oder der Dritte einen Anspruch auf Vornahme des Vertretergeschäfts hat.

Beispiel:
G hat dem V ein Grundstück notariell verkauft. Der G erteilt nunmehr dem V unwiderruflich unter Befreiung vom Verbot des § 181 Vollmacht, das Grundstück an sich aufzulassen. Da ein eigenes Erfüllungsinteresse des V gegeben ist, besteht ein rechtfertigender Grund für die Vereinbarung der Unwiderruflichkeit der Vollmacht (MünchKomm/Schramm § 168 Rdnr. 33).

Das Recht zum jederzeitigen Widerruf einer Vollmacht kann nur in dem der Erteilung zugrundeliegenden Rechtsverhältnis, d.h. grundsätzlich nur durch Vertrag wirksam ausgeschlossen werden. Das ergibt sich aus § 168 S. 1 und S. 2. Ein einseitiger Verzicht des Vollmachtgebers auf sein Widerrufsrecht reicht nicht aus (BayObLG NJW-RR 1996, 848).

Auch die – wirksame – unwiderrufliche Vollmacht kann analog §§ 626, 723 aus wichtigem Grund widerrufen werden (Staudinger/Schilken § 168 Rdnr. 14 m.w.N.).

2.3 Die Anfechtung der Vollmacht

Da die Vollmachterteilung eine Willenserklärung ist, kann der Vollmachtgeber, der sich bei der Erteilung der Vollmacht in einem Irrtum i.S.d. § 119 befunden hat oder arglistig getäuscht bzw. bedroht wurde (§ 123), nach dem Wortlaut des Gesetzes die Vollmachterteilung grundsätzlich anfechten. Bedenken ergeben sich jedoch daraus, dass nach dem Abschluss des Vertretergeschäftes unmittelbar eine dritte Person – der Vertragspartner – durch die Anfechtung der Vollmachterteilung berührt wird.

A) Hat der Vertreter das Rechtsgeschäft noch nicht getätigt, so ist die Erteilung der Vollmacht jedenfalls dann uneingeschränkt wegen Irrtums nach §§ 119 ff. anfechtbar, wenn es sich um eine unwiderrufliche Vollmacht handelt (Brox JA 1980, 449, 450). Bei einer widerruflichen Vollmacht besteht dagegen vor deren Gebrauch grundsätzlich kein Bedürfnis für eine Anfechtung, denn der Vollmachtgeber kann die Wirkungen der Vollmachterteilung jederzeit nach § 168 S. 2 beseitigen. Dennoch wird von der h.M. auch für diesen Fall die Anfechtung grundsätzlich zugelassen, da die Möglichkeit des Widerrufs die Anfechtung nicht ausschließt (MünchKomm/Schramm § 167 Rdnr. 82).

B) Umstritten ist, ob die Vollmacht auch dann noch angefochten werden kann, wenn der Vertreter das Rechtsgeschäft mit dem Dritten abgeschlossen hat.

Fall 21: Rückwirkend ohne Vertretungsmacht

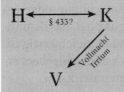

K bittet den V, für ihn bei dem Händler H einen antiken Schrank zu kaufen. In einem Schreiben teilt er dem V mit, er dürfe dem H einen Preis bis zu 15.200 DM anbieten. Dabei hat sich K vertippt, er wollte, dass V bei den Preisverhandlungen 12.500 DM nicht überschreitet. V kauft den Schrank im Namen des K für 13.900 DM. Als H Zahlung verlangt, erklärt K gegenüber dem V und dem H die Anfechtung des Kaufvertrages und der Vollmacht. H will zumindest seinen Schaden von K oder von V ersetzt bekommen. Er hätte den Schrank für 13.500 DM an D verkaufen können.

(A) Der Anspruch des H gegen K aus § 433 Abs. 2 besteht nicht, wenn H den Kaufvertrag wirksam angefochten hat oder V aufgrund der Anfechtung der Vollmacht als Vertreter ohne Vertretungsmacht gehandelt hat.

(I) Für die Anfechtung des Kaufvertrages kommt als Anfechtungsgrund § 119 Abs. 1 in Betracht.

Gemäß § 166 Abs. 1 ist bei Willensmängeln (und für die Frage von Kenntnis und Kennenmüssen) grundsätzlich auf die Person des Vertreters abzustellen. V befand sich aber nicht im Irrtum. Er hat erklärt, in Namen des K den Schrank für 13.900 DM zu kaufen und wollte diese Erklärung auch abgeben.

Nach § 166 Abs. 2 ist bezüglich von Kenntnis und Kennenmüssen zusätzlich auf die Person des Vertretenen abzustellen, wenn dieser eine Vollmacht erteilt hat und der Vertreter nach bestimmten Weisungen handeln sollte. Hier kommt es jedoch nicht auf Kenntnisse oder Kennenmüssen des Vertretenen K an, sondern auf dessen Willensmangel bei der Vollmachterteilung.

(1) Auf Willensmängel bei der Vollmachterteilung ist § 166 Abs. 2 weder direkt noch analog anwendbar. Der Vertretene ist dadurch geschützt, dass er die Vollmacht anfechten kann.

MünchKomm/Schramm § 166 Rdnr. 41; Larenz/Wolf § 46 Rdnr. 118; Jauernig § 166 Rdnr. 6. Eine analoge Anwendung des § 166 Abs. 2 wird dann bejaht, wenn der Geschäftsgegner den Vertretenen arglistig getäuscht und dadurch die Weisung an den Vertreter beeinflusst hat (BGHZ 51, 141, 147; BGH NJW 2000, 2268, 2269@; MünchKomm/Schramm § 166 Rdnr. 41; a.A. Staudinger/Schilken § 166 Rdnr. 16).

(2) Anders als die h.M. sieht Palm (Erman/Palm § 167 Rdnr. 27) die Anfechtung einer vollzogenen Vollmacht als ausgeschlossen an. Bei Willensmängeln bei der Vollmachtserteilung sei eine entsprechende Anwendung des § 166 Abs. 2 geboten (Erman/Palm § 166 Rdnr. 18).

(II) Eine wirksame Anfechtung der Vollmachtserteilung würde rückwirkend die Vertretungsmacht des V entfallen lassen.

(1) Die Anfechtung der Vollmachtserteilung müsste zulässig sein.

(a) In der Literatur wird teilweise die Anfechtung der Vollmacht nach Abschluss des Vertretergeschäftes für unzulässig gehalten. Die Interessen des Vertragspartners und des Vertreters seien gegenüber der Anfechtung vorrangig, dem Schutz des Vollmachtgebers könne durch die Anwendung der Regeln über den Missbrauch der Vertretungsmacht (s.u. S. 139 ff.) bzw. einer analogen Anwendung des § 166 Abs. 2 hinreichend Rechnung getragen werden.

Erman/Palm § 166 Rdnr. 18, § 167 Rdnr. 27; Prölss JuS 1985, 577 ff.; Brox JA 1980, 449, 451 f; Eujen/Frank JZ 1973, 232 ff.

(b) Nach h.M. ist die Bevollmächtigung, wie jede andere Willenserklärung auch, selbst nach Abschluss des Vertretergeschäftes grundsätzlich anfechtbar.

BGH NJW 1989, 2879, 2880; MünchKomm/Schramm § 167 Rdnr. 83; Palandt/Heinrichs § 167 Rdnr. 3; Staudinger/Schilken § 167 Rdnr. 78; Jauernig § 167 Rdnr. 11; Larenz/Wolf § 47 Rdnr. 35; Soergel/Leptien § 166 Rdnr. 21; Hübner Rdnr. 1246.

(2) Der Anfechtungsgrund des § 119 Abs. 1 ist gegeben. V hat erklärt, eine Vollmacht zum Kauf zu einem Preis bis zu 15.200 DM zu erteilen. Sein tatsächlicher Wille war auf eine Vollmacht mit einer Beschränkung bis zu 12.500 DM gerichtet.

(3) Umstritten ist, wer bei der Anfechtung einer Vollmacht Anfechtungsgegner i.S.d. § 143 Abs. 3 S. 1 ist:

(a) Teilweise wird danach differenziert, ob eine Innen- oder Außenvollmacht vorliegt: Bei der Innenvollmacht sei der Vertreter, bei der Außenvollmacht dagegen der Vertragspartner der richtige Anfechtungsgegner.

MünchKomm/Schramm § 167 Rdnr. 82, 84, 85; Soergel/Leptien § 166 Rdnr. 22, 23; Staudinger/Schilken § 167 Rdnr. 79; RGRK/Krüger-Nieland/Zöller § 143 Rdnr. 22; RGRK/Steffen § 167 Rdnr. 27; Larenz/Wolf § 47 Rdnr. 35; Hübner Rdnr. 1248.

(b) Nach a.A. kann der Vertretene die Vollmacht wahlweise gegenüber dem Vertreter oder dem Vertragspartner anfechten; Argument aus §§ 143 Abs. 3 S. 1, 167 Abs. 1.

Jauernig § 167 Rdnr. 11; Palandt/Heinrichs § 143 Rdnr. 5 u. 6; Soergel/Hefermehl § 143 Rdnr. 10; Enneccerus/Nipperdey § 203 III 8 a.

(c) Schließlich wird noch die Auffassung vertreten, dass der Anfechtungsgegner stets der Geschäftsgegner sei, weil es dem Vertretenen letztlich darum gehe, die Folgen des vom Vertreter mit dem Dritten abgeschlossenen Geschäfts zu beseitigen.

Staudinger/Roth § 143 Rdnr. 35; Flume § 52, 5 c; Medicus BR Rdnr. 96.

(d) Hier kann der Streit unentschieden bleiben, da K sowohl dem Vertreter V als auch dem Geschäftsgegner H gegenüber die Anfechtung erklärt hat.

Die Vollmacht ist nach § 142 Abs. 1 von Anfang an entfallen.

(III) Auch nach Anfechtung einer Vollmacht kann sich die Vertretungsmacht aus den §§ 170–173 oder aus den Grundsätzen zur Rechtsscheinsvollmacht ergeben (Palandt/Heinrichs § 167 Rdnr. 3). Dafür bestehen hier jedoch keine Anhaltspunkte.

Da V ohne Vertretungsmacht handelte, besteht kein Kaufpreisanspruch des H gegen K.

(B) Ansprüche des H gegen K auf **Schadensersatz aus § 122**

(I) Ist die Anfechtung der Vollmacht gegenüber dem Vertragspartner erfolgt, so steht diesem ein Anspruch aus § 122 gegen den Vertretenen zu.

(II) Ist dagegen der Vertreter der Anfechtungsgegner, so hat er gemäß § 122 gegen den Vollmachtgeber einen Anspruch auf Ersatz seines Vertrauensschadens. Gleichzeitig ist der Vertreter dem Vertragspartner aus § 179 verpflichtet. Diese Anspruchskette (Vertragspartner gegen Vertreter gemäß § 179 und Vertreter gegen Vollmachtgeber aus § 122) wird überwiegend für nicht interessengerecht gehalten, da sie letztlich die Gefahr bewirkt, dass der Geschäftsgegner auf dem Schaden hängenbleibt (z.B. wegen Insolvenz des Vertreters). Deswegen räumt die h.M. dem Vertragspartner analog § 122 einen unmittelbaren Ersatzanspruch gegen den Vollmachtgeber ein, da dieser – unabhängig von dem Vertreter – wegen seines Irrtums letztlich für den Schaden haften soll.

MünchKomm/Schramm § 167 Rdnr. 85; Soergel/Leptien § 166 Rdnr. 22; RGRK/Steffen § 167 Rdnr. 27; Palandt/Heinrichs § 167 Rdnr. 3; Staudinger/Schilken § 167 Rdnr. 82; Hübner Rdnr. 1248; ablehnend Lüderitz JuS 1976, 765, 770; Canaris, Vertrauenshaftung, S. 546.

(III) H hat daher unabhängig davon, wen man als Anfechtungsgegner ansieht, einen Schadensersatzanspruch aus § 122 gegen K. Der Anspruch richtet sich auf Ersatz des Vertrauensschadens. Zu ersetzen sind auch die Nachteile, die durch das Nichtzustandekommen eines anderen Geschäfts entstanden sind. H kann daher Zahlung von 13.500 DM aus § 122 verlangen.

Der Anspruch aus § 122 wird durch das Erfüllungsinteresse nach oben hin begrenzt. Selbst wenn also H nachweisen würde, dass er den Schrank an einen Dritten für 15.000 DM hätte verkaufen können, könnte er wegen des Nichtzustandekommens dieses Geschäftes nur 13.900 DM von K ersetzt verlangen.

(C) Anspruch des H gegen V aus § 179

V handelte wegen der Rückwirkung nach § 142 Abs. 1 als Vertreter ohne Vertretungsmacht. Als solcher würde er grundsätzlich dem Geschäftsgegner nach § 179 haften, und zwar i.d.R. nach § 179 Abs. 2 (beachte aber: § 142 Abs. 2!). Da die Haftung des Vertreters nach § 179 Abs. 2 den Vertragspartner aber nur wegen seines Vertrauens in die Wirksamkeit der Willenserklärung entschädigen will, dieses Interesse aber bereits durch die Haftung des Vertretenen aus § 122 geschützt wird, wird man richtigerweise annehmen müssen, dass im Fall der Anfechtung gegenüber dem Vertragspartner eine Haftung des Vertreters gemäß § 179 entfällt.

MünchKomm/Schramm § 167 Rdnr. 84; Larenz/Wolf § 47 Rdnr. 36; differenzierend: Hübner Rdnr. 1249; a.A. Soergel/Leptien § 166 Rdnr. 22; RGRK/Steffen § 167 Rdnr. 26.

Dies gilt auch dann, wenn der Vertreter der Anfechtungsgegner ist und sich der Anspruch des Geschäftsgegners gegen den Vertretenen lediglich aus einer analogen Anwendung des § 122 ergibt.

Hübner Rdnr. 1249; Larenz/Wolf § 47 Rdnr. 36; a.A. MünchKomm/Schramm § 167 Rdnr. 85: gesamtschuldnerische Haftung des Vertreters aus § 179 und des Vertretenen aus § 122; Soergel/Leptien § 166 Rdnr. 23; vgl. auch Brox JA 1980, 449, 451; weitergehend Flume (§ 47, 3 c und § 52, 5 e) sowie Leptien (Soergel § 179 Rdnr. 18) wonach die Haftung aus § 179 schon deswegen ausscheidet, weil der Mangel der Vertretungsmacht außerhalb der Erkenntnis- und Beurteilungsmöglichkeit des Vertreters liege.

Ein Anspruch des H gegen V aus § 179 besteht daher nicht.

– – –

3. Der gute Glaube an die Vollmacht

Grundsätzlich wird derjenige, der mit einem vollmachtlosen Vertreter ein Rechtsgeschäft tätigt, nicht geschützt. Der gute Glaube an den Bestand der Vollmacht ist unerheblich. Der Erklärungsempfänger, der erkennen kann, dass der Erklärende die Erklärung nicht im eigenen Namen, sondern für einen anderen abgibt, muss sich davon überzeugen, ob der Erklärende von demjenigen, für und gegen den das Rechtsgeschäft wirken soll, die entsprechende Vollmacht erhalten hat. Diese grundsätzliche Regelung gilt nicht, d.h. der gute Glaube an die Vollmacht wird ausnahmsweise geschützt, wenn

▶ die Voraussetzungen der §§ 170–173 vorliegen oder

▶ die Grundsätze der Duldungs- bzw. Anscheinsvollmacht eingreifen.

Vgl. zum Rechtsschein im Vertretungsrecht Schreiber Jura 1997, 104 ff.

3.1 Der Schutz des Erklärungsempfängers gemäß §§ 170–173

Nach §§ 170–173 wird der Erklärungsempfänger geschützt, wenn er das Erlöschen der Vollmacht des Vertreters nicht kennt und auch nicht kennen musste (§ 173) und wenn

▶ die Vollmacht ihm gegenüber erklärt worden war (Außenvollmacht, § 170),

▶ die Bevollmächtigung ihm mitgeteilt oder öffentlich bekannt gemacht worden war (§ 171 Abs. 1) oder

▶ der Vertreter eine Vollmachtsurkunde vorgelegt hat (§ 172 Abs. 1).

Die Vollmacht des Vertreters „bleibt" im Verhältnis zum gutgläubigen Geschäftspartner so lange „bestehen", bis ihm das Erlöschen der Vollmacht in gleicher Weise mitgeteilt worden ist wie die Vollmachtserteilung kundgemacht worden war. Nach h.M. handelt es sich bei diesen Regelungen um Rechtsscheinstatbestände.

MünchKomm/Schramm § 170 Rdnr. 1; Palandt/Heinrichs § 173 Rdnr. 1.
Flume (§ 49, 2; § 51, 9) und teilweise auch Staudinger/Schilken (§ 171 Rdnr. 3; § 172 Rdnr. 2) sehen die Fälle des § 171 Abs. 1 und § 172 Abs. 1 als rechtsgeschäftlich erteilte Vollmachten an, die unter den Voraussetzungen des § 171 Abs. 2 und § 172 Abs. 2 erlöschen.

I) § 170 setzt voraus, dass eine Aussenvollmacht wirksam erteilt wurde. Die Regelung greift nicht ein, wenn die Vollmacht aufgrund einer Anfechtung gemäß § 142 Abs. 1 von Anfang an nichtig ist.

Staudinger/Schilken § 170 Rdnr. 2; MünchKomm/Schramm § 170 Rdnr. 6; Soergel/Leptien § 170 Rdnr. 4; Erman/Palm § 170 Rdnr. 2.

II) Die dogmatische Einordnung der Kundgebung i.S.d. § 171 und der Aushändigung der Vollmachtsurkunde nach § 172 ist umstritten.

Nach h.M. sind dies rechtsgeschäftsähnliche Handlungen (Larenz/Wolf § 48 Rdnr. 14; MünchKomm/Schramm § 171 Rdnr. 3, § 172 Rdnr. 6; Erman/Palm § 171 Rdnr. 3; a.A. Flume § 49, 2 und teilweise Staudinger/Schilken § 171 Rdnr. 3, § 172 Rdnr. 2: rechtsgeschäftlich erteilte Vollmachten).

Damit im Zusammenhang steht die Frage, ob der Vertretene die Kundmachung i.S.d. §§ 171, 172 gemäß § 119 Abs. 1 anfechten kann, mit der Folge, dass der Vertreter als Vertreter ohne Vertretungsmacht gehandelt hat.

▶ Teilweise wird eine Anfechtungsmöglichkeit verneint, weil Rechtsscheinstatbestände nicht anfechtbar seien. Überdies widerspräche eine Anfechtung dem Schutzzweck der §§ 171, 172.

Palandt/Heinrichs § 173 Rdnr. 1; Jauernig §§ 170–173 Rdnr. 7; Ennecerus/Nipperdey § 184 II 4.

Erman/Palm (§ 171 Rdnr. 3) lehnt eine Anfechtung ab, da nach seiner Ansicht die Anfechtung einer vollzogenen Vollmacht in jedem Fall ausgeschlossen ist.

Larenz/Wolf (§ 48 Rdnr. 8) schließt eine Anfechtung im Fall der öffentlichen Bekanntmachung aus. Wegen der Vielzahl der betroffenen Rechtsgeschäfte stünden die Verkehrsschutzbedürfnisse einer Anfechtung entgegen.

▶ Die h.M. bejaht die Anfechtungsmöglichkeit mit unterschiedlicher Begründung.

Sieht man die entsprechenden Kundgebungsakte als rechtsgeschäftlich erteilte Vollmachten, ist eine Anfechtung ohne weiteres möglich (Flume § 49, 2; § 51, 9).

Aber auch wenn man mit der h.M. von rechtsgeschäftsähnlichen Handlungen ausgeht, sind die Kundgebungsakte anfechtbar, da die Regeln über Willenserklärungen auf rechtsgeschäftsähnliche Handlungen entsprechend angewendet werden (MünchKomm/Schramm § 171 Rdnr. 3, § 172 Rdnr. 6; Giesen/Hegemann Jura 1991, 357, 368). Der Charakter als Rechtsscheinstatbestände schließe eine Anfechtung nicht aus, da der durch die Vollmachtsurkunde verursachte Rechtsschein nicht stärker wirken könne als die wirklich erteilte Vollmacht (MünchKomm/Schramm § 171 Rdnr. 7; RGRK/Steffen § 171 Rdnr. 3; Soergel/Leptien § 171 Rdnr. 4).

3.2 Die Duldungs- und Anscheinsvollmacht

Ist demjenigen, der als Vertreter auftritt, keine Vollmacht erteilt, so kann das vom Vertreter getätigte Rechtsgeschäft dennoch für den Vertretenen verbindlich sein, wenn

▶ der Vertretene Kenntnis vom Auftreten des Vertreters hatte und er dieses geduldet hat – Duldungsvollmacht – oder

▶ der Vertretene vom Auftreten des nicht bevollmächtigten Vertreters Kenntnis hätte haben können und dieses hätte verhindern können – Anscheinsvollmacht.

3.2.1 Die Duldungsvollmacht

Die Duldungsvollmacht beruht darauf, dass der Vertretene das Auftreten des Vertreters kannte, nicht dagegen eingeschritten ist. Da das bloße Dulden ebenso wie das Schweigen keine Willenserklärung darstellt wird die Duldungsvollmacht von der h.M. als **Rechtsscheinsvollmacht** angesehen.

BGH NJW 1997, 312@; LM § 167 Nr. 10 und 15; § 164 Nr. 24 und 34; Soergel/Leptien § 167 Rdnr. 17; MünchKomm/Schramm § 167 Rdnr. 38 f.; Larenz/Wolf § 48 Rdnr. 23; Medicus AT Rdnr. 930. Die Gegenansicht sieht die Duldungsvollmacht als rechtsgeschäftlich erteilte Vollmacht. Wer bewusst einen anderen für sich handeln lasse, tue in einem rechtsgeschäftlichen Sinne kund, dass diese Person Vertretungsmacht habe (Flume § 49, 2; Palandt/Heinrichs § 173 Rdnr. 11; Staudinger/Schilken § 167 Rdnr. 29 a).

Eine Duldungsvollmacht besteht unter folgenden Voraussetzungen:

▶ Der **Rechtsschein** einer Bevollmächtigung wird dadurch erzeugt, dass jemand – i.d.R. wiederholt und während einer gewissen Dauer – rechtsgeschäftlich im Namen eines Dritten auftritt.

BGH VersR 1971, 766, 767; MünchKomm/Schramm § 167 Rdnr. 36; Staudinger/Schilken § 167 Rdnr. 30.

▶ Der Vertretene hat **Kenntnis** davon, dass ein anderer für ihn wie ein Vertreter auftritt und **duldet** dies, d.h. er schreitet nicht dagegen ein, obwohl ihm das möglich wäre.

▶ Der Geschäftsgegner muss das Dulden des Vertretenen nach Treu und Glauben dahin verstehen dürfen, dass der als Vertreter Handelnde bevollmächtigt ist, d.h. er muss **gutgläubig** sein.

BGH VersR 1992, 989, 990; NJW 1997, 312@; Schreiber Jura 1998, 606, 608;

Beispiel:
V ist von der Firma G beauftragt worden, Kaufverträge über Eigentumswohnungen zu vermitteln. V schließt in Eilfällen den Kaufvertrag im Namen der Firma G. G genehmigt später diese Verträge. Den mit K abgeschlossenen Vertrag will G nicht erfüllen, weil er ungünstig ist.

Anspruch K gegen G aus § 433 Abs. 1
(I) V hat sich im Namen des G mit K über die Kaufvertragsbestandteile formgerecht geeinigt.
(II) Vertretungsmacht des V
(1) Eine rechtsgeschäftliche Bevollmächtigung ist nicht bei der Beauftragung erfolgt. V sollte lediglich Kaufverträge vermitteln. Er ist nicht Abschlussvertreter.
(2) Duldungsvollmacht
(a) V ist wiederholt und während einer gewissen Dauer als Vertreter des G aufgetreten.
(b) Dieser Rechtsschein ist dem G zurechenbar, weil er Kenntnis vom Auftreten des G als Vertreter hatte und dieses geduldet hat.
(c) K war gutgläubig. Er hat, ohne fahrlässig zu handeln, angenommen, dass V zur Vertretung des G berechtigt sei.
Daher gilt V als von G bevollmächtigt. Der Kaufvertrag ist wirksam zwischen G, vertreten durch V, und K zu Stande gekommen.

3.2.2 Die Anscheinsvollmacht

Die Anscheinsvollmacht hat nach h.M. nahezu identische Voraussetzungen und Rechtsfolgen wie die Duldungsvollmacht, man kann sie als fahrlässige Duldungsvollmacht bezeichnen.

> **Fall 22: Die teure Werbeagentur**
>
>
>
> Die Arzneimittelfabrik G möchte ein neues Medikament mit einer zugkräftigen Werbung auf den Markt bringen. Sie betraut die Werbeagentur V damit, die Werbeunterlagen zu einem Festpreis fertig zu stellen. Die Firma V bestellt wiederholt u.a. bei der Firma P bestimmte Druckformen und bittet darum, die Rechnung an die Firma G zu schicken. Die Firma G bezahlt sechs Rechnungen. Als die Rechnungen Nr. 7 bis 10 eingehen, fallen diese dem Prokuristen in die Hände. Dieser ordnet an, die Rechnungen nicht zu bezahlen, da ein Festpreis vereinbart worden sei und die Kosten für die Druckformen daher die Firma V zu tragen habe. Von wem kann P den Werklohn für die Erstellung der Druckformen verlangen?

Anspruch der Firma P gegen die Firma G aus § 631?

(I) V und P haben sich über die Vertragsbestandteile eines Werkvertrages geeinigt. Die Firma P sollte verpflichtet werden, ein bestimmtes Werk – die Druckformen – zu erstellen. Aus dem von der V abgegebenen Erklärungstatbestand konnte und durfte P entnehmen, dass nicht die V, sondern die Firma G verpflichtet werden sollte. Die V hat somit die Werkvertragserklärungen im Namen der Firma G abgegeben (§ 164 Abs. 1).

> OLG Köln MDR 1970, 840: „Wer einen Auftrag über Arbeiten erteilt, die ersichtlich für einen Dritten bestimmt sind – hier eine Werbeagentur, die die für einen Kunden benötigten Druckformen herstellen lässt –, und den Auftragnehmer anweist, die Rechnung auf den Dritten auszustellen, handelt i.d.R. im Namen des Dritten."

(II) Die Einigung über den Werkvertrag wirkt gegenüber der Firma G, falls V vertretungsberechtigt war.

   (1) Die Firma G hat der V keine Vollmacht erteilt. Es ist zwischen V und G ein Werkvertrag zu einem Festpreis zu Stande gekommen, sodass alle Kosten, die zur Herstellung einer zugkräftigen Werbung anfielen, von der Werbeagentur V getragen werden sollten und die V nicht berechtigt sein sollte, G zu verpflichten.

   (2) Eine **Duldungsvollmacht** scheidet aus, weil die Firma G nicht wusste, dass V als ihr Vertreter aufgetreten ist. Allein der Umstand, dass die in der Buchhaltung Beschäftigten Kenntnis vom Inhalt der Rechnung und damit vom Auftreten der Firma V als Vertreter hatten, genügt nicht. Damit eine Duldungsvollmacht vorliegt, muss ein Organ oder ein Vertreter, der zur Erteilung der Vollmacht berechtigt ist, Kenntnis vom Auftreten haben.

(3) Es könnte aber eine **Anscheinsvollmacht** vorliegen. Eine Anscheinsvollmacht ist gegeben, wenn der Vertretene das Handeln seines angeblichen Vertreters zwar nicht kennt (sonst Duldungsvollmacht), er es aber bei pflichtgemäßer Sorgfalt hätte erkennen und verhindern können, und ferner der Geschäftsgegner nach Treu und Glauben annehmen durfte, der Vertretene billige das Handeln des „Vertreters".

(a) Die Anerkennung des Instituts der Anscheinsvollmacht ist umstritten.

(aa) Nach h.M. verleiht die Anscheinsvollmacht entsprechend dem Umfang des gesetzten Rechtsscheins Vertretungsmacht. Der Geschäftsherr muss sich so behandeln lassen, als habe er den Handelnden tatsächlich bevollmächtigt.

BGH NJW 1981, 1727, 1728; WM 1986, 901; VersR 1992, 989, 990; Palandt/Heinrichs § 173 Rdnr. 14; Larenz/Wolf § 48 Rdnr. 29 f.; Erman/Palm § 167 Rdnr. 7, 23; MünchKomm/Schramm § 167 Rdnr. 45: Richterrecht.

(bb) Dagegen wird in der Literatur teilweise – zumindest für den nichtkaufmännischen Verkehr – lediglich eine Vertrauenshaftung aus c.i.c. bejaht, da bloße Nachlässigkeit nicht zum Zustandekommen eines Vertrages führen könne.

Flume § 49, 4; Medicus AT Rdnr. 971, BR Rdnr. 102; Staudinger/Schilken § 167 Rdnr. 31; Canaris, Die Vertrauenshaftung, S. 48 f.

(cc) Für die h.M. spricht, dass das Vertrauen des Vertragspartners auf das Bestehen einer Vollmacht in der Weise schutzwürdig ist, dass ihm gegenüber der Rechtsschein als Wirklichkeit gilt.

(b) Es müssten die Voraussetzungen der Anscheinsvollmacht vorliegen:

(aa) Wie bei der Duldungsvollmacht entsteht der **Rechtsschein einer Bevollmächtigung** dadurch, dass jemand – i.d.R. wiederholt und während einer gewissen Dauer – rechtsgeschäftlich im Namen eines Dritten auftritt.

BGH LM § 164 Nr. 9; Nr. 13; MünchKomm/Schramm § 167 Rdnr. 57.

(bb) Dieser Rechtsschein ist dem Vertretenen **zurechenbar**, wenn er das Auftreten des Dritten **hätte erkennen und verhindern können**. G hatte die Möglichkeit, sich von dem Auftreten des V als Vertreter zu unterrichten, und er hätte dieses Auftreten unterbinden können.

(cc) Der Geschäftsgegner muss das Dulden des Vertretenen nach Treu und Glauben dahin verstehen dürfen, dass der als Vertreter Handelnde bevollmächtigt ist. Dies ist dann zu bejahen, wenn er ohne Fahrlässigkeit annehmen darf, der Vertretene kenne und dulde das Verhalten des für ihn auftretenden Vertreters.

BGH NJW 1998, 1854, 1855@; WM 1986, 901.

P hat, ohne fahrlässig zu handeln, auf den Bestand der Vollmacht vertraut.

Daher muss sich die Firma G so behandeln lassen, als hätte sie der V eine entsprechende Vertretungsmacht eingeräumt. Die den Rechnungen Nr. 7–10 zugrundeliegenden Werkverträge sind mithin wirksam mit der Firma G, vertreten durch V, zu Stande gekommen. Die Firma G ist daher gegenüber der P verpflichtet, die Rechnungen Nr. 7–10 zu bezahlen.

– – –

4. Die gesetzliche Vertretung

4.1 Die Begründung der gesetzlichen Vertretung

Die gesetzliche Vertretung wird durch Gesetz oder Staatsakt begründet.

▶ Der nicht voll Geschäftsfähige wird durch den gesetzlichen Vertreter – Eltern, Vormund, Betreuer, Pfleger – vertreten.

▶ Für die juristische Person handeln die Organe; die vom Organ abgegebene Willenserklärung ist Willenserklärung der juristischen Person;

z.B. bestimmt § 26 Abs. 2 S. 1: „Der Vorstand vertritt den Verein gerichtlich und außergerichtlich; er hat die Stellung eines gesetzlichen Vertreters."

Aus dieser Vorschrift folgt, dass der Vorstand als Organ des Vereins nicht unmittelbar gesetzlicher Vertreter ist, sondern nur wie ein solcher behandelt wird.

Für die GmbH handelt der Geschäftsführer, § 35 Abs. 1 GmbHG; für die AG handelt der Vorstand, § 78 Abs. 1 AktG usw.

▶ Der Verwalter einer bestimmten Vermögensmasse – Involvenzverwalter, Testamentsvollstrecker, Nachlassverwalter – ist berechtigt, mit Wirkung für und gegen den Inhaber des Vermögens Rechtsgeschäfte zu tätigen.

Umstritten ist, ob die bestellten Verwalter einer Vermögensmasse als gesetzliche Vertreter – sog. Vertretertheorie – oder als Inhaber eines eigenen Amtes – sog. Amtstheorie – tätig werden (zum Streitstand MünchKomm/Schramm Vor § 164 Rdnr. 9–11). Dem Streit kommt jedoch wenig praktische Bedeutung zu, denn die Vorschriften der §§ 164 ff. werden jedenfalls analog angewandt (BGHZ 51, 209, 213 ff.; Medicus BR Rdnr. 85).

4.2 Die Anwendung der §§ 164 ff. auf die gesetzliche Vertretung

Die §§ 164 ff. gelten grundsätzlich für alle Arten der gesetzlichen Vertretung. Allerdings gelten die §§ 166 Abs. 2 – 176 ausdrücklich nur für die rechtsgeschäftliche Vertretung. Bei der Anwendung der §§ 164 ff. ist im Übrigen zu beachten, dass diese Vorschriften überwiegend auf die Interessenlage bei der rechtsgeschäftlichen Vertretung zugeschnitten sind und demnach Abweichungen bei der gesetzlichen bzw. organschaftlichen Vertretung geboten sein können.

3. Teil: Die Vertretung

Zusammenfassende Übersicht: Stellvertretung I

Zulässigkeit	▶ grundsätzlich bei allen Rechtsschäften; nicht bei Realakten oder rechtwidrigen Handlungen ▶ unzulässig bei höchstpersönlichen Rechtsgeschäften

eigene Willenserklärung im fremden Namen	▶ Der Vertreter formuliert eine eigene, der Bote überbringt eine fremde Willenserklärung.
	▶ Bei – bewusst oder unbewusst – abweichendem Auftreten ist das Rechtsgeschäft wirksam, wenn es von der Boten- oder Vertretungsmacht gedeckt ist; anderenfalls gilt:
	  – bei bewusst abweichenden Auftreten gelten die §§ 177 ff. entsprechend
	  – bei unbewusst falscher Übermittlung des Boten gilt § 120
	▶ im fremden Namen: Offenkundigkeit
	  – Handeln für einen noch zu benennenden Dritten möglich
	  – beim unternehmensbezogenen Geschäft wird der Betriebsinhaber verpflichtet
	  – gemäß § 164 Abs. 2 liegt ein Eigengeschäft vor, wenn die Vertretung nicht deutlich wird
	  – Offenkundigkeit nicht erforderlich beim Geschäft, wen es angeht (Bargeschäfte des täglichen Lebens); liegt beim Handeln unter fremden Namen eine Identitätstäuschung vor, kann der Namensträger genehmigen

Vollmacht	▶ Erteilung: durch einseitiges Rechtsgeschäft; grundsätzlich formfrei (§ 167 Abs. 2), Ausnahmen: zumindest bei § 313 unwiderrufliche Vollmacht und sonstige tatsächliche Bindung; Rechtsprechung: für Vollmacht des Bürgen gilt § 766
	▶ Erlöschen
	  – wenn das zu Grunde liegende Rechtsgeschäft erlischt oder widerrufen wird (§ 168)
	  – Anfechtung nach h.M. möglich; umstritten ist, wer Anfechtungsgegner ist; Haftung des Anfechtenden aus § 122; keine Haftung des Vertreters aus § 179
	▶ Fortbestehen bzw. Rechtsschein
	  – §§ 170–173: erteilte Vollmacht wirkt Gutgläubigen gegenüber weiter
	  – Duldungsvollmacht, Anscheinsvollmacht
	    –– Rechtsschein einer Bevollmächtigung (i.d.R. Auftreten als Vertreter wiederholt und von gewisser Dauer)
	    –– Kenntnis vom Auftreten des Dritten als Vertreter (Duldungsvollmacht) bzw. fahrlässige Unkenntnis (Anscheinsvollmacht)
	    –– Gutgläubigkeit

5. Die Beschränkung der Vertretungsmacht

Auch wenn der – rechtsgeschäftliche oder gesetzliche – Vertreter vertretungsberechtigt ist, kann er von der Vornahme bestimmter Rechtsgeschäfte ausgeschlossen sein.

▶ Die Vertretungsmacht kann gemäß § 181 beschränkt sein.

▶ Darüberhinaus ergeben sich Einschränkung nach den Grundsätzen über den Missbrauch der Vertretungsmacht.

Besondere Beschränkungen der gesetzlichen Vertretungsmacht enthalten die §§ 1643, 1795, 1821, 1822.

5.1 Die Beschränkung der Vertretungsmacht gemäß § 181

Der rechtsgeschäftliche oder gesetzliche Vertreter darf grundsätzlich keine Insichgeschäfte tätigen. Er darf nicht Erklärender und gleichzeitig Erklärungsempfänger sein. Das unter Verstoß gegen § 181 getätigte Rechtsgeschäft ist nicht nichtig, sondern schwebend unwirksam, sodass der Geschäftsherr durch Genehmigung oder Verweigerung der Genehmigung darüber entscheiden kann, ob das Geschäft wirksam werden soll oder nicht.

5.1.1 Die nach dem Wortlaut des § 181 unzulässigen Rechtsgeschäfte

§ 181 BGB will verhindern, dass verschiedene und einander widerstreitende Interessen durch ein und dieselbe Person vertreten werden, weil ein solches Insichgeschäft stets die Gefahr eines Interessenkonflikts und damit einer Schädigung des einen oder anderen Teils mit sich bringt (BGHZ 56, 97, 101).

Nach § 181 sind zwei Arten des Insichgeschäftes **grundsätzlich unzulässig**:

▶ das **Selbstkontrahieren** – § 181 1. Alt.: Handeln „im Namen des Vertretenen mit sich im eigenen Namen" und

▶ die **Mehrvertretung** – § 181 2. Alt.: Handeln „im Namen des Vertretenen als Vertreter eines Dritten"

Zulässig sind Insichgeschäfte:

▶ wenn sie gestattet sind oder

▶ ausschließlich in der Erfüllung einer Verbindlichkeit bestehen.

▶ § 181 ist nach seinem Normzweck unanwendbar, wenn das Rechtsgeschäft für den Vertretenen lediglich rechtlich vorteilhaft ist. Der Vertretene ist dann nicht schutzbedürftig, sodass eine teleologische Reduktion geboten ist.

BGHZ 59, 236, 240; 94, 232, 235; NJW 1989, 2542, 2543; MünchKomm/Schramm § 181 Rdnr. 15; Palandt/Heinrichs § 181 Rdnr. 9; Erman/Palm § 181 Rdnr. 10; Soergel/Leptien § 181 Rdnr. 27; Hübner Rdnr. 1331 f; kritisch Schubert WM 1978, 290, 291.

A) Das **Selbstkontrahierungsverbot** bedeutet: Der Vertreter darf keine Rechtsgeschäfte abschließen, bei denen er auf der einen Seite im eigenen Namen – also für sich – tätig wird und gleichzeitig auf der anderen Seite als Vertreter handelt.

Beispiel:
V ist Geschäftsführer der E-GmbH. Er hat neben dem Grundstück der GmbH ein Baugrundstück erworben. Er lässt auf dem Grundstück der E-GmbH zu seinen Gunsten eine Grunddienstbarkeit eintragen, die Baubeschränkungen des GmbH-Grundstücks zur Folge hat. Ist die Grunddienstbarkeit wirksam?

(I) G hat die Grunddienstbarkeit unter den Voraussetzungen der §§ 873, 1018 erworben, wenn eine wirksame Einigung zwischen der GmbH und V mit dem Inhalt des § 1018 erzielt worden ist.
(1) Das Einigungsangebot hat die E-GmbH, vertreten durch V, abgegeben und V hat dieses im eigenen Namen angenommen.
(2) Die Einigung wirkt gegenüber der GmbH, wenn die GmbH wirksam vertreten worden ist.
(a) Der Geschäftsführer der GmbH hat grundsätzlich Vertretungsmacht, das Grundstück der GmbH mit einer Grunddienstbarkeit zu belasten, § 35 Abs. 1 GmbHG.
(b) Doch darf er gemäß § 181 dieses Rechtsgeschäft nicht mit sich selbst tätigen, es sei denn, die Vornahme des Rechtsgeschäfts ist gestattet oder sie geschieht in Erfüllung einer Verbindlichkeit. Bei der Vertretung der GmbH durch den Geschäftsführer kann die Gestattung entweder bereits durch die Satzung oder durch nachträglichen Beschluss der Gesellschafter erfolgen (Staudinger/Schilken § 181 Rdnr. 31 u. 53; RGRK/Steffen § 181 Rdnr. 16). Dies ist im Handelsregister einzutragen (BGHZ 87, 59). Die Eintragung hat jedoch nur deklaratorische Bedeutung. Da das Insichgeschäft weder gestattet ist noch in Erfüllung einer Verbindlichkeit getätigt wurde, ist die Vertretungsmacht des Geschäftsführers gemäß § 181 beschränkt. Das Rechtsgeschäft ist schwebend unwirksam. Solange also ein anderer vertretungsberechtigter Vertreter die Einigung nicht genehmigt, ist sie nicht wirksam (BGH NJW-RR 1994, 291, 292; BGHZ 65, 123, 126; MünchKomm/Schramm § 181 Rdnr. 37; Palandt/Heinrichs § 181 Rdnr. 15; Staudinger/Schilken § 181 Rdnr. 45).
(II) Wird die Genehmigung nicht erteilt, fehlt es an der Einigung. Die Grunddienstbarkeit ist nicht wirksam entstanden, das Grundbuch unrichtig. Gemäß § 894 kann die GmbH durch einen vertretungsberechtigten Vertreter Löschung der Grunddienstbarkeit verlangen.

B) Das **Mehrvertretungsverbot** bedeutet: Der Vertreter darf nicht auf beiden Seiten des Rechtsgeschäftes für personenverschiedene Geschäftspartner handeln.

Beispiel:
V ist Geschäftsführer der G-GmbH und gleichzeitig vertretungsberechtigtes Vorstandsmitglied der X-AG. Er gewährt der G-GmbH im Namen der X-AG ein Darlehen.

Die Vertretungsmacht des V ist nach § 181 beschränkt, da er gleichzeitig für die X-AG und die G-GmbH tätig geworden ist. Das Rechtsgeschäft ist schwebend unwirksam.

5.1.2 Die Anwendung des § 181 über den Wortlaut hinaus

§ 181 ist analog anzuwenden

▶ wenn der Vertreter einen Untervertreter bestellt und das Rechtsgeschäft ihm gegenüber vornimmt und

▶ bei empfangsbedürftigen Erklärungen dann, wenn der Vertreter der Sache nach der Erklärungsempfänger ist.

A) § 181 ist entsprechend anwendbar, wenn ein **Unterbevollmächtigter** zur Umgehung bestellt wird.

Beispiel:
Der Geschäftsführer V der G-GmbH hat, um das Grundstück der GmbH zu seinen Gunsten mit einer Grunddienstbarkeit belasten zu können, dem U Untervollmacht für Grundstücksgeschäfte der GmbH erteilt. Sodann haben V und U als Vertreter der G-GmbH sich über die Bestellung der Grunddienstbarkeit geeinigt. Wirksam?

(I) Der V und die G-GmbH, vertreten durch U, haben sich über die Bestellung einer Grunddienstbarkeit geeinigt (§§ 873, 1018).
(II) Die Einigung ist für die GmbH verbindlich, wenn U Vertretungsmacht hatte.
(1) Der Geschäftsführer V der GmbH ist berechtigt, einen anderen zu Grundstücksgeschäften der GmbH zu bevollmächtigen. Der Umfang der Vertretungsmacht des Geschäftsführers umfasst auch eine Unterbevollmächtigung.
(2) Die Vertretungsmacht könnte jedoch nach § 181 beschränkt sein. Die darin vorausgesetzte Personenidentität auf beiden Seiten des Rechtsgeschäftes liegt indes nicht vor, denn auf der Bestellerseite war U und nicht V als Vertreter der GmbH tätig. Hier gebietet der Schutzzweck des § 181 – Vermeidung eigennütziger Verwertung der Vollmacht – jedoch eine entsprechende Anwendung.

BGH NJW 1991, 691, 692[@]; OLG Frankfurt OLGZ 1974, 347; MünchKomm/Schramm § 181 Rdnr. 21; Staudinger/Schilken § 181 Rdnr. 35; Palandt/Heinrichs § 181 Rdnr. 12; Medicus BR Rdnr. 113; Hübner Rdnr. 1328; Flume § 48, 4: unmittelbare Anwendung des § 181; einschränkend RGRK/Steffen § 181 Rdnr. 12: nur soweit Umgehungsabsicht.

Die Bestellung der Grunddienstbarkeit ist somit schwebend unwirksam.

Entsprechendes gilt, wenn der Vertreter in der Weise mit sich selbst kontrahiert, dass er für den Vertretenen handelt und für sich einen Vertreter auftreten lässt.

OLG Hamm NJW 1982, 1105 f; MünchKomm/Schramm § 181 Rdnr. 22.

Beispiel:
Geschäftsführer V der GmbH erteilt dem U Vollmacht, für ihn (V) zu handeln. Sodann einigt sich V als Vertreter der GmbH mit U als seinem Vertreter über die Bestellung der Grunddienstbarkeit.

B) Ein Verstoß gegen § 181 liegt nach h.M. auch dann vor, wenn der Vertreter nach dem materiellen Inhalt der Willenserklärung auf beiden Seiten des Rechtsgeschäfts mitwirkt.

Fall 23: Gelöschte Zwangshypothek

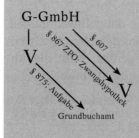

V ist als Prokurist bei der G-GmbH tätig. V schuldet der G-GmbH 30.000 DM. Aufgrund eines vollstreckbaren Titels, den die GmbH erwirkt hat, lässt ein Geschäftsführer der GmbH auf dem Grundstück des V eine Zwangshypothek eintragen. Bald darauf erklärt V als Prokurist der G-GmbH die Aufgabe der Zwangshypothek gegenüber dem Grundbuchamt und beantragt die Löschung der Zwangshypothek. Das Grundbuchamt entspricht dem Antrag. Der Geschäftsführer der G-GmbH ist empört. Ist die Zwangshypothek erloschen?

Nach § 875 ist die Zwangshypothek infolge der Löschung aufgehoben worden, wenn eine wirksame Aufgabeerklärung der G-GmbH vorliegt. V hat als Prokurist der G-GmbH die Aufgabe der Zwangshypothek erklärt. Zwar ist der Prokurist bevollmächtigt, eine solche Erklärung mit Wirkung für und gegen die GmbH abzugeben. Doch könnte im vorliegenden Fall § 181 entgegenstehen.

(I) Der V hat die Aufgabeerklärung gemäß § 875 Abs. 1 S. 2 dem Grundbuchamt gegenüber erklärt, sodass er nicht auf beiden Seiten des Rechtsgeschäftes tätig geworden ist. Bei einer rein formalrechtlichen Betrachtungsweise, bei der im Rahmen des § 181 nur darauf abzustellen ist, ob auf beiden Seiten ein und dieselbe Person mitwirkt, greift § 181 nicht ein.

(II) Doch kann gemäß § 875 Abs. 1 S. 2, 2. HS die Aufgabe eines Rechtes auch dem Begünstigten gegenüber erklärt werden. Begünstigter ist hier der Eigentümer V. Hätte V von dieser Befugnis Gebrauch gemacht, dann hätte er auf beiden Seiten des Geschäftes mitgewirkt; nämlich einmal als Vertreter der G-GmbH, die Inhaberin der Zwangshypothek war, und zum anderen als Grundstückseigentümer im eigenen Namen. Dann wäre die Aufgabeerklärung gemäß § 181 schwebend unwirksam gewesen.

In einem solchen Fall ist darauf abzustellen, welchen materiellrechtlichen Inhalt die Erklärung hat. Hier sollte in Wahrheit der Grundstückseigentümer V begünstigt werden, sodass nach dem materiellrechtlichen Inhalt die Aufgabeerklärung zu Gunsten des Eigentümers V erfolgt. Die Vertretungsmacht des V ist gemäß § 181 beschränkt.

BGH NJW 1980, 1577: „Auch im vorliegenden Fall ist nach Auffassung des Senats eine vom Zweck des § 181 BGB losgelöste, ausschließlich formale Betrachtungsweise nicht angängig. Nach § 875 Abs. 1 S. 2 BGB kann der Grundpfandgläubiger das Recht durch Erklärung gegenüber dem Grundbuchamt oder dem Begünstigten aufgeben. Diese durch eine unterschiedliche Rechtspraxis in den verschiedenen deutschen Ländern bei Schaffung des BGB historisch erklärbare Doppelspurigkeit ändert nichts daran, dass in beiden Fällen der Eigentümer des belasteten Grundstücks der durch die Aufgabeerklärung materiell Begünstigte ist. Sachlich ist damit der Grundstückseigentümer der eigentliche Erklärungsempfänger. Ob er es auch formal ist, kann nicht entscheidend sein."

Ebenso Sohn NJW 1985, 3060; MünchKomm/Schramm § 181 Rdnr. 24 f; Soergel/Leptien § 181 Rdnr. 30; Erman/Palm § 181 Rdnr. 16; Staudinger/Schilken § 181 Rdnr. 35.

– – –

C) Fraglich ist, ob § 181 über seinen Wortlaut hinaus auch dann anwendbar ist, wenn das wirtschaftliche Interesse des Vertreters mit dem des Geschäftsherrn im Widerspruch steht. Nach überwiegender Auffassung genügt es für die Anwendbarkeit des § 181 jedoch nicht, dass ein Interessenkonflikt vorliegt.

BGHZ 91, 334, 337[@]; Palandt/Heinrichs § 181 Rdnr. 14; Soergel/Leptien § 181 Rdnr. 32; MünchKomm/Schramm § 181 Rdnr. 9; Staudinger/Schilken § 181 Rdnr. 34 ff.; Giesen/Hegermann Jura 1991, 357, 370; Medicus AT Rdnr. 963; Larenz/Wolf § 46 Rdnr. 138 ff.

Beispiel:
G erteilt dem V Generalvollmacht. V, der vom Darlehensgeber D ein Darlehen über 20.000 DM erhalten soll, gibt zur Sicherung des Rückzahlungsanspruches dem D gegenüber ein Bürgschaftsversprechen im Namen des G ab.

Zwar ist in wirtschaftlicher Hinsicht ein Interessenkonflikt gegeben, denn das von V im Namen des G abgegebene Bürgschaftsversprechen erfolgte allein im Interesse des V selbst, der hierdurch seine Darlehensschuld sichern wollte. Nach h.M. liegt darin jedoch kein Verstoß gegen § 181, denn V hat hier nicht mit sich selbst kontrahiert. Allein das Vorliegen des Interessenkonfliktes macht das Geschäft nicht gemäß § 181 unwirksam; es kommt allenfalls ein Missbrauch der Vertretungsmacht in Betracht.

5.2 Der Missbrauch der Vertretungsmacht

Aufgrund der im Vertretungsrecht geltenden Abstraktheit der Vollmacht gegenüber dem zugrundeliegenden Innenverhältnis lässt eine pflichtwidrige Nichtbeachtung der im Innenverhältnis bestehenden Bindungen die Vertretungsmacht im Außenverhältnis grundsätzlich unberührt. Der Vertreter macht sich im Innenverhältnis zum Vertretenen schadensersatzpflichtig, die Vertretungsmacht im Außenverhältnis zum Vertragspartner bleibt grundsätzlich bestehen. Der Vertretene muss das Rechtsgeschäft aber dann nicht gegen sich gelten lassen,

▶ wenn der Vertreter und der Geschäftsgegner zum Nachteil des Vertretenen zusammenwirken oder

▶ der Vertreter seine Vertretungsmacht in einer für den Geschäftspartner erkennbaren Weise missbraucht.

5.2.1 Das vom Vertreter getätigte Rechtsgeschäft ist gemäß § 138 Abs. 1 nichtig, wenn der Vertreter und der Vertragspartner einverständlich zum Zwecke der Schädigung des Vertretenen zusammenwirken (**Kollusion**).

BGH WM 1988, 1380, 1381; NJW 1999, 2882@; Palandt/Heinrichs § 164 Rdnr. 13; Erman/Palm § 167 Rdnr. 47; Staudinger/Schilken § 167 Rdnr. 96; MünchKomm/Schramm § 164 Rdnr. 99; Flume § 45 II 3.

Außerdem haften Vertreter und Geschäftspartner für einen etwaigen Schaden des Geschäftsherrn gemäß §§ 826, 840; der Vertreter darüber hinaus auch aus positiver Vertragsverletzung.

5.2.2 Welche Anforderungen an einen Missbrauch der Vertretungsmacht außer in dem Sonderfall der Kollusion zu stellen sind und welche Rechtsfolgen dies hat, ist im Einzelnen umstritten.

A) Voraussetzungen des (allg.) Missbrauchs der Vertretungsmacht

Ein Missbrauch der Vertretungsmacht liegt dann vor, wenn der Geschäftsgegner erkannte, dass der Vertreter die im Innenverhältnis zum Vertretenen bestehenden Befugnisse überschreitet oder wenn sich ihm begründete Zweifel „geradezu aufdrängen" mussten (BGH NJW 1988, 3012).

I) Auf seiten des Geschäftsgegners ist also erforderlich:

▶ **Kenntnis** von der Überschreitung der Geschäftsführungsbefugnis oder

▶ begründete Zweifel, ob nicht eine Vollmachtsüberschreitung vorliegt. Notwendig ist dafür eine massive Verdachtsmomente voraussetzende **objektive Evidenz des Missbrauchs**, die insbesondere dann gegeben ist, wenn sich die Notwendigkeit der Rückfrage des Geschäftsgegners bei dem Vertretenen geradezu aufdrängt.

BGHZ 113, 315, 320; BGH NJW 1988, 3012; 1990, 384, 385; NJW-RR 1992, 1135, 1136; NJW 1994, 2082, 2083; 1995, 250, 251; 1999, 2883[@]; Soergel/Leptien § 177 Rdnr. 18; Palandt/Heinrichs § 164 Rdnr. 13; Staudinger/Schilken § 167 Rdnr. 96 f; Erman/Palm § 167 Rdnr. 49; MünchKomm/Schramm § 164 Rdnr. 104.

II) Inwieweit der **Vertreter** von der Überschreitung der Geschäftsführungsbefugnis Kenntnis haben muss, ist umstritten.

1) Zum Teil wird in der Literatur angenommen, dass ein Missbrauch der Vertretungsmacht nur gegeben sei, wenn der Vertreter vorsätzlich die Geschäftsführungsbefugnis überschreite.

Soergel/Leptien § 177 Rdnr. 17; RGRK/Steffen § 167 Rdnr. 24. Der Vertreter, der annimmt, dass sein Handeln auch von der Geschäftsführungsbefugnis umfasst werde, handele nicht missbräuchlich.

2) Nach der Rechtsprechung ist zu differenzieren:

a) Ist der Vertreter aufgrund gesetzlicher Vorschriften unbeschränkbar zur Vertretung befugt, so ist nur dann ein Missbrauch gegeben, wenn der Vertreter vorsätzlich die Geschäftsführungsbefugnis überschreitet.

BGHZ 50, 112, 114; BGH WM 1976, 658, 659; NJW 1984, 1461.

b) Handelt der Vertreter mit rechtsgeschäftlicher Vertretungsmacht (Vollmacht) unter Überschreitung der Geschäftsführungsbefugnis, dann ist der Geschäftsgegner schon in den Fällen nicht schützwürdig, in denen die Überschreitung für den Vertreter evident ist.

BGH NJW 1988, 3012, 3013.

3) Die h.L. stellt nicht darauf ab, ob der Vertreter vorsätzlich oder sonst vorwerfbar handelte. Kannte der Geschäftsgegner die Überschreitung oder musste ihm sich der Missbrauch aufdrängen, so ist sein Vertrauen in den Bestand der Vertretungsmacht nicht schutzwürdig, unabhängig davon, ob der Vertreter selbst vorwerfbar handelte oder nicht.

MünchKomm/Schramm § 164 Rdnr. 103; Palandt/Heinrichs § 164 Rdnr. 14; Erman/Palm § 167 Rdnr. 48; Staudinger/Schilken § 167 Rdnr. 95; Flume § 45 II 3; Medicus AT Rdnr. 968; Larenz/Wolf § 46 Rdnr. 148.

B) Rechtsfolgen des Missbrauchs der Vertretungsmacht

Umstritten ist, welche Folgen der Missbrauch auslöst.

I) Die h.M. bejaht einen **Rechtsmissbrauch i.S.d. § 242**. Zwar bleibe die Vertretungsmacht bestehen – der Vertrag kommt danach also wirksam zu Stande –, der Vertretene habe aber gegen den vertraglichen Erfüllungsanspruch des Geschäftsgegners die Einrede der unzulässigen Rechtsausübung.

BGHZ 50, 112, 114; BGH WM 1980, 953, 954; NJW 1985, 2409, 2410; Larenz/Wolf § 46 Rdnr. 150; RGRK/Steffen § 167 Rdnr. 24; H.P. Westermann JA 1981, 521, 525.

II) Teilweise wird angenommen, der Missbrauch lasse die **Vertretungsmacht entfallen**, der Vertretene habe aber die Möglichkeit, das Geschäft durch Genehmigung analog § 177 Abs. 1 wirksam werden zu lassen. Danach führt der Missbrauch der Vertretungsmacht zu einer Durchbrechung des vertretungsrechtlichen Abstraktionsprinzips zu Lasten des nicht schutzwürdigen Geschäftspartners.

Prölss JuS 1985, 577; Staudinger/Schilken § 167 Rdnr. 103; Flume § 45 II 3.

III) Nach einem Teil der Lit. hat der Vertretene ein **Wahlrecht**. Er kann die Einrede der unzulässigen Rechtsausübung erheben oder das Rechtsgeschäft analog § 177 genehmigen.

MünchKomm/Schramm § 167 Rdnr. 102 a; Palandt/Heinrichs § 164 Rdnr. 14 a; Hübner Rdnr. 1302 a.E.

C) Das „Mitverschulden" des Erklärungsgegners

Ungeklärt ist auch die Behandlung der Fälle, in denen der Geschäftsherr den Missbrauch der Vollmacht durch mangelnde Kontrolle des Vertreters mitverschuldet hat. Nach der Rechtsprechung und einem Teil der Literatur ist hier der Erfüllungsanspruch nach dem Rechtsgedanken des § 254 zu mindern.

BGHZ 50, 112, 114; OLG Hamm WM 1976, 140; Palandt/Heinrichs § 164 Rdnr. 14; RGRK/Steffen § 167 Rdnr. 24; offengelassen von BGH NJW 1999, 2883[@].

Demgegenüber wird eingewandt, dass § 254 nur auf Schadensersatzansprüche, nicht aber auf Erfüllungsansprüche anwendbar sei. Das Vertretergeschäft sei vielmehr insgesamt ungültig, wenn der Vertretene die Genehmigung verweigere.

In Betracht komme nur ein Schadensersatzanspruch des Dritten aus c.i.c. gegen den Vertretenen auf Ersatz des negativen Interesses. Dabei sei gemäß § 278 auch auf ein Verschulden des Vertreters abzustellen.

MünchKomm/Schramm § 164 Rdnr. 107; Staudinger/Schilken § 167 Rdnr. 104; Erman/Palm § 167 Rdnr. 50; Soergel/Leptien § 177 Rdnr. 19; Larenz/Wolf § 46 Rdnr. 150; Medicus BR Rdnr. 118; H.P. Westermann JA 1981, 521, 526.

4. Abschnitt: Die Rechtsfolgen wirksamer Vertretung

1. Die Rechtsfolgen in der Person des Vertretenen

Mit dem Wirksamwerden der Willenserklärung, die der Vertreter im Namen und mit Vertretungsmacht des Vertretenen abgegeben hat, treten die nach dem Inhalt der Erklärung gewollten Rechtsfolgen in der Person des Vertretenen ein. Wenn der Vertreter sich mit dem Vertragspartner über bestimmte Verpflichtungen geeinigt hat, so kann der Vertretene die sich aus dem Vertrag ergebenden Ansprüche geltend machen. Er ist Anspruchsberechtigter, muss aber andererseits auch die Forderungen des Vertragspartners aus dem Vertrag erfüllen.

Eine Vertretung ist auch bei Verfügungsgeschäften möglich. Im Rahmen der dafür erforderlichen Einigung gelten die §§ 164 ff. Die Stellvertretungsregeln gelten jedoch nicht für Realakte, die zum Vollzug der dinglichen Einigung erforderlich sind. Insbesondere für die Übergabe nach § 929 S. 1 ist der Begriff des Stellvertreters irrelevant. Entscheidend ist vielmehr, ob der als Dritter an der Übergabe Beteiligte Besitzmittler, Besitzdiener oder Geheißperson des Veräußerers bzw. Erwerbers ist.

Vgl. AS-Skript Sachenrecht 1 (1999), S. 30 ff.

Bei einer wirksamen Stellvertretung ist der Vertreter aus dem abgeschlossenen Rechtsgeschäft grundsätzlich weder berechtigt noch verpflichtet. Ausnahmsweise haftet der Vertreter persönlich für Verschulden bei Vertragsverhandlungen (c.i.c.), wenn er in besonderem Maße persönliches Vertrauen in Anspruch genommen hat oder ein so großes eigenes wirtschaftliches Interesse am Vertragsabschluss besitzt, dass bei wirtschaftlicher Betrachtungsweise in Wahrheit er der Vertragspartner ist (vgl. AS-Skript SchuldR AT 1, 1999, S. 193 ff.).

Beispiel:
Der Gebrauchtwagenhändler, der beim Verkauf als Vertreter des Eigentümers auftritt, haftet dem Käufer aus c.i.c., wenn der Käufer wegen der besonderen Fachkenntnis des Händlers auf dessen Angaben und Beratung vertraut.

2. Willensmängel, Kenntnis und Kennenmüssen

Grundsätzlich ist bei Willensmängeln und dann, wenn es auf die Kenntnisse bzw. das Kennenmüssen ankommt, gemäß § 166 Abs. 1 auf die Person des Vertreters abzustellen.

Ausnahmsweise ist unter den Voraussetzungen des § 166 Abs. 2 die Person des Vertretenen entscheidend.

2.1 Die Regelung des § 166 Abs. 1

Nach § 166 Abs. 1 kommt es auf die Person des Vertreters und nicht auf die des Vertretenen an, soweit die rechtlichen Folgen einer Willenserklärung durch Willensmängel oder durch das Kennen bzw. Kennenmüssen bestimmter Umstände beeinflusst werden.

A) Die vom Vertreter abgegebene Willenserklärung ist gemäß §§ 119 ff. nur dann anfechtbar, wenn ein **Willensmangel des Vertreters** vorliegt. Ob sich dagegen der Geschäftsherr geirrt hat, ist für die Anfechtung der vom Vertreter abgegebenen Willenserklärung unerheblich. Bei einem Irrtum des Vertretenen kommt hier allenfalls eine Anfechtung der Vollmachterteilung selbst in Betracht (vgl. oben 3. Abschnitt 2.3).

Die Anfechtungserklärung muss grundsätzlich der Vertretene abgeben, da ihn die Rechtsfolgen der vom Vertreter abgegebenen Willenserklärung treffen.

Im Einzelfall kann die Vollmacht aber auch die Geltendmachung der Anfechtung umfassen, sodass auch der Vertreter die Anfechtung erklären kann. Dies ist jedoch eine Frage der Auslegung der Vollmachtserteilung im Einzelfall. Allein der Umstand, dass der Vertreter Abschlussvollmacht hat, berechtigt ihn noch nicht, Erklärungen bzgl. der Rückabwicklung abzugeben; also ist er auch nicht zur Abgabe von Anfechtungserklärungen bevollmächtigt (Staudinger/Roth § 143 Rdnr. 14; Brox JA 1980, 449, 450).

B) Falls es für die Rechtsfolgen einer Willenserklärung darauf ankommt, ob dem Erklärenden bestimmte Umstände bekannt sind bzw. hätten bekannt sein müssen, so kommt es gemäß § 166 Abs. 1 grundsätzlich auf die Person des Vertreters als Erklärenden an. Die **Kenntnis von Umständen** ist z.B. von Bedeutung:

▶ beim Ausschluss der Gewährleistungsrechte, wenn der Anspruchsberechtigte den Rechts- bzw. Sachmangel bei Vertragsschluss oder Übergabe der Sache gekannt bzw. infolge grober Fahrlässigkeit nicht gekannt hat (§§ 439, 460, 464, 539);

▶ beim gutgläubigen Erwerb eines Sachenrechtes gemäß §§ 932 ff. bzw. § 892;

▶ bei der verschärften Haftung des rechtsgrundlosen und des bösgläubigen Besitzers gemäß § 819 (BGH ZIP 2000, 1291) bzw. §§ 987 ff.

§ 166 kann zwar im letzteren Fall nicht unmittelbar angewendet werden, da der Besitzerwerb kein Rechtsgeschäft, sondern ein Realakt ist. Aufgrund des Normzwecks unter Berücksichtigung der Interessenlage wird von der h.M. jedoch eine analoge Anwendung des § 166 bejaht (str.; a.A. Zurechnung analog § 831; Näheres dazu im Sachenrecht).

C) Auch für die **Auslegung** von Willenserklärungen ist nach § 166 Abs. 1 die Person des Vertreters maßgeblich. Sowohl für den Inhalt der vom Vertreter abgegebenen Erklärung als auch für den Inhalt der vom Vertreter empfangenen Erklärung kommt es entscheidend auf die Willensrichtung und das Verständnis des Vertreters an (BGH ZIP 2000, 1007[@]; vgl. oben S. 86).

Schließt dagegen der Geschäftsherr selbst den Vertrag ab, den ein „Vertreter" als Verhandlungsgehilfe vorbereitet hat, ist für die Auslegung auf den Geschäftsherrn selbst abzustellen. Dies gilt auch für eine vom objektiven Wortlaut abweichende, der Auslegung vorgehende Willensübereinstimmung. Ist der Geschäftsherr selbst der Vertragsschließende, ist die Willensübereinstimmung zwischen ihm und seinem Vertragspartner entscheidend; unerheblich ist dagegen, ob der Verhandlungsgehilfe und der Geschäftsgegner einen übereinstimmenden Willen hatten (BGH ZIP 2000, 1533[@]; vgl. oben S. 26 f.).

D) Dem Rechtsgedanken des § 166 Abs. 1 wird entnommen, dass für die situationsbedingten Voraussetzungen des Widerrufsrechts nach **§ 1 Abs. 1 HWiG** grundsätzlich allein die Person des Vertreters maßgebend ist.

BGH NJW 2000, 2268; 2270[@].

E) Wissenszurechnung

Analog § 166 Abs. 1 werden auch Kenntnisse des Wissensvertreters zugerechnet. Insbesondere bei juristischen Personen kann darüber hinaus auch eine Zurechnung von „typischerweise aktenmäßig festgehaltenem Wissen" erfolgen.

(I) Zurechnung der Kenntnisse des Wissensvertreters

Wissensvertreter ist jeder, der nach der Arbeitsorganisation des Geschäftsherrn dazu berufen ist, im Rechtsverkehr als dessen Repräsentant bestimmte Aufgaben in eigener Verantwortung zu erledigen und die dabei angefallenen Informationen zur Kenntnis zu nehmen sowie gegebenenfalls weiterzuleiten. Er braucht weder zum rechtsgeschäftlichen Vertreter noch zum Wissensvertreter ausdrücklich bestellt zu sein, entscheidend ist die eigenverantwortliche Erledigung von Aufgaben.

BGHZ 117, 104, 106; 132, 30, 35[@].

Die Zurechnung der Kenntnisse des Wissensvertreters setzt grundsätzlich voraus, dass derjenige, auf dessen Kenntnisse abgestellt werden soll, in den betreffenden Aufgabenkreis eingebunden war.

Kurz gesagt: **Wissenvertreter ist derjenige, der mit der Erledigung der betreffenden Angelegenheit in eigener Verantwortung betraut ist** (BGHZ 133, 129, 139[@]).

(II) Zurechnung von typischerweise aktenmäßig festgehaltenen Wissen

Insbesondere bei juristischen Personen kommt es aufgrund der Arbeitsteilung auch zu einer „Wissensaufspaltung". Der Geschäftspartner einer größeren Organisation darf aber nicht schlechter stehen als wenn er es nur mit einer einzigen Person zu tun hätte („Gleichstellungsargument"). Unter bestimmten Voraussetzungen wird daher „typischerweise aktenmäßige festgehaltenes Wissen" zugerechnet.

▶ Es muss sich um eine juristische Person handeln oder um eine Organisation, bei der aufgrund ihrer arbeitsteiligen Organisationsform typischerweise Wissen bei verschiedenen Personen oder Abteilungen aufgespalten ist.

BGHZ 117, 104, 107; 132, 30 ff@. Als Organisation mit typischerweise aufgespaltenem Wissen wird auch die **GmbH & Co. KG** angesehen (BGH NJW 1996, 1205@; BGHZ 132, 30, 37@; Reischl JuS 1997, 783, 787). Bei einer KG hat der VIII. Senat des BGH die Zurechnung von Wissen eines ausgeschiedenen Organmitglieds abgelehnt (WM 1995, 1145, 1147; zustimmend Reischl JuS 1997, 783, 787; kritisch Bayreuther JA 1998, 459, 465).

▶ Weiterhin muss die Verpflichtung bestehen, die Information über den Umstand zu speichern und den Informationsfluss zu organisieren.

Zu beurteilen ist dies nach dem Zeitpunkt der Wahrnehmung. Solange Asbest als harmlos galt, bestand keine Verpflichtung, Informationen über das Vergraben dieses Stoffes auf einem Grundstück zu speichern (BGHZ 132, 30, 38@).

▶ Es muss die tatsächliche Möglichkeit und ein besonderer Anlass bestehen, sich des fraglichen Umstandes durch einen Zugriff auf Aktenwissen zu vergewissern (BGHZ 132, 30, 38@).

Fall 24: Vergesslicher Einkäufer

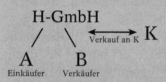

Für den Autohandel H-GmbH kauft der in der Einkaufsabteilung beschäftigte A einen Gebrauchtwagen. Er wurde vom Verkäufer darüber informiert, dass der Tachometerstand unrichtig war und das Fahrzeug statt der angezeigten 37.000 km schon 53.000 km gelaufen war. A versäumte jedoch, diese Tatsache in die Unterlagen für den Weiterverkauf einzutragen. Später vergaß A, dass der Tachometerstand nicht korrekt war. Er trug nachträglich in die Firmenunterlagen einen Kilometerstand von 37.000 km ein.

Einige Wochen später verkauft der ebenfalls bei H beschäftigte Verkäufer B das Auto im Namen der GmbH. B hielt dabei den Kilometerstand für richtig. Der Käufer K verlangt nunmehr Wandlung. Der Geschäftsführer der H-GmbH beruft sich auf Verjährung, da seit der Auslieferung des Autos über ein halbes Jahr verstrichen ist.

(I) Zwischen K und der H-GmbH, vertreten durch B, ist ein wirksamer Kaufvertrag zu Stande gekommen.

(II) Der Gebrauchtwagen ist fehlerhaft i.S.d. § 459 Abs. 1. Da K lediglich Wandlung verlangt, kann offenbleiben, ob der Kilometerstand zugesichert war.

Der BGH hat im Gebrauchtwagenhandel eine konkludente Zusicherung bejaht, wenn der Kilometerstand auf einem Beschriebzettel ausgewiesen wurde (BGH NJW 1975, 1693). Allein die Angabe der Gesamtfahrleistung in einer dafür vorgesehenen Rubrik der Kaufurkunde enthält demgegenüber keine konkludente Zusicherung (OLG Frankfurt NJW-RR 1991, 875; OLG Nürnberg NJW-RR 1997, 1212; Palandt/Putzo § 459 Rdnr. 31).

(III) Gemäß § 477 Abs. 1 verjährt der Anspruch auf Wandlung in einer Frist von sechs Monaten ab Ablieferung, sofern nicht der Verkäufer den Mangel arglistig verschwiegen hat. Arglist setzt voraus, dass der Verkäufer den Mangel kannte oder zumindest mit ihm rechnete.

(1) Der H-GmbH werden die Kenntnisse ihres Geschäftsführers zugerechnet.

BGHZ 109, 327, 331; 132, 30, 37[@]; Taupitz JZ 1996, 734; Reischl JuS 1997, 783, 784. Dabei ist es im Ergebnis gleichgültig, ob man dem Rechtsgedanken des § 28 Abs. 2 entnimmt, das Wissen der Organe sei ohne weiteres als Wissen der juristischen Person anzusehen (Staudinger/Schilken § 166 Rdnr. 31; Palandt/Heinrichs § 28 Rdnr. 2) oder ob man eine Zurechnung aufgrund einer analogen Anwendung des § 166 oder § 31 bejaht (MünchKomm/Schramm § 166 Rdnr. 19).

Es bestehen jedoch keine Anhaltspunkte dafür, dass der Geschäftsführer Kenntnis von dem unrichtigen Kilometerstand hatte.

In der Entscheidung NJW 1996, 1205[@] hat der BGH die Frage aufgeworfen, ob nicht das Wissen des Einkäufers dem Geschäftsführer gemäß § 166 Abs. 1 zuzurechnen ist und bei diesem als „nicht mehr verlierbares Wissen" eines Organs der Gesellschaft zu behandeln ist. Dies wird abgelehnt mit dem Argument, dass dies bei einer GmbH & Co. KG nicht gerechtfertigt sei. Aber auch bei einer GmbH dürfte diese Überlegung zu weit gehen. So betont der BGH in einem späteren Urteil (BGHZ 132, 30, 38[@]) das als Wissen Zuzurechnende dürfe nicht zu einer Fiktion ausarten, die die juristische Personen weit über jede menschliche Fähigkeit hinaus belaste.

(2) Gemäß § 166 Abs. 1 werden der GmbH die Kenntnisse des als Vertreter handelnden B zugerechnet. Dieser war aber bezüglich des Kilometerstandes gutgläubig.

(3) Analog § 166 Abs. 1 werden der GmbH Kenntnisse des Wissensvertreters zugerechnet. **Wissensvertreter** ist derjenige, der mit der Erledigung der betreffenden Angelegenheit in eigener Verantwortung betraut ist. Der Angestellte A ist aber bei dem Verkauf des Fahrzeugs in keiner Weise tätig geworden. Er war rechtsgeschäftlicher Vertreter beim Einkauf, aber nicht Wissensvertreter beim Verkauf.

(4) Der GmbH wird analog § 166 Abs. 1 unter den oben genannten Voraussetzungen das „**typischerweise aktenmäßig vorhandene Wissen**" zugerechnet.

(a) Die GmbH ist eine juristische Person.

(b) Es muss die Verpflichtung bestehen, die Information über den Umstand zu speichern und den Informationsfluss zu organisieren. Im Gebrauchtwagenhandel ist die Angabe des korrekten Kilometerstandes von wesentlicher Bedeutung. Sie ist bei einer innerbetrieblichen Aufspaltung in Einkaufs- und Verkaufsorganisation so zu dokumentieren, dass sie nicht verloren geht.

(c) Nach der Rechtsprechung ist erforderlich, dass die tatsächliche Möglichkeit und ein besonderer Anlass bestehen muss, sich des fraglichen Umstandes durch einen Zugriff auf Aktenwissen zu vergewissern.

(aa) Weder der Handelnde B noch der Geschäftsführer der GmbH hatten die tatsächliche Möglichkeit, den korrekten Kilometerstand durch Zugriff auf Aktenwissen in Erfahrung zu bringen. Auch eine Rückfrage bei A wäre ergebnislos geblieben, denn A hatte vergessen, dass der Kilometerstand unrichtig war. Der BGH hat daher Arglist für den hier vorliegenden Fall der Vergesslichkeit des Einkäufers verneint. Selbst wenn A nicht nur beim Einkauf, sondern auch beim Verkauf tätig geworden wäre, läge kein arglistiges Verhalten vor, da ihm der fragliche Umstand zwischenzeitlich entfallen war (BGH NJW 1996, 1205, 1206@). Dem A sei lediglich Fahrlässigkeit, nicht aber Arglist vorzuwerfen.

Im Originalfall war streitig, ob der Einkäufer wirklich nur aus Nachlässigkeit gehandelt hat. Der BGH (NJW 1996, 1205, 1206@) hat daher an das Berufungsgericht zurückverwiesen. Bei einer vorsätzlichen Falscheintragung dürfte der Käufer so zu stellen sein, als ob die Kilometerleistung korrekt in den Akten vermerkt worden wäre.

(bb) In der Literatur wird diese Argumentation kritisiert. Es sei nicht einzusehen, dass eine juristische Person mit „fahrlässig-vergesslichen" Organen oder Vertretern besser dastehen solle, als die ordentlich arbeitende. Außerdem habe diese Rechtsprechung erhebliche Probleme im Rahmen der prozessualen Nachweisbarkeit zur Folge (Bayreuther JA 1998, 459, 465). Die Nachlässigkeit des Einkäufers könne der Information nicht die Eigenschaft als „typischerweise aktenmäßig festgehaltenes Wissen" nehmen (Reischl JuS 1997, 783, 786).

Für diese Sichtweise spricht auch folgende Formulierung des BGH in einer späteren Entscheidung (BGHZ 135, 202, 206@): „Als vorhanden anzusehen ist dabei das Wissen, das bei sachgerechter Organisation dokumentiert und verfügbar ist und zu dessen Nutzung unter Berücksichtigung der geschäftlichen Bedeutung des Vorgangs Anlass bestand". Allerdings wird in der gleichen Entscheidung betont, die Grenzen der Wissenszurechnung seien unter Berücksichtigung des beschränkten menschlichen Erinnerungsvermögens zu ziehen (BGHZ 135, 202, 205@).

(cc) Nach dem hier vorliegenden Sachverhalt handelte der Einkäufer A tatsächlich nur fahrlässig. Dann ist es aber gerechtfertigt, mit dem BGH eine Zurechnung der Kenntnisse abzulehnen. Entscheidend ist das „Gleichstellungsargument". Der Vertragspartner soll durch die betriebsinterne Aufteilung von Arbeitsabläufen (und damit auch von Kenntnissen) nicht schlechter stehen als bei einem Einzelbetrieb. Er darf aber auch nicht besser gestellt werden. Hätte der A als Einzelkaufmann ein Auto unter den genannten Umständen gekauft und beim späteren Verkauf die Unrichtigkeit des Kilometerstandes vergessen, so würde er nicht arglistig gehandelt haben. Dann kann aber auch der GmbH keine die Arglist begründende Kenntnis zuzurechnen sein.

> Anmerkung: Anderes als die Rechtsprechung (BGHZ 109, 327 ff. und BGH NJW 1996, 1205@ lehnen Flume [AcP 197, 441 ff.] und Waltermann [NJW 1993, 893] eine Arglisthaftung kraft Wissenszurechnung grundsätzlich ab. Es fehle in jedem Fall das zu dem Wissenselement für die Arglist zusätzlich erforderliche voluntative Merkmal.

– – –

2.2 Die Regelung des § 166 Abs. 2

Nach § 166 Abs. 2 ist hinsichtlich der **Kenntnis** von Umständen auf die Person des Vertretenen abzustellen, wenn die Vertretungsmacht auf einer Vollmacht beruht und der Vertreter nach bestimmten Weisungen des Vertretenen gehandelt hat.

Die Vorschrift findet grundsätzlich nur auf die durch Rechtsgeschäft erteilte Vertretungsmacht (Vollmacht) Anwendung. Von der Rechtsprechung wird in Ausnahmefällen aber auch eine entsprechende Anwendung bei der gesetzlichen Vertretung bejaht; so z.B., wenn der gemäß §§ 1629 Abs. 2, 1795 Abs. 2, 181 von der Vertretung ausgeschlossene Vater den gutgläubigen Ergänzungspfleger (§ 1909) zur Vornahme eines bestimmten Geschäftes veranlasst (Münch-Komm/Schramm § 166 Rdnr. 39).

Für **Willensmängel** enthält § 166 Abs. 2 keine Regelung. Ob die Vorschrift entsprechend anwendbar ist, wenn Willensmängel des Vertretenen im Hinblick auf das vom Vertreter vorgenommene Rechtsgeschäft vorhanden sind, ist umstritten.

Fall 25: Der arglistige Maschinenverkäufer

Der H will dem G eine gebrauchte Bohrmaschine verkaufen. Als G angesichts des hohen Kaufpreises vom Abschluss des Vertrages absehen will, erklärt ihm der H, dass die Kosten für die Maschine von der Steuer absetzbar seien, obwohl H genau weiß, dass dies nach den gesetzlichen Bestimmungen nicht der Fall ist. Mit Rücksicht darauf entschließt sich G zum Kauf. Er bevollmächtigt seinen Freund V, der etwas von Bohrmaschinen versteht, die Maschine für ihn zu erwerben, falls er sie für tauglich hält. Da V bei der Untersuchung keine Mängel feststellt, erwirbt er die Maschine für G. Später stellt G fest, dass er die Kosten nicht von der Steuer absetzen kann. Er weigert sich deshalb, dem H den Kaufpreis zu zahlen. Zu Recht?

Ein Anspruch des H gegen G könnte sich aus § 433 Abs. 2 ergeben.

(I) Der V hat sich im Namen und mit Vertretungsmacht des G mit dem H über die Vertragsbestandteile des Kaufvertrages geeinigt.

(II) Der Kaufvertrag ist gemäß § 142 Abs. 1 nichtig, wenn G den Vertrag wegen arglistiger Täuschung nach § 123 anfechten kann.

(1) Gemäß § 166 Abs. 1 ist bei der Anfechtung des Vertretergeschäftes grundsätzlich auf die Person des Vertreters abzustellen. Die von V abgegebene Willenserklärung ist aber nicht aufgrund eines Willensman-

gels des V abgegeben worden. V wollte die Erklärung, so wie sie wirksam geworden ist, abgeben, und er ist hierzu nicht durch eine arglistige Täuschung des H veranlasst worden. Daher kommt eine Anfechtung der Kaufvertragserklärung durch den Vertretenen G gemäß § 166 Abs. 1 nicht in Betracht.

(2) Der Vertretene G kann die Kaufvertragserklärung aber dann anfechten, wenn sein Willensmangel gemäß § 166 Abs. 2 zu berücksichtigen ist.

(a) Dann müsste V nach bestimmten Weisungen des G gehandelt haben. Der Begriff der „bestimmten Weisungen" ist weit auszulegen. Es genügt, wenn der Vertreter im Rahmen der Vollmacht ein Geschäft abschließt, zu dessen Vornahme ihn der Vollmachtgeber veranlasst hat, die Entscheidung des Vertreters also bewusst vom Vertretenen bestimmt oder doch in eine bestimmte Richtung gelenkt wird (MünchKomm/Schramm § 166 Rdnr. 40). G hat hier dem V den Kaufgegenstand konkret vorgeschrieben, sodass eine bestimmte Weisung i.S.d. § 166 Abs. 2 vorliegt.

(b) Dem Wortlaut nach kann § 166 Abs. 2 jedoch keine Anwendung finden, weil die Vorschrift nur die Fälle der „Kenntnis" bzw. des „Kennenmüssens" erfasst, nicht aber die Fälle des Willensmangels.

(c) Fraglich ist, ob nicht der Normzweck des § 166 Abs. 2 unter Berücksichtigung der Interessenlage eine entsprechende Anwendung rechtfertigt.

(aa) Im Schrifttum wird teilweise die Ansicht vertreten, § 166 Abs. 2 sei auf Willensmängel der Person des Vertretenen nicht auszudehnen. Nach §§ 119 ff. sei ein Anfechtungsgrund nur gegeben, wenn der Erklärende sich bei der Abgabe der Willenserklärung geirrt habe. Erklärender sei aber allein der Vertreter. Die Vorschrift des § 166 Abs. 2 sei eine Ausnahmevorschrift, die dem Geschäftsherrn lediglich unter bestimmten Voraussetzungen die Möglichkeit einer Berufung auf die Unkenntnis des Vertreters nehmen, ihm aber nicht selbstständige Rechte gewähren will, die ihm nach § 166 Abs. 1 nicht zustünden.

Staudinger/Schilken § 166 Rdnr. 16 u. 27; Soergel/Leptien § 166 Rdnr. 32; Flume § 52, 5; einschränkend RGRK/Steffen § 166 Rdnr. 22, der eine Anfechtung dann zulassen will, wenn die Weisung des Geschäftsherrn eindeutig Inhalt oder Geschäftsgrundlage des Vertretergeschäftes geworden ist.

(bb) Nach überwiegender Ansicht erfasst § 166 Abs. 2 dagegen auch den Fall des Willensmangels, wenn sich der Geschäftsherr bei der „Weisung" in einem zur Anfechtung berechtigenden Irrtum befunden hat. § 166 Abs. 2 beruhe auf dem Gedanken, dass es bei der Willensbildung jeweils auf die Person und die Bewusstseinslage desjenigen ankomme, auf dessen Interessenbewertung und Entschließung der Geschäftsabschluss beruhe. Wenn der Geschäftsherr dem Vertreter eine besondere Weisung erteile, so bestimme letztlich sein Geschäftswille Abgabe und Inhalt der Vertretererklärung.

Für den Fall der arglistigen Täuschung des Vertretenen: BGHZ 51, 141, 147; BGH NJW 2000, 2268, 2269[@]; Larenz/Wolf § 46 Rdnr. 118.

Ein Teil der Literatur bejaht die analoge Anwendung des § 166 Abs. 2 auch für alle anderen Willensmängel: MünchKomm/Schramm § 166 Rdnr. 41; Palandt/Heinrichs § 166 Rdnr. 12; a.A. Staudinger/Schilken § 166 Rdnr. 27; Soergel/Leptien § 166 Rdnr. 33.

Da G hier durch arglistige Täuschung zu der Weisung an V veranlasst worden ist, kann er nach überwiegender Meinung entsprechend § 166 Abs. 2 den Vertrag anfechten.

Nach der Gegenauffassung bleibt dem Geschäftsherrn lediglich die Anfechtung der Bevollmächtigung. Beachte also auch hier: Die Anfechtung des Vertretergeschäftes ist streng von der Anfechtung der Vollmachterteilung zu trennen.

– – –

5. Abschnitt: Der Vertreter ohne Vertretungsmacht

Wenn der Vertreter ohne Vollmacht oder gesetzliche Vertretungsmacht gehandelt hat, ist der Vertretene nicht gebunden.

▶ Der schuldrechtliche Vertrag bzw. die Einigung zur Rechtsänderung ist schwebend unwirksam (§ 177 Abs. 1).

▶ Der Vertretene oder der Vertragspartner können den Schwebezustand durch Genehmigung beseitigen, §§ 177, 178.

▶ Wird die Genehmigung verweigert, so haftet der Vertreter grundsätzlich anstelle des Vertretenen gemäß § 179.

▶ Das einseitige Rechtsgeschäft ist grundsätzlich nichtig, § 180 S. 1.

1. Die Beseitigung des Schwebezustandes gemäß §§ 177, 178

1.1 Die Genehmigung des Vertrages durch den Vertretenen

Mit der Genehmigung des schwebend unwirksamen Rechtsgeschäftes durch den Vertretenen wird das Geschäft **rückwirkend** wirksam, § 184 Abs. 1. Der Vertretene – der Geschäftsherr – ist nunmehr aus dem Vertrag berechtigt und verpflichtet, und zwar so, als hätte der Vertreter mit Vertretungsmacht gehandelt. Die Genehmigung ist grundsätzlich formlos gültig, § 182 Abs. 2. Das gilt nach überwiegender Ansicht auch dann, wenn die Erteilung der Vollmacht selbst einer Form bedurft hätte.

BGHZ 125, 218, 220 ff.[@]; OLG Köln NJW-RR 1993, 1364 f; Prölss JuS 1985, 577; Palandt/ Heinrichs § 182 Rdnr. 2; Soergel/Leptien § 177 Rdnr. 23. Es werde nicht das unbefugte Auftreten des Vertreters an sich genehmigt, sondern das von ihm abgeschlossene, konkret prüfbare Rechtsgeschäft. Nach a.A. soll die Genehmigung dann der Form bedürfen, wenn auch eine Vollmacht der Form bedurft hätte (OLG Saarbrücken OLGZ 1968, 3, 6; Erman/Palm § 177 Rdnr. 14; RGRK/Steffen § 177 Rdnr. 6; Yula DB 1995, 2358, 2359; Einsele DNotZ 1996, 835).

Eine besondere Form der Zustimmung kann kraft gesetzlicher Anordnung insbesondere im Familien- und Erbrecht erforderlich sein (§§ 1516 Abs. 2 S. 3, 1517 Abs. 1 S. 2, 1750 Abs. 1, 2120 S. 2).

Ist ein Vertrag wegen der Mitwirkung eines vollmachtlosen Vertreters schwebend unwirksam, so kann dieser Mangel unter Kaufleuten durch Schweigen auf das dem Vertragsschluss folgende Bestätigungsschreiben geheilt werden (BGH WM 1990, 68).

1.2 Die Verweigerung der Genehmigung sowie der Widerruf gemäß § 178

Mit der Verweigerung der Genehmigung tritt grundsätzlich die endgültige Unwirksamkeit des Rechtsgeschäftes ein.

A) Die verweigerte Genehmigung kann nach allgemeiner Auffassung auch nicht widerrufen werden mit der Folge, dass das Rechtsgeschäft wieder schwebend unwirksam und damit genehmigungsfähig wird.

BGHZ 40, 156, 164; 125, 355; dazu K. Schmidt JuS 1995, 102 ff., 105; BGH NJW 1989, 1672, 1673; 1994, 1785, 1786; MünchKomm/Schramm § 177 Rdnr. 41, § 182 Rdnr. 19; Erman/Palm § 184 Rdnr. 1; Soergel/Leptien § 184 Rdnr. 2; Palandt/Heinrichs § 182 Rdnr. 4, § 184 Rdnr. 4.

B) Wenn jedoch der Vertragspartner den Vertretenen zur Genehmigung aufgefordert hat, wird die dem Vertreter gegenüber erteilte Genehmigung oder Verweigerung unwirksam, sodass der Vertrag wieder schwebend unwirksam wird. Wird die Genehmigung nicht innerhalb von zwei Wochen nach dem Empfang der Aufforderung erklärt, so gilt sie als verweigert (§ 177 Abs. 2 S. 2).

Die Aufforderung muss nicht auf die Genehmigung der Vertretererklärung gerichtet sein. Eine ergebnisoffene Aufforderung, sich über die Genehmigung des Vertrags zu erklären, ist ausreichend (BGH, Urt. v. 14.7.2000 – V ZR 320/98[@]).

C) Nach § 178 kann der andere Teil bis zur Genehmigung des Vertrages den Widerruf erklären, es sei denn, der Mangel der Vertretungsmacht war ihm beim Abschluss des Vertrages bekannt. Der Widerruf kann auch dem Vertreter gegenüber erklärt werden.

2. Die Haftung des Vertreters ohne Vertretungsmacht, § 179

Die Haftung des Vertreters gemäß § 179 greift immer nur dann ein, wenn der Mangel des Rechtsgeschäftes auf der fehlenden Vertretungsmacht beruht, wenn also der Vertragspartner nur deshalb keinen Erfüllungsanspruch gegen den Vertretenen erlangt, weil keine Vertretungsmacht besteht. § 179 greift nicht ein, wenn der Vertreter zwar nicht bevollmächtigt war, aber gemäß §§ 170–173 bzw. nach den Grundsätzen der Rechtsscheinsvollmacht als bevollmächtigt gilt.

BGHZ 61, 59, 69; 86, 273; Staudinger/Schilken § 177 Rdnr. 26; Erman/Palm § 179 Rdnr. 3; Palandt/Heinrichs § 178 Rdnr. 1; MünchKomm/Schramm § 179 Rdnr. 25, § 167 Rdnr. 62; a.A. Larenz/Wolf § 48 Rdnr. 33: Bei der Rechtsscheinsvollmacht bestehe ein Wahlrecht des Geschäftsgegners entweder den Vertretenen wegen des Vorliegens des Rechtsscheins oder unter Berufung auf § 179 den Vertreter in Anspruch zu nehmen.

2.1 Der Vertreter ohne Vertretungsmacht haftet nicht nach § 179,

▶ wenn der Vertragspartner nach § 178 den Widerruf erklärt hat,

▶ wenn der Geschäftsgegner das Fehlen der Vertretungsmacht kannte oder hätte kennen müssen, § 179 Abs. 3 S. 1,

> Behauptet ein Vertreter ausdrücklich oder konkludent, die für die Vornahme des Rechtsgeschäftes erforderliche Vertretungsmacht zu haben, darf der Vertragspartner darauf grundsätzlich vertrauen. Nur wenn besondere Umstände vorliegen, die den Vertragspartner hätten veranlassen müssen, sich nach der Vertretungsmacht zu erkundigen, liegt eine Außerachtlassung der im Verkehr erforderliche Sorgfalt vor, die es rechtfertigt, ein Kennenmüssen i.S.d. § 179 Abs. 3 S. 1 zu bejahen (BGH NJW 2000, 1407, 1408[@]).

▶ wenn der Vertreter nicht voll geschäftsfähig war, § 179 Abs. 3 S. 2, 1. HS.

▶ Der beschränkt geschäftsfähige Vertreter haftet nur, wenn er mit Zustimmung seines gesetzlichen Vertreters gehandelt hat, § 179 Abs. 3 S. 2, 2. HS.

2.2 Die Rechtsfolge aus § 179

Als Rechtsfolge ergibt sich, dass der Geschäftsgegner den Vertreter nach seiner Wahl auf Erfüllung oder auf Schadensersatz in Anspruch nehmen kann. Der Vertreter wird zwar im Falle der Wahl der Erfüllung nicht Vertragspartner, erlangt jedoch die tatsächliche Stellung eines solchen. Er kann alle Ansprüche und Gegenrechte wie dieser geltend machen; so greifen z.B. bei mangelhafter Leistung zu seinen Gunsten die Gewährleistungsvorschriften ein. Hat der Vertreter den Mangel der Vertretungsmacht jedoch nicht gekannt, so ist er nur zum Ersatz des Vertrauensschadens verpflichtet, § 179 Abs. 2.

Beachte: Hätte der Vertrag z.B. wegen Vermögenslosigkeit des Geschäftsherrn keine realisierbaren Ansprüche begründet, so scheidet auch eine Haftung des Vertreters gemäß § 179 aus. Denn der Geschäftsgegner soll durch diese Haftung nicht besser gestellt werden, als er stünde, wenn er den Vertretenen selbst in Anspruch hätte nehmen können (Prölss JuS 1986, 169, 171; Palandt/Heinrichs § 179 Rdnr. 1; MünchKomm/Schramm § 179 Rdnr. 30).

3. Das einseitige Rechtsgeschäft des Vertreters ohne Vertretungsmacht

Nach § 180 S. 1 ist ein einseitiges Rechtsgeschäft, das der Vertreter ohne Vertretungsmacht vornimmt, unzulässig. Das Rechtsgeschäft ist grundsätzlich nichtig und nicht genehmigungsfähig.

Gemäß § 180 S. 2 gelten die Regeln über Verträge entsprechend, wenn bei empfangsbedürftigen Willenserklärungen der Vertreter die Vertretungsmacht behauptet und der Erklärungsempfänger diese nicht beanstandet hat oder wenn der Erklärungsempfänger mit der Vornahme des Rechtsgeschäftes ohne Vertretungsmacht einverstanden gewesen ist. In diesen Fällen ist das einseitige Rechtsgeschäft also schwebend unwirksam und daher gemäß § 177 Abs. 1 genehmigungsfähig.

Das OLG Celle (OLG-Report 1999, 97@) entschied, dass § 180 S. 2 für Gestaltungserklärungen wie die Kündigung nicht gilt. Diese Erklärungen müssen die Rechtslage eindeutig klären. Mit diesem Sinn und Zweck wäre eine schwebende Unwirksamkeit unvereinbar. Die Kündigung eines vollmachtlosen Vertreters ist daher ohne Genehmigungsmöglichkeit unwirksam.

6. Abschnitt: Die Untervollmacht

Anders als bei der Hauptvollmacht, die vom Geschäftsherrn unmittelbar erteilt wird, leitet der Unterbevollmächtigte seine Vertretungsmacht nur mittelbar von einem Vertreter des Geschäftsherrn ab.

Beispiel:
V ist als Vertreter des G im Außendienst tätig. Als er kurzfristig erkrankt, erteilt er dem U im Namen des G Vollmacht, für G zu handeln.

Die Wirksamkeit des vom Unterbevollmächtigten (U) im Namen des Geschäftsherrn (G) getätigten Rechtsgeschäftes setzt grundsätzlich voraus, dass

▶ der Unterbevollmächtigte die Willenserklärungen im Namen des Geschäftsherrn abgegeben hat,

▶ der Hauptbevollmächtigte (V) Untervollmacht erteilt hat und

▶ der Hauptbevollmächtigte berechtigt war, Untervollmacht zu erteilen.

1. Die Erteilung der Untervollmacht

Umstritten ist, ob die Zurechnung auf G auch erfolgt, wenn V die Untervollmacht zwar mit Vertretungsmacht des G, aber im eigenen Namen erteilt hat.

Beispiel:
V bestellt den U im eigenen Namen zu seinem Vertreter, der ihn in seiner Eigenschaft als Stellvertreter des (Haupt-) Vollmachtgebers vertreten solle, sog. Vertreter des Vertreters.

Die Rechtsprechung bejaht diese Möglichkeit, denn die Rechtswirkungen des vom Untervertreter abgeschlossenen Geschäfts gingen „gleichsam gemäß den beiden Vollmachtsverhältnissen durch den Hauptvertreter hindurch".

BGHZ 32, 250, 253 f; 68, 391, 394; Enneccerus/Nipperdey § 185 II 2.

Nach a.A. hat der Hauptvertreter V dagegen kein Recht, im eigenen Namen eine Vollmacht zu erteilen, die den Geschäftsherrn binde.

MünchKomm/Schramm § 167 Rdnr. 73; Palandt/Heinrichs § 167 Rdnr. 12; Staudinger/Schilken § 167 Rdnr. 62; RGRK/Steffen § 167 Rdnr. 21; Medicus AT Rdnr. 951; Larenz/Wolf § 47 Rdnr. 44 f.; Flume § 49, 5.

2. Die fehlende Untervollmacht

Ist zwar die dem Hauptvertreter vom Geschäftsherrn G erteilte Hauptvollmacht gültig, fehlt es aber an einer wirksamen Bevollmächtigung des Hauptvertreters an den Untervertreter, so handelt der Unterbevollmächtigte als Vertreter ohne Vertretungsmacht und haftet nach § 179.

Beispiel:
Vertreter V des G bittet den U, sich nach einem Vertragspartner für G „umzuschauen". U geht irrtümlich davon aus, V habe ihm Untervollmacht erteilt, und schließt daraufhin mit D im Namen des G einen Kaufvertrag ab.

3. Die fehlende Hauptvollmacht

Fraglich ist, welche Rechtsfolgen sich ergeben, wenn die Unwirksamkeit der Untervollmacht nur auf der mangelhaften Hauptvollmacht beruht.

Fall 26: Anmietung eines Pkw durch Zeitschriftenwerber

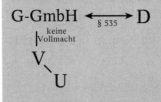

V ist für die G-GmbH als Zeitschriftenwerber tätig und benutzt ein verlagseigenes Kfz, wobei er von U als Beifahrer begleitet wird. Nach einem Unfall erteilt V, der zeitlich sehr in Anspruch genommen ist, dem U den Auftrag, beim Autohaus D im Namen der G einen Ersatzwagen anzumieten. U mietet daraufhin bei D einen BMW 325 und gibt dabei zu erkennen, dass er als Untervertreter des V für G handele. Als D von G den Mietpreis verlangt, stellt sich heraus, dass V keine Vollmacht zur Anmietung eines Pkw hatte, wovon U nichts wusste. Welche Ansprüche hat D gegen U?

(A) Ein Anspruch des D gegen U aus § 535 S. 2 auf Mietzinszahlung scheidet von vornherein aus, weil U ausdrücklich im Namen des G aufgetreten ist, sodass es an einer Einigung zwischen D und U fehlt.

(B) Ein Anspruch könnte sich jedoch aus §§ 179 Abs. 1, 535 S. 2 ergeben.

(I) Die Voraussetzungen des § 179 Abs. 1

(1) U hat im Namen des G mit D einen Mietvertrag abgeschlossen. Er ist als Vertreter aufgetreten.

(2) Diese Vertragserklärung wirkt gegen G, wenn U mit Vertretungsmacht für G tätig geworden ist.

   (a) V hat den U beauftragt, den Wagen anzumieten, und damit den U konkludent zum Abschluss des Mietvertrages bevollmächtigt.

   (b) V müsste Vertretungsmacht zur Erteilung der Untervollmacht gehabt haben. Da V selbst im Verhältnis zu G zum Abschluss des Mietvertrages nicht berechtigt war, fehlte ihm auch die Befugnis, dem U Untervollmacht zu erteilen. U hat daher als Vertreter ohne Vertretungsmacht den Mietvertrag abgeschlossen.

(II) Die Rechtsfolge des § 179

(1) Gemäß § 179 Abs. 1 besteht grundsätzlich wahlweise ein Erfüllungs- oder ein Schadensersatzanspruch.

Wenn aber der Vertreter den Mangel der Vertretungsmacht nicht gekannt hat, kommt nach § 179 Abs. 2 nur ein Anspruch auf Ersatz des Vertrauensschadens in Betracht. U hat den Mangel der Vertretungsmacht nicht gekannt. Er ging gutgläubig von einer entsprechenden Vertretungsmacht des V zur Erteilung einer Untervollmacht aus. Daher haftet U nicht gemäß § 179 Abs. 1 auf Erfüllung, sondern allenfalls gemäß § 179 Abs. 2 auf Ersatz des Vertrauensschadens.

(2) Aber auch gegen eine Haftung des U gemäß § 179 Abs. 2 spricht, dass U danach für Mängel eintreten müsste, die im Verhältnis Geschäftsherr – Hauptbevollmächtigter ihren Grund haben.

   (a) Die Rechtsprechung unterscheidet in diesen Fällen danach, ob die Untervertretung offengelegt worden ist oder nicht. Bei verdeckter mehrstufiger Vertretung trete der Untervertreter wie ein vom Geschäftsherrn selbst Bevollmächtigter auf, sodass seine uneingeschränkte Haftung aufgrund des von ihm in Anspruch genommenen Vertrauens des Geschäftsgegners in die Wirksamkeit der Vertretung sachgerecht sei.

   Lege dagegen der Vertreter die Untervertretung offen, so nehme er nur das Vertrauen in die ihm selbst erteilte Vollmacht in Anspruch, nicht aber das in die Hauptvollmacht. Bei Mängeln im Verhältnis zwischen dem Geschäftsherrn und dem Hauptbevollmächtigten sei es daher sachgerecht, nicht ihn, sondern den Hauptvertreter aus § 179 haften zu lassen.

   BGHZ 68, 391, 395 f; OLG Köln NJW-RR 1996, 212; Palandt/Heinrichs § 179 Rdnr. 3; Staudinger/Schilken § 167 Rdnr. 73; Larenz/Wolf § 49 Rdnr.

32; Flume § 49, 5; Bühler MDR 1987, 985, 986.

(b) Demgegenüber wird in der Literatur eine Haftung des Untervertreters auch bei Offenlegung bejaht. § 179 regele die Haftung des Vertreters ohne Vertretungsmacht ohne jede Einschränkung. Schutzwürdig erscheine nach dieser Vorschrift grundsätzlich der Vertragspartner, der den Angaben des Vertreters vertraue.

MünchKomm/Schramm § 167 Rdnr. 76; Soergel/Leptien § 167 Rdnr. 60; RGRK/Steffen § 167 Rdnr. 21; Erman/Palm § 167 Rdnr. 44.

(c) Der Rechtsprechung dürfte zu folgen sein: Bei Abwägung der Schutzwürdigkeit der Beteiligten erscheint U nicht weniger schutzwürdig als D. Zwar trägt D insoweit das Liquiditätsrisiko des V. Andererseits erscheint es aber auch nicht billig, dieses Risiko dem U aufzubürden, der ebenso auf die Angaben des V vertraute.

Aufgrund der Offenlegung der Unterbevollmächtigung durch U ist daher eine Einschränkung der Haftung des U geboten. Er haftet nicht nach § 179 Abs. 2. D muss sich vielmehr an V halten.

– – –

Beachte: Sind beide – die Haupt- und Untervollmacht – mangelhaft, haftet der Unterbevollmächtigte unstreitig nach § 179 (BGHZ 68, 391, 397).

Beispiel:
Im obigen Fall war V nicht zur Anmietung eines Kfz berechtigt und U ist nur irrig von einer Unterbevollmächtigung ausgegangen.

Zusammenfassende Übersicht: Stellvertretung II

Beschränkung der Vertretungsmacht	▶ § 181: Selbstkontrahieren und Mehrvertretung – über den Wortlaut hinaus: Unterbevollmächtigung zur Umgehung und Fälle in denen nach materiellem Inhalt Insichgeschäft vorliegt – wirksam, wenn gestattet, in Erfüllung einer Verbindlichkeit oder lediglich rechtlich vorteilhaft ▶ Missbrauch der Vertretungsmacht: – Sonderfall: Kollusion, nichtig nach § 138 Abs. 1 – allg. Missbrauch: Kenntnis des Geschäftsgegners von der Überschreitung der Geschäftsführungsbefugnis und objektive Evidenz des Missbrauchs; Rechtsfolge nach h.M. § 242: Einrede der unzulässigen Rechtsausübung gegen vertragliche Ansprüche; nach der Rechtsprechung kann Mitverschulden des Anspruchstellers entsprechend § 254 zu berücksichtigen sein.
Rechtsfolge wirksamer Vertretung	▶ das Rechtsgeschäft wirkt für und gegen Vertretenen ▶ für Willensmängel und Kenntnisse gilt § 166 – grundsätzlich ist nach § 166 Abs. 1 auf die Person des Vertreters abzustellen –– Zurechnung der Kenntnisse des Wissensvertreters analog § 166 Abs. 1. Wissensvertreter ist jeder, der mit der Angelegenheit in eigener Verantwortung betraut ist. –– Zurechung von Aktenwissen: juristische Person; Verpflichtung zur Speicherung und Organisation von Information; tatsächliche Möglichkeit des Zugriffs und Anlass dafür – § 166 Abs. 2: Kenntnisse des Vertretenen entscheidend bei Handlungen nach bestimmten Weisungen. § 166 Abs. 2 gilt analog für Willensmängel, wenn Geschäftsherr arglistig getäuscht wurde.
Vertreter ohne Vertretungsmacht	▶ das Rechtsgeschäft ist zunächst schwebend unwirksam; Ende des Schwebezustandes durch Genehmigung des Vertretenen oder Verweigerung der Genehmigung oder Widerruf ▶ Haftung des vollmachtlosen Vertreters gemäß § 179 auf Erfüllung oder Schadensersatz
Untervollmacht	▶ Erteilung im Namen des Vertretenen, nach Rspr. auch im eigenen Namen des (Haupt-)Vertreters ▶ fehlende Untervollmacht: Untervertreter haftet aus § 179 ▶ fehlende Hauptvollmacht: bei offener Untervertretung: Haftung des Hauptvertreters aus § 179; bei verdeckter Untervertretung: Haftung des Untervertreters aus § 179

4. Teil: Die Zustimmung, insbesondere die Ermächtigung

1. Abschnitt: Die Zustimmung, §§ 182 ff.

Die Zustimmung ist das Einverständnis eines Dritten, das zur Wirksamkeit eines Rechtsgeschäfts erforderlich ist.

In Ausnahmefällen, so z.B. in § 108 Abs. 3, steht das Zustimmungsrecht demjenigen zu, der das Rechtsgeschäft selbst vorgenommen hat (vgl. auch § 1829 Abs. 3).

Das Gesetz unterscheidet

▶ die Einwilligung (= vorherige Zustimmung, § 183) und

▶ die Genehmigung (= nachträgliche Zustimmung, § 184).

Diese Unterscheidung wird allerdings vom Gesetz nicht immer durchgeführt. So wird die Zustimmung des Vormundschaftsgerichtes stets als eine „Genehmigung" bezeichnet, auch wenn es sich um eine vorherige Zustimmung handelt (§§ 1828 ff.).

Kraft gesetzlicher Vorschrift ist die Zustimmung eines Dritten z.B. erforderlich bei

▶ den nicht lediglich rechtlich vorteilhaften Rechtsgeschäften eines Minderjährigen, § 107;

▶ der Vertretung ohne Vertretungsmacht, § 177;

▶ der Schuldübernahme zwischen Schuldner und Drittem, § 415;

▶ der Aufhebung eines belasteten Grundstücksrechtes, § 876;

▶ der Löschung eines vormerkungswidrigen Rechtes, § 888;

▶ der Verfügung eines Ehegatten bei Zugewinngemeinschaft über sein Vermögen im Ganzen, § 1365.

1. Die maßgeblichen Regelungen

Für beide Arten der Zustimmung – Einwilligung und Genehmigung – sind in den §§ 182–184 allgemeine Vorschriften enthalten. Besondere Bestimmungen für einzelne Tatbestände der Zustimmung gehen diesen allgemeinen Vorschriften vor.

1.1 Die Zustimmung ist eine von dem zustimmungsbedürftigen Rechtsgeschäft unabhängige, einseitige empfangsbedürftige Willenserklärung.

MünchKomm/Schramm § 182 Rdnr. 3; Palandt/Heinrichs Einf vor § 182 Rdnr. 3.

Die Erteilung sowie die Verweigerung der Zustimmung zu einem Rechtsgeschäft kann grundsätzlich gegenüber beiden am Rechtsgeschäft Beteiligten erklärt werden (§ 182 Abs. 1). Hiervon machen z.B. § 108 Abs. 2 S. 1 und § 177 Abs. 2 S. 1 Ausnahmen. Dort kann die Genehmigung nur dem anderen Geschäftspartner gegenüber erklärt werden, sofern dieser den Zustimmungsberechtigten zur Erklärung über die Genehmigung aufgefordert hat.

1.2 Die Zustimmung ist grundsätzlich formfrei wirksam, selbst dann, wenn das zu Grunde liegende Rechtsgeschäft einer bestimmten Form bedurfte, § 182 Abs. 2.

Nach h.M. ist die Zustimmung sogar dann formfrei möglich, wenn eine entsprechende Vollmacht entgegen § 167 Abs. 2 formbedürftig wäre (BGHZ 125, 218, 220 ff.@; vgl. oben S. 150).

1.3 Als Willenserklärung ist die Zustimmung bei Willensmängeln des Zustimmenden anfechtbar (Staudinger/Gursky Vorbem zu §§ 182 ff. Rdnr. 40; Soergel/Leptien vor § 182 Rdnr. 6).

Die Anfechtung kann sich aber nur gegen die Zustimmung als solche richten. Der als Anfechtungsgrund in Betracht kommende Willensmangel muss daher gerade bzgl. der Zustimmung bestehen; aus Fehlern des Rechtsgeschäftes, dem zugestimmt wird, kann der Zustimmende keinen Anfechtungsgrund herleiten.

BGHZ 111, 339, 347; Palandt/Heinrichs Einf vor § 182 Rdnr. 3.

2. Die Wirkung der Einwilligung

2.1 Bei der vorherigen Zustimmung = Einwilligung wird das Rechtsgeschäft sofort mit seinem Abschluss wirksam. Jedoch kann der Einwilligende die Einwilligung bis zur Vornahme des Rechtsgeschäftes widerrufen, soweit sich nicht aus dem Rechtsverhältnis zwischen dem Einwilligungsempfänger und dem Einwilligenden etwas anderes ergibt (§ 183). Außerdem kann der Widerruf kraft Gesetzes ausgeschlossen sein, so z.B. nach §§ 876 S. 3, 1183, 1255 Abs. 2.

Nach Vornahme des Rechtsgeschäftes ist die Einwilligung unwiderruflich.

2.2 Die Einwilligung erlischt – wie die Vollmacht – im Zweifel mit dem Erlöschen des ihr zu Grunde liegenden Rechtsverhältnisses (Rechtsgedanke des § 168 S. 1).

MünchKomm/Schramm § 183 Rdnr. 3; Staudinger/Gursky § 183 Rdnr. 18; Soergel/Leptien § 183 Rdnr. 2.

Die zur Vollmacht entwickelten Grundsätze über den Schutz des Vertrauens Dritter auf ihr Bestehen (§§ 170–173) finden auf die Einwilligung entsprechende

Anwendung. Eine Einwilligung kann sich darüber hinaus auch aus Rechtsscheinsgründen ergeben.

VGH Mannheim NJW 1993, 1812, 1813; MünchKomm/Schramm § 182 Rdnr. 11; Staudinger/Gursky § 183 Rdnr. 16; Palandt/Heinrichs § 182 Rdnr. 3.

3. Die Genehmigung

3.1 Die Erklärung der Genehmigung

Ist das Rechtsgeschäft ohne die vorherige Zustimmung vorgenommen worden, so ist es schwebend unwirksam. Mit der nachträglichen Zustimmung (Genehmigung) wird es voll wirksam. Die Genehmigung ist eine empfangsbedürftige Willenserklärung. Der Genehmigende muss zum Ausdruck bringen, dass er die schwebende Unwirksamkeit kennt oder zumindest mit ihr rechnet und er das getätigte Rechtsgeschäft gleichwohl für sich gelten lassen will. Umstritten ist, ob auch ein dahingehendes Erklärungsbewusstsein des Genehmigenden erforderlich ist.

Fall 27: Unbewusste Genehmigung

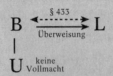

Bauunternehmer U hat im Namen des Bauherrn B ohne Vertretungsmacht einen Kaufvertrag mit dem Lieferanten L geschlossen. L, der vom Fehlen der Vertretungsmacht wusste, hat nach Vertragsschluss den B aufgefordert, das Geschäft zu genehmigen. Das entsprechende Schreiben ist von B jedoch ungelesen abgeheftet worden. Als kurze Zeit später die Rechnung des L bei B eingeht, geht dieser irrtümlich davon aus, es handele sich dabei um ein von ihm selbst abgeschlossenes Geschäft, und weist dementsprechend den Rechnungsbetrag zur Überweisung an. Als B seinen Irrtum bemerkt, verlangt er das Geld von L zurück. Zu Recht?

Ein Anspruch des B gegen L ergibt sich aus § 812 Abs. 1 S. 1, 1. Fall, wenn zwischen L und B kein wirksamer Vertrag als Rechtsgrund besteht.

Der von U im Namen des B ohne Vertretungsmacht abgeschlossene Kaufvertrag war zunächst gemäß § 177 Abs. 1 schwebend unwirksam. In der Überweisung könnte eine konkludente Genehmigung des B gesehen werden. Die Genehmigung braucht nicht ausdrücklich erklärt zu werden, sie kann sich auch aus schlüssigem Verhalten des Zustimmungsberechtigten ergeben.

(I) Der äußere Erklärungstatbestand einer Genehmigung liegt vor, wenn das Verhalten des Vertretenen aus der Sicht des Empfängers erkennen lässt, dass er die schwebende Unwirksamkeit kennt bzw. mit ihr rechnet und er den abgeschlossenen Vertrag für und gegen sich gelten lassen will.

Erman/Palm § 182 Rdnr. 5; MünchKomm/Schramm § 177 Rdnr. 26.

Aus der Sicht des Empfängers L liegt in der Überweisung des Kaufpreises eine konkludente Genehmigung. L konnte davon ausgehen, dass B zumindest aufgrund der Aufforderung zur Genehmigung die schwebende Unwirksamkeit kannte und mit der Zahlung den Vertrag genehmigte.

(II) Da B davon ausging, es handele sich um ein von ihm selbst abgeschlossenes Geschäft, wollte er mit der Überweisung des Rechnungsbetrags keine Genehmigung eines fremden Geschäftes erklären. Fraglich ist, ob er sich die Erklärung als Genehmigung zurechnen lassen muss.

(1) Die früher h.M. sah für eine konkludente Genehmigung als erforderlich an, dass der Erklärende einen der äußeren Erklärung entsprechenden inneren Willen hat, d.h. dass er tatsächlich von der schwebenden Unwirksamkeit weiß oder zumindest mit der Möglichkeit rechnet, dass das fragliche Geschäft zustimmungsbedürftig ist.

RGZ 118, 335, 337; BGHZ 2, 150, 153; BGH NJW 1988, 1199, 1200; Staudinger/Gursky § 182 Rdnr. 12 ff.; RGRK/Steffen § 177 Rdnr. 7; Soergel/Leptien § 182 Rdnr. 7.

Danach müsste man eine konkludente Genehmigung verneinen, da B dieses Erklärungsbewusstsein nicht besaß.

Der Geschäftspartner, der sich auf die scheinbare konkludente Genehmigung verlassen hat, soll von dem Zustimmungsberechtigten analog § 122 Ersatz seines Vertrauensschadens verlangen können (Staudinger/Gursky § 182 Rdnr. 14).

(2) Nach der heute h.M. kann eine Willenserklärung auch ohne aktuelles Erklärungsbewusstsein als wirksam angesehen werden. Entscheidend ist lediglich, ob sich der Erklärende den äußeren Tatbestand zurechnen lassen muss, weil er hätte erkennen und verhindern können, dass sein Verhalten als Willenserklärung aufgefasst wird.

BGHZ 91, 324[@]; 109, 171[@]; MünchKomm/Schramm § 177 Rdnr. 24; Palandt/Heinrichs § 182 Rdnr. 3; Erman/Palm § 182 Rdnr. 5.

Bei Anwendung der im Verkehr erforderlichen Sorgfalt hätte B erkennen können, dass die Zahlung als Genehmigung aufgefasst wird.

(III) Da B ohne Erklärungsbewusstsein handelte, kann er seine Erklärung entsprechend § 119 Abs. 1 anfechten. Hier kann man die Anfechtungserklärung in der Rückforderung des Kaufpreises sehen. B ist allerdings verpflichtet, dem L gemäß § 122 den Schaden zu ersetzen, der ihm dadurch entstanden ist, dass er auf die Wirksamkeit der Genehmigung vertraut hat.

Anm.: In einem neueren Urteil führt der BGH aus, dass für den äußeren Erklärungstatbestand einer Genehmigung i.S.d. § 185 Abs. 2 ein Parteiverhalten erforderlich ist, das die andere Partei als Ausdruck des Willens verstehen darf, einer Fremdverfügung über die eigene Rechtsposition zuzustimmen. Fehle dem Genehmigenden das Erklärungsbewusstsein, könne er seine Erklärung gemäß § 119 anfechten (BGH, Urt. v. 29.5.2000 – II ZR 334/98[@]).

— — —

3.2 Die Rückwirkung der Genehmigung

Die Genehmigung wirkt nach § 184 Abs. 1 auf den Zeitpunkt der Vornahme des genehmigten Rechtsgeschäftes zurück, wenn die Rückwirkung nicht ausgeschlossen ist. Die Voraussetzungen des Rechtsgeschäftes müssen im Zeitpunkt der Genehmigung gegeben sein. So können Verfügungen eines Nichtberechtigten nur dann wirksam genehmigt werden, wenn der Genehmigende die erforderliche Verfügungsmacht noch im Zeitpunkt der Genehmigung besitzt.

So die h.M. vgl. BGHZ 107, 340, 341 f; Palandt/Heinrichs § 184 Rdnr. 3; MünchKomm/Schramm § 184 Rdnr. 22; Larenz/Wolf § 51 Rdnr. 29.

Nach § 184 Abs. 2 werden Verfügungen des Genehmigenden, die dieser vor der Genehmigung über den Gegenstand des Rechtsgeschäfts getroffen hat, bzw. bestimmte Vollstreckungsmaßnahmen gegen den Genehmigenden durch die Rückwirkung der Genehmigung nicht unwirksam.

> **Fall 28: Zweimal abgetreten**
>
>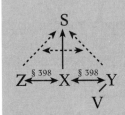
>
> X tritt an Y, der von V vertreten wird, eine Forderung gegen S ab. Dabei besaß V keine Vertretungsmacht für Y. Kurz darauf tritt X dieselbe Forderung erneut an Z ab. Erst dann genehmigt Y die von V angenommene Abtretung. Wer ist Inhaber der Forderung?

(I) Wird eine Forderung mehrfach abgetreten, so gilt grundsätzlich das Prioritätsprinzip. Danach wird derjenige Inhaber der Forderung, zu dessen Gunsten zuerst eine wirksame Einigung über den Forderungsübergang zu Stande gekommen ist. Wer den Abtretungsvertrag später schließt, kontrahiert mit einem Nichtberechtigten und kann die Forderung grundsätzlich auch nicht gutgläubig erwerben (vgl. näher AS-Skript Schuldrecht AT 2). Vorliegend ist zunächst der Abtretungsvertrag zwischen X und Y geschlossen worden. Zwar war dieser mangels Vertretungsmacht des V zunächst nicht wirksam, die Genehmigung durch Y gemäß §§ 177 Abs. 1, 184 Abs. 1 könnte aber rückwirkende Kraft besitzen. Aufgrund der Rückwirkung wäre es so anzusehen, als wenn der Abtretungsvertrag zwischen X und Y von vornherein wirksam war. Demnach hätte nicht Z, sondern Y die Forderung erlangt, denn aufgrund der Rückwirkung der Genehmigung wäre es so anzusehen, als sei X zur Zeit der Abtretung an Z bereits nicht mehr berechtigt gewesen.

(II) Eine Ausnahme von der grundsätzlichen Rückwirkung der Genehmigung nach § 184 Abs. 1 macht jedoch § 184 Abs. 2. Danach behalten Verfügungen des Genehmigenden, die dieser vor der Genehmigung über den Gegenstand des Rechtsgeschäfts getroffen hat, ihre Wirksamkeit und sind wegen der Rückwirkung der späteren Genehmigung nicht als von einem Nichtberechtigten getroffen bzw. gegen einen Nichtberechtigten vorgenommen anzusehen.

Die Voraussetzungen des § 184 Abs. 2 sind hier jedoch nicht erfüllt, denn die Vorschrift verlangt, dass derjenige, der genehmigt, die Zwischenverfügung getroffen hat. Hier hat Y genehmigt, die Zwischenverfügung ist wurde aber von X getroffen. Nach h.M. ist aus § 184 Abs. 2 auch kein allgemeiner Grundsatz dahin abzuleiten, dass Zwischenverfügungen, die von der Genehmigung betroffen werden, schlechthin wirksam bleiben sollen. § 184 Abs. 2 bezieht sich nach h.M. vielmehr ausschließlich auf Verfügungen des Genehmigenden und ist als Ausnahmevorschrift eng zu interpretieren.

RGZ 134, 121, 123; BGHZ 70, 299, 302; MünchKomm/Schramm § 184 Rdnr. 36; Erman/Palm § 184 Rdnr. 10; Palandt/Heinrichs § 184 Rdnr. 5.

Vorliegend ist damit § 184 Abs. 2 nicht anwendbar, sodass es für die Genehmigung des Y bei der grundsätzlichen Rückwirkung gemäß § 184 Abs. 1 bleibt. Da demnach die Abtretung der Forderung von X an Y vor der Abtretung an Z wirksam geworden ist, ist Y Inhaber der Forderung geworden.

– – –

3.3 Die Verweigerung der Genehmigung

Die Verweigerung der Genehmigung führt zur endgültigen Unwirksamkeit, sie ist nicht widerruflich.

So die h.M., vgl. MünchKomm/Schramm § 182 Rdnr. 19 m.w.N.; differenzierend Flume § 56, der eine Widerruflichkeit dann zulassen will, wenn die Partner des genehmigungsbedürftigen Rechtsgeschäftes trotz Verweigerung der Genehmigung übereinstimmend an dem Geschäft festhalten wollen und daraufhin der zur Genehmigung Berufene die Genehmigung erteilt. Nach h.M. kommt in diesen Fällen dagegen nur eine Neuvornahme des Rechtsgeschäftes in Betracht.

2. Abschnitt: Die Ermächtigung

Ein Sonderfall der in §§ 182 ff. geregelten Zustimmung ist die Ermächtigung. Sie ist die Zustimmung des Berechtigten zur Ausübung oder Geltendmachung eines Rechtes durch einen Nichtberechtigten im eigenen Namen.

1. Die Ermächtigung zu einer Verfügung, § 185 Abs. 1

Nach § 185 Abs. 1 ist die Verfügung eines Nichtberechtigten wirksam, wenn sie mit Einwilligung des Berechtigten erfolgt; die ohne Einwilligung des Berechtigten getroffene Verfügung des Nichtberechtigten wird nach § 185 Abs. 2 wirksam, wenn der Berechtigte sie genehmigt.

Beispiel:
Der reiche E will ein ihm gehörendes Gemälde von Picasso veräußern. Da er dabei aber nicht in Erscheinung treten möchte, ermächtigt er den N, die Veräußerung im eigenen Namen vorzunehmen. N übereignet daraufhin das Gemälde im eigenen Namen an X. Hat X wirksam Eigentum erworben?

(I) Ein Eigentumserwerb des X von E gemäß §§ 929, 164 scheidet aus, da N bei der Übereignung nicht im Namen des E aufgetreten ist.

(II) Vielmehr ist die Einigung zwischen dem im eigenen Namen auftretenden N und dem X unmittelbar zu Stande gekommen. Zwar war N nicht Eigentümer und ihm fehlte an sich die Verfügungsmacht, die ihm von E erteilte Ermächtigung verlieh ihm jedoch die Macht zu einer wirksamen Verfügung. Trotz der Ermächtigung liegt aber nicht eine Verfügung des Eigentümers, sondern eine Verfügung des Ermächtigten – also des Nichtberechtigten – vor, die Rechtsfolge tritt aber unmittelbar zwischen dem Erwerber und dem Berechtigten ein. Der Erwerb von einem zur Verfügung ermächtigten Nichtberechtigten ist daher eine Form des Erwerbs vom Berechtigten (vgl. dazu AS-Skript Sachenrecht).

2. Die Einziehungsermächtigung

Von der h.M. wird die Vorschrift des § 185 Abs. 1 analog auf den Fall angewandt, dass der Inhaber einer Forderung einem anderen die Befugnis einräumt, die Forderung im eigenen Namen geltend zu machen.

Beispiel:
K hat bei der B-Bank einen Kredit aufgenommen. Zur Sicherung des Darlehens hat er Forderungen, die gegen seine Kunden bestehen, an die Bank abgetreten. Damit die schlechten finanziellen Verhältnisse des K nicht bekannt werden, hat die B dem K gestattet, die Kundenforderungen weiterhin im eigenen Namen einzuziehen, solange er seinen Verpflichtungen gegenüber der Bank nachkommt.

Trotz Fehlens einer ausdrücklichen gesetzlichen Regelung wird die Einziehungsermächtigung ganz überwiegend analog § 185 Abs. 1 anerkannt.

BGHZ 4, 153, 164; 70, 389, 393; MünchKomm/Schramm § 185 Rdnr. 38, 39; kritisch Palandt/Heinrichs § 398 Rdnr. 29 u. Soergel/Zeiss, 12. Aufl., § 398 Rdnr. 15, die die Anwendung von § 185 ablehnen und die Zulässigkeit der Einziehungsermächtigung nur als Gewohnheitsrecht oder Ergebnis richterlicher Rechtsfortbildung anerkennen.

Von der Einziehungsermächtigung zu unterscheiden ist die Ermächtigung zum Empfang der Leistung nach § 362 Abs. 2. Sie begründet nur die Empfangszuständigkeit, verleiht aber nicht das Recht, die Forderung geltend zu machen.

3. Die Verpflichtungsermächtigung

Streitig ist, ob auch eine Verpflichtungsermächtigung zulässig ist, d.h. eine Ermächtigung dahin, dass ein Vertrag von einem anderen im eigenen Namen mit Wirkung gegen den Ermächtigenden geschlossen wird.

Beispiel:
E hat den Pkw des H, den er sich von diesem ausgeliehen hatte, grob fahrlässig beschädigt. Er ermächtigt daraufhin den H, im eigenen Namen den Wagen in Reparatur zu geben, wobei E aus dem Vertrag unmittelbar verpflichtet werden soll.

3.1 Nach h.M. ist eine Verpflichtungsermächtigung nicht zulässig, da § 185 sich nur auf Verfügungen bezieht. Für Verpflichtungen eines Dritten gilt das Vertretungsrecht. Eine nicht offen gelegte Verpflichtungsermächtigung widerspricht darüber hinaus dem Offenkundigkeitsgrundsatz des § 164, denn bei Zulässigkeit einer Verpflichtungsermächtigung könngte dem Geschäftsgegner ein Vertragspartner aufgezwungen werden, mit dem er nicht abschließen wollte.

BGHZ 114, 96, 100[@]; 34, 122, 125; Palandt/Heinrichs § 185 Rdnr. 3; Staudinger/Schilken Vorbem zu §§ 164 ff. Rdnr. 70 ff. und Staudinger/Gursky § 185 Rdnr. 104; RGRK/Steffen § 185 Rdnr. 17; zusammenfassend Peters AcP 171, 238 ff.

Nach a.A. soll die Verpflichtungsermächtigung jedenfalls dann zulässig sein, sofern sowohl der Ermächtigte als auch der Ermächtigende verpflichtet werden oder die Verpflichtungsermächtigung dem Vertragspartner offen gelegt wird.

MünchKomm/Schramm § 185 Rdnr. 45, 46; Soergel/Leptien § 185 Rdnr. 37–41. Bettermann JZ 1951, 321 hält die Verpflichtungsermächtigung generell für zulässig.

3.2 Nach h.L. kann § 185 aber auf verfügungsähnliche Tatbestände angewendet werden, insbesondere dann, wenn der „Ermächtigte" im eigenen Namen ein Verpflichtungsgeschäft getätigt hat, das zur Besitz- oder Gebrauchsüberlassung verpflichte und der Berechtigte in diese Überlassung eingewilligt hat. Dann wird der „Ermächtigende" zwar nicht Vertragspartner des Verpflichtungsgeschäftes, doch muss er die Besitz- oder Gebrauchsüberlassung, in die er eingewilligt hat, gegen sich gelten lassen.

Beispiel:
E plant einen längeren Auslandsaufenthalt. Er gestattet dem V, seine Eigentumswohnung in eigenem Namen zu vermieten. V schließt daraufhin einen Mietvertrag über zwei Jahre mit dem M. Als V nach Ablauf eines Jahres, früher als geplant, aus dem Ausland zurückkehrt, verlangt er von M Herausgabe der Wohnung.

Anspruch des E gegen M aus § 985
E ist Eigentümer. Fraglich ist, ob dem M ein Recht zum Besitz zusteht oder ob er aus sonstigen Gründen die Herausgabe verweigern kann.
(I) Der M hat kein eigenes Recht zum Besitz aus dem Mietvertrag. Dieser ist mit dem V zu Stande gekommen, da V in eigenem Namen aufgetreten ist.
(II) Abgeleitetes Besitzrecht aus § 986 Abs. 1 S. 1, 2. Alt.
(1) Der unmittelbare Besitzer M ist dem V gegenüber zum Besitz berechtigt.
(2) V müsste dem E gegenüber zum Besitz berechtigt sein. Dem V war jedoch lediglich die Vermietung im eigenen Namen gestattet. Ein Besitzrecht des V gegenüber M ist aus dieser Abrede nicht herzuleiten.
(III) Dem M könnte aufgrund des Mietvertrages und der Tatsache, dass E die Vermietung gestattet hat, ein Besitzrecht zustehen. In der Literatur wird § 185 Abs. 1 auf diese Fallkonstellation analog angewandt. Der Mietvertrag ist zwar keine Verfügung, da er nicht auf eine dingliche Rechtsänderung gerichtet ist, bei der Einräumung eines obligatorischen Besitzrechtes handele es sich aber um einen verfügungsähnlichen Tatbestand. Wenn der Eigentümer einem Dritten die Vermietung in eigenem Namen gestatte, wirke der Mietvertrag analog § 185 Abs. 1 für und gegen ihn. Dies sei ein zwingendes Gebot der Gerechtigkeit (Staudinger/Gursky § 185 Rdnr. 98; MünchKomm/Schramm § 185 Rdnr. 10; Palandt/Heinrichs § 185 Rdnr. 3).
(IV) Die Rechtsprechung lehnt die analoge Anwendung des § 185 Abs. 1 auch bei verfügungsähnlichen Verpflichtungsgeschäften ab (so jedenfalls BGHZ 84, 90 und 114, 96, 100[@] für den Fall der Untervermietung und der späteren Beendigung des Hauptmietvertrages). Der sich ergebende vertragslose Zustand zwischen Eigentümer und Mieter könne mit Hilfe des § 242 BGB bewältigt werden. Das Räumungsverlangen des Eigentümers verstößt demnach gegen Treu und Glauben.

STICHWORTVERZEICHNIS

Die Zahlen verweisen auf die Seiten.

Abgabe der WE 39, 49
  Bedeutung 39, 49
  Geschäftsunfähigkeit des
    Erklärenden .... 56 ff.
  Rechtsfolgen 39, 49
  Rückgängigmachung durch
    Widerruf .... 43 ff.
  Tod des Erklärenden .... 56 ff.
  willentliche Entäußerung 39, 49
Abstraktionsgrundsatz (-prinzip) .... 6 f., 119 f.
Aktivvertretung 99
Alltägliche Gefälligkeit .... 17 f., 22
Amtstheorie 133
Anbieten von Ware .... 11 f., 38
Anfechtung der Vollmacht ...... 124 ff
  Anfechtungsgegner 126
  Rechtsgeschäft abgeschlossen .... 124 ff.
  Rechtsgeschäft noch nicht getätigt 124
Angebot 50
  freibleibendes 14, 70
  Schweigen .... 68 ff., 75
  unvollständiges 35
  Widerruf .... 43 ff., 49
  Wirksamwerden 49
Annahme .... 50 ff., 58 ff.
  Annahmeerklärung s. dort
  Geschäftsunfähigkeit des Erklärenden 56
  modifizierte .... 50 f.
  Tod des Erklärenden .... 56 f.
Annahmeerklärung .... 50 f., 58 ff.
  durch Schweigen .... 68 ff., 75
  Inhalt .... 50 f., 58
  ohne Zugang .... 54 ff.
  rechtzeitige 52
  verspätete .... 52, 53 f.
  Zugang .... 45 ff., 52
Annahmeverweigerung
  unberechtigte .... 45 ff.
Anscheinsvollmacht .... 128 ff., 131 ff.
  und s. Rechtsscheinsvollmacht
Artvollmacht 117
Aufforderung zur Abgabe von
  Angeboten .... 11 f., 38
Auftrag 20
Auktion .... 32 f.
Auskunft .... 15 ff.
  Rechtsbindungswille .... 15 ff.
  Vertrag 16

Auslegung der WE .... 81 ff.
  bei Vorformulierung .... 87 f.
  des Angebotes .... 84 f.
  Falschbezeichnung .... 82 f.
  nach Empfängerhorizont ..... 83 f.
  normative .... 83 f.
  wenn Empfangsvertreter
    eingeschaltet 86
  Zwecke 81
Auslegung des Vertrages .... 10, 22, 81 ff.
Auslobung 77
Äußerer Erklärungstatbestand der WE .... 9 ff.
Außenvollmacht .... 116 ff.

Bedingung .... 91 ff., 98
  auflösende 91, 98
  aufschiebende 91, 98
  Begriff .... 91 ff.
  kasuelle .... 92 f., 98
  Rechtsfolgen des bedingten
    Rechtsgeschäftes .... 94 ff., 98
  Schutz des bedingt Berechtigten .... 94 f., 98
  und s. dort
  Zulässigkeit 93, 98
Befristung .... 91, 96 f., 98
  Abgrenzung zur Betagung .. 97
  Begriff 96
  entspr. Anwendung der Regeln
    der Bedingung 97, 98
Begleitumstände .... 83 f.
Bestätigungsschreiben .... 150 f.
  kaufmännisches .... 71 ff., 75
Bestimmbarkeit der Leistung ... 28
Beweggründe 83
Blankettvervollständigung .... 36 ff.
Bote
  Abgrenzung zum Vertreter .... 101 ff., 105

Darlehen (zinsloses) 85
Daseinsvorsorge 67, 75
Dauerschuldverhältnis 67
Dienstvertrag .... 27 f.
  Fortsetzung 67, 75
Dissens .... 58 ff.
  Erklärungsdissens .... 63 f.
  offener .... 58 ff.
  versteckter 63
Duldungsvollmacht .... 128 f., 130 ff.

Einigung .... 23, 50, 58 f.
  durch gemeinsame Erklärung 66, 75
  Geschäftswille 29, 31
  Inhalt .... 29, 50 f., 58
    und s. dort
  Wirksamkeit 51
  Zustandekommen .... 50 ff.
Einseitige Erklärung
  s. einseitiges Rechtsgeschäft
Einseitiges Rechtsgeschäft .... 4, 76 ff.
  bedingungsfeindlich 93
  Bevollmächtigung gem. § 167 ...... 76 f., 99 ff.
  des Minderjährigen 80
  des Vertreters 80
    ohne Vertretungsmacht 153
  für den Eintritt einer
    Rechtsänderung .... 76 ff.
  im Erbrecht 78
  im Sachenrecht 78
  im Schuldrecht .... 77 f.
  Verhinderung des Zugangs 79
  Wirksamkeitsvoraussetzungen .... 79 f.
  Zustimmung gem. § 182 77
Einwilligung .... 158 ff.
  Wirkung .... 159 f.
Einzelvollmacht 117
Einziehungsermächtigung 164
Empfängerhorizont .... 83 ff.
  Auslegung .... 83 ff.
  Ausnahmen .... 57 ff.
Empfangsbote .... 41 ff., 49, 53
Empfangsvertreter 41, 49
Empfangsvorrichtung .... 42 f., 49
  personifizierte 42
Empfehlungen 15
Entäußerung, willentliche 39
Erbrecht 4, 78
Erbvertrag 4
Erklärungen 4
  einseitige .... 4, 76 ff.
    und s. dort
  Rechtsfolge 76
  Wirksamkeit 39, 43, 45, 79
Erklärungsbewusstsein .... 31 ff., 35
Erklärungsbote 40
Erklärungsdissens .... 63 f.
Erklärungstatbestand
  äußerer .... 9 f., 35
  innerer .... 29 f., 35
Ermächtigung .... 163 ff.
  Abgrenzung zur Vertretung 165
essentialia negotii 58, 60

falsa demonstratio .... 82 f.
Fälschung 115
Falschbezeichnung .... 82 f.

Familienrecht 4, 58
Form der Vollmacht .... 116 ff.
Fortsetzung
  des Dienstvertrages 67, 75
  des Mietvertrages 67, 75
  des Stromlieferungsvertrages 67, 75
Freibleibendes Angebot 14, 70

Gattungskauf 28
Gattungsvollmacht 117
Gebundene Marschroute 103
Gefälligkeit .... 17 ff., 22 f.
  alltägliche .... 17 ff., 22 f.
  als Schuldverhältnis .... 17, 20 f., 22 f.
  Auslegung .... 22 f.
  Rechtsbindungswille .... 17 ff., 22
  Vertrag .... 17, 19 f., 22
Gegenerklärung .... 69 ff., 75
Geheimer Vorbehalt 23, 38
Gemeinsame Erklärung .... 65 f.
Genehmigung .... 77, 160 ff.
  Ausschluss der Rückwirkung .... 162 f.
  durch Schweigen 69
  durch Vertretenden 150
  Erteilung .... 160 f.
  Rückwirkung .... 162 f.
  schwebend unwirksames Rechts-
    geschäft .... 150 f.
  Verweigerung .... 150 f., 157
Generalvollmacht 117
Geschäft für den, den es angeht .... 111 ff.
Geschäftsähnliche Handlung 76
Geschäftsfähigkeit
  beschränkte 79
Geschäftsunfähigkeit .... 2, 79 f.
  zwischen Abgabe und Annahme .... 56 f.
Geschäftswille .... 9, 27 ff., 29, 30 f., 35, 38
  beim äußeren Erklärungs-
    tatbestand .... 9, 27 ff., 38
  beim inneren Erklärungs-
    tatbestand .... 9, 30 f., 38
Gesellschaftsrecht 2, 58
Gesetzliche Vertretung 133
  Anwendung der §§ 164 ff. 133
  Begründung 133

Handeln
  im fremden Namen .... 105 ff.
  unter fremdem Namen .... 113 ff.
Handlungswille (-bewusstsein) 9, 10, 30, 38
  beim äußeren Erklärungs-
    tatbestand 9, 10, 38
  beim inneren Erklärungs-
    tatbestand 9, 30, 38
Hauptvollmacht
  fehlende .... 154 ff.

Hilfsperson
   auf Empfängerseite .... 41 ff.
   des Erklärenden 40
Höchstpersönliche Rechtsgeschäfte 101
   gewillkürte 101
Hotelzimmerbestellung 55

Identitätstäuschung .... 113 ff.
Inanspruchnahme von Leistungen 67
Inhalt der Einigung .... 27 f., 58
Innenvollmacht 110, 116, 126
Innerer Erklärungstatbestand .... 29 f., 38
Inserat 12
Insichgeschäft .... 135 f., 136 f.
   Gestattung 135
   lediglich rechtlich vorteilhaftes
      Rechtsgeschäft 135
   Zulässigkeit 135
Interessenkollision (-konflikt) .... 138 f.
invitatio ad offerendum .... 11 ff.
Irrtum
   des Vertretenen .... 142, 148 ff.
   des Vertreters .... 142, 143 ff.

Juristische Person 133

Kaufmännisches Bestätigungs-
   schreiben .... 71 f., 150 ff.
   Änderungswirkung 73
   Begründungswirkung 73
Kaufvertrag 27

Lediglich rechtlich vorteilhaftes
   Rechtsgeschäft 135
Leihvertrag .... 19 f.
Leistung 20
   bei Vertrag 27
   bestimmbare 28

Mehrvertretungsverbot .... 135 f., 136 f.
   und s. Insichgeschäft
Mietvertrag 27
   Fortsetzung 75
Minderjähriger 80
Mindestinhalt des Vertrages .... 58 ff.
Missbrauch der Vertretungsmacht .... 139 ff.
   Mitverschulden des Erklärungs-
      gegners 141
   Rechtsfolgen 141
   Voraussetzungen................................ 139 ff.
Modifizierte Annahme .... 51 f.

Namenstäuschung .... 113 f.

Obliegenheitsverletzung des
   Empfängers 47

Offenkundigkeitsprinzip .... 105 ff.
   Einschränkungen .... 111 ff.
Organe 133

Parteien des Vertrages 50
Passivvertretung 99
Pflichten des Erklärenden .... 47 f.
Potestativbedingung 92, 98
Preisliste .... 87 f.
Prioritätsprinzip .... 163 f.

Rat .... 15 ff.
Realakt 100
Rechtsbedingung 93, 98
Rechtsbindungswille .... 10 ff., 38
   Auslegung 10, 38
   bei Anbieten von Waren .... 11 ff.
   bei Auskunft .... 15 ff., 38
   bei Empfehlung .... 15 ff., 38
   bei Gefälligkeit .... 17 ff., 38
   beim äußeren Erklärungs-
      tatbestand .... 10 ff.
   beim inneren Erklärungs-
      tatbestand .... 31 ff., 35
   bei Rat .... 15 ff., 38
   bei Scheingeschäft .... 23 ff., 38
   bei Scherzgeschäft 23, 35, 38
   bei Vorbehalt 23, 38
Rechtsfolgen der Einigung 50
Rechtsgeschäft
   Begriff .... 3 ff.
   einseitiges .... 4, 76 ff.
   mehrseitiges 4
   verdecktes .... 24 f.
   Vertretung .... 77 f.
   Wirksamkeitsvoraus-
      setzungen .... 50 ff., 78 ff.
   Zustandekommen .... 3 ff.
Rechtsgeschäftslehre .... 3 ff.
   Geltungsbereich .... 3 f.
   Regeln gemäß §§ 104 ff. 2
Rechtsmissbrauch i.S.d. § 242 139
Rechtspflicht zur Gegen-
   erklärung .... 69 ff., 75
Rechtsschein 37
   -svollmacht .... 128 ff.
Rechtswidrige Handlungen 100
Regelungen des BGB AT 1
Repräsentationsprinzip 99
Rücktritt vom Vertrag 77

Sachenrechtlicher Vertrag 4, 28, 58
Schaufensterauslage .... 11 f.
Scheingeschäft .... 23 ff., 38
   gemäß § 117 Abs. 1 .... 23 f.
   gemäß § 117 Abs. 2 .... 24 f.

Scheinkonsens 64
Schenkung .... 19 f., 84 f.
Scherzgeschäft .... 23, 25 ff., 38
Schuldrechtlicher Vertrag .... 4, 27 f., 51
   Beendigung durch einseitige
     Rechtsgeschäfte 78
Schutz des bedingt Berechtigten .... 94 ff., 98
   gemäß § 162 .... 94 f., 98
   Haftung des Verpflichteten während
     Schwebezeit 95, 98
   Verfügungen gemäß § 161 .... 95, 98
Schwarzkauf eines Grundstücks .... 24 f.
Schwebend unwirksames Rechts-
   geschäft .... 157, 158 ff.
   Genehmigung .... 150 ff., 158 ff.
Schweigen .... 68 ff., 75
   als Ablehnung einer Genehmigung 69
   als Annahme .... 68 ff., 75
   als Genehmigung 69
   als WE gemäß § 242 .... 69, 75
   als WE kraft Gesetzes 69, 75
   als WE kraft Vereinbarung .... 68 f., 75
   auf Angebot 75
   auf (kaufmännisches) Bestätigungs-
     schreiben .... 71 ff., 75, 151
   normiertes 69
   Vertragsschluss durch – .... 68 ff., 75
Selbstbedienungsladen 13
Selbstbedienungstankstelle 14
Selbstkontrahierungsverbot 135
   und s. Insichgeschäft
Sonstiges Verhalten
   (Vertragsschluss) .... 66 ff., 75
Sozialtypisches Verhalten .... 67 f.

Tatbestandsmerkmale der WE 9, 29
Testament 1, 4, 78
Tod zwischen Abgabe und Annahme .... 56 ff.
Treueverstoß 96, 98

Überbringungsbote 40
   und s. Erklärungsbote
Unbestellt zugesandte Waren .... 54 f.
Unternehmensbezogene Geschäfte .... 107 f.
Untervollmacht .... 153 ff.,
   Erteilung .... 153 f.
   fehlende 154
   fehlende Hauptvollmacht .... 154 f.
   Umgehung des § 181 137

Verdecktes Rechtsgeschäft .... 24 f.
   und s. Scheingeschäft
Verfügungsgeschäft .... 4 f.
Vernehmungstheorie .... 40 f.
   abgeschwächte 41
Verpflichtungsermächtigung .... 164 f.

Verpflichtungsvertrag 4, 77
Versandgeschäft .... 54 f.
Versteigerung .... 32 ff.
Vertrag .... 3 f., 50 ff.
   Auslegung s. Vertragsauslegung
   erbrechtlicher 4, 58
   familienrechtlicher 4, 58
   Geschäftswille .... 27 ff.
   gesellschaftsrechtlicher 4
   sachenrechtlicher 4, 28, 58
   schuldrechtlicher 4, 27, 58
   Verfügungsgeschäft 4, 28, 58
   Verpflichtungs- 4, 27, 58
   Vertragsschluss s. dort
   Vollzug .... 4 f.
   vorbereiteter .... 11 f.
   vorformuliert .... 87 f.
   Zustandekommen .... 3 ff., 50 ff.
Vertragsauslegung .... 81 ff., 89
   ergänzende 89
   und s. dort
   erläuternde .... 81 f., 89
Vertragsentwurf .... 65 f.
Vertragsfortsetzung .... 67 ff., 75
Vertragsfreiheit .... 27 f.
Vertragsschluss .... 3 f., 50 ff.
   durch Einigung .... 3 f., 50 ff.
   und s. Einigung
   durch sonstiges Verhalten s. dort
Vertragsschluss durch sonstiges
   Verhalten .... 66 ff., 75
   bei Daseinsvorsorge .... 67 f., 75
   bei Inanspruchnahme von
     Leistungen .... 67 f.
   bei Vertragsfortsetzung 67, 75
   durch Schweigen .... 68 ff., 75
Vertragsverhandlungen .... 66, 72 f.
Vertreter
   Abgrenzung zum Boten .... 101 ff., 105
   des Vertreters .... 153 ff.
   Kennenmüssen .... 142 ff.
   Kenntnis .... 142 ff.
   Weisungsgebundenheit 149
   Willensmängel .... 142 ff.
Vertreter ohne Vertretungsmacht .... 80, 150 ff.
   einseitiges Rechtsgeschäft 153
   Haftung 152
Vertretertheorie 133
Vertreterwille .... 109 f.
Vertretung .... 99 ff.
   Abgrenzung zur Ermächtigung .... 164 f.
   beim Rechtsgeschäft 76
   eigene WE im fremden
     Namen .... 101 ff., 105 ff.
   gesetzliche s. dort
   Handeln im fremden Namen .... 105 ff.

keine	100 f.
Rechtsfolgen	142 ff.
Zulässigkeit	100 f.
Vertretungsmacht	116 ff.
aufgrund Vollmacht	116 ff.
und s. dort	
Beschränkung	135 ff.
kraft Gesetzes	116, 133 f.
und s. gesetzliche Vertretung	
Missbrauch	139 f.
und s. dort	
Vertreter ohne –	150 ff.
Verwahrungsvertrag	19 f.
Verwalter einer Vermögensmasse	133, 134
Vollmacht	116 ff., 134
Anfechtung	124 ff., 134
und s. dort	
Art und Weise	116, 134
Erlöschen	122 ff., 134
Erlöschen des zu Grunde liegenden Rechtsgeschäfts	122, 134
Erteilung	116, 134
Form	117 ff.
guter Glaube	117, 128 ff., 134
isolierte	119
Schutz gemäß §§ 170 ff.	128, 134
Umfang	117
unwiderrufliche	118, 123 f.
Weisung	121 f.
Widerruf	123, 134
zu Grunde liegendes Rechtsgeschäft	119 ff., 134
Vollmachtsurkunde	80
Vollzug eines Vertrages	4 f.
Vorbehalt	23
Vorformulierter Vertrag	87 f.

Weisung
des Geschäftsherrn	148 f.
des Vollmachtgebers	121 f.
Werkvertrag	27
WE s. Willenserklärung	
Widerruf	
der Vollmacht	123, 134

der WE	43 ff., 49
des Vertragspartners gem. § 178	151
Willenserklärung	3, 9 ff.
Abgabe	39, 49
und s. dort	
Auslegung	81 ff.
und s. dort	
äußerer Erklärungstatbestand	9 f., 35
durch Schweigen	68 ff., 75
fehlerfreie	29
fehlerhafte	29 ff.
innerer Erklärungstatbestand	29 f., 35
nicht übereinstimmende	50 ff., 58 ff.
Tatbestandsmerkmale	3, 29
übereinstimmende s. Einigung	
Widerruf	43 ff., 49
Wirksamwerden	39 ff., 49
Zugang	40 ff., 45 ff.
und s. dort	
Zurechnung	29 ff., 35
Willensmangel	
des Vertretenen	142, 148 ff.
des Vertreters	142, 143 ff.
Willensübereinstimmung	58 ff.
Willentliche Entäußerung	39, 49
Wirksamwerden der WE	39 ff., 49
Wollensbedingung	92, 98

Zeitungsinserat ... 12
Zugang der WE	39, 40 ff., 45 ff.
durch Empfangsvorrichtungen	42
durch Hilfspersonen	41 f.
gesetzlich geregelter	52 f.
Rechtsfolgen	79
Verhinderung	45 ff.
verspäteter	52 ff.
Zugangsfiktion	47 f.
Zugangshindernis (-hinderung)	45 f.
Zustimmung	158 ff., 160 f.
nachträgliche	158
Rechtsgeschäfte ohne –	160 ff.
Regelung	158 ff.
vorherige	158 ff.
Zwecke	84

Unser Skriptenangebot:
Alles was Recht ist

ALPMANN SCHMIDT

Juristische Lehrgänge

Kurse

Kursunterlagen

Zivilrecht
BGB AT 1@	2000	DM 32,00
BGB AT 2@	2000	DM 32,00
SchuldR AT 1@	1999	DM 39,80
SchuldR AT 2@	1999	DM 36,50
SchuldR BT 1@	2000	DM 37,90
SchuldR BT 2@ (Vertr. Schuldverh., Verbrauchersch.)	2000	DM 44,60
SchuldR BT 3	1998	DM 29,80
SchuldR BT 4@	2000	DM 37,50
SachenR 1@	1999	DM 28,80
SachenR 2	1998	DM 29,50
SachenR 3@	2000	DM 27,80
Familienrecht@	2000	DM 27,50
Erbrecht	1999	DM 29,80

Klausuren

Strafrecht
StrafR AT 1@	1999	DM 39,50	StrafR BT 2@ (höchstpers. Re.-güter)	1999	DM 32,80
StrafR AT 2@	1999	DM 39,80	*StrafR BT 3@* (Re.-güter d. Gemeinsch.)	2000	DM 39,90
StrafR BT 1@ (Vermögensdelikte)	1999	DM 46,00			

Grundstrukturen

Öffentliches Recht
Verfassungsrecht@	1999	DM 39,80	VerwaltungsR BT 1@	1999	DM 33,50
Grundrechte@	2000	DM 45,80	VerwaltungsR BT 2	1998	DM 44,80
Europarecht@	2000	DM 38,00	PolizeiR und Allg. OrdnungsR@	1999	DM 34,80
VerwaltungsR AT 1@	2000	DM 39,80	KommunalR NW	1998	DM 32,50
VerwaltungsR AT 2@	2000	DM 44,80	*Bayerisches Kommunalrecht@*	2000	DM 35,90

Kassetten

Nebengebiete, Wahlfachgruppen
Handelsrecht@	2000	DM 32,80	StPO@	2000	DM 39,90
Gesellschaftsrecht@	1999	DM 45,80	Kriminologie	1998	DM 29,50
Arbeitsrecht@	2000	DM 46,50	*Beamtenrecht@*	2000	DM 20,80
Wertpapierrecht@	2000	DM 32,50	*Kartell- und WettbewerbsR@*	2000	DM 29,50
ZPO@	2000	DM 39,50			

Rechtsprechungs Übersicht

RÜ-CD-ROM

Grundlagen
Grundstrukturen Zivilrecht (Ringbuch)	2000	DM 39,80	*Studium und Referendariat*	2000	DM 9,80
Grundstrukturen StrafR (Ringbuch)	2000	DM 39,80	*Studium und Referendariat BW*	2000	DM 9,80
Grundstrukturen Öff. Recht (Ringbuch)	2000	DM 39,80	Introduction to English Civil Law I	1999	DM 39,50
Staats- u. Verwaltungsrecht (Grundlagen)	1995	DM 32,50	*Introduction to English Civil Law II*	2000	DM 35,90
Rechtsgeschichte	2000	DM 45,60			
Rechtsphilosophie	in Überarbeitung				

Memo-Check

Assessorexamen
Vollstreckungsrecht 1@	2000	DM 39,90	*Die zivilgerichtl. Assessorkl.@*	2000	DM 49,50
Vollstreckungsrecht 2	in Überarbeitung		*Die strafrechtl. Assessorkl. 1@*	2000	DM 39,00
Insolvenzrecht@	1999	DM 26,50	*Die strafr. Assessorkl. 2@*	2000	DM 34,50
Zivilprozess – Stagen und Examen@	1999	DM 49,80	Die öffentl.-rechtl. Assessorklausur	1997	DM 48,50
Die zivilrechtliche Anwaltsklausur im Assessorexamen	1998	DM 48,50			

Memo-Check CD-ROM

AS-Online

Steuerrecht
Allgemeines Steuerrecht	in Überarbeitung	
Umsatzsteuerrecht	1997	DM 49,80
Einkommensteuerrecht@	1999	DM 46,00
Erbschaftsteuerrecht@	2000	DM 39,90
Steuerstrafrecht@	1999	DM 29,50
Bilanzsteuerrecht@	2000	DM 49,80
Steuertipps	2000	DM 9,80

Erhältlich im Buchhandel!
Stand: 15. November 2000

ALPMANN SCHMIDT
Postfach 1169
48001 Münster
Annette-Allee 35
48149 Münster

Tel.: 0251-98109-0
(Zentrale)
Tel.: 0251-98109-33
(Verkauf Verlagsprodukte)
Tel.: 0251-98109-36
(Klausurenkurse / RÜ / JP)
Fax: 0251-98109-62

AS-Online: www.alpmann-schmidt.de

Kassettenprogramm:

ALPMANN SCHMIDT

Juristische Lehrgänge

Skripten

Kurse

ISBN 3-89476-

424-4	**BGB AT 1**	2000
379-5	BGB AT 2	1999
406-6	**SchuldR AT 1**	2000
425-2	**SchuldR AT 2**	2000
407-4	**SchuldR BT 1 (Kaufrecht)**	2000
417-1	**SchuldR BT 3**	2000
391-4	SchuldR BT 4	1999
408-2	**SachenR 1 (Bewegliche Sachen)**	2000
409-0	**SachenR 2 (Grundstücksrecht)**	2000
410-4	**SachenR 3 (Allgemeine Lehren)**	2000
400-7	Familienrecht	1999
378-7	Erbrecht	1999
462-7	**Gesellschaftsrecht**	2000
405-8	**Arbeitsrecht**	2000
411-2	**Strafrecht AT 1**	2000
412-0	**Strafrecht AT 2**	2000
381-7	Strafrecht BT (Vermögensdel. 1)	1999
382-5	Strafrecht BT (Vermögensdel. 2)	1999
383-3	Strafrecht BT (Aussage- u. Urkundsdel.)	1999
384-1	Strafrecht BT (höchstpers. Rechtsgüter)	1999
224-1	VerfR 1 (StaatsorganisationsR)	in Überarbeitung
225-X	VerfR 2 (StaatsorganisationsR)	1996
413-9	**Grundrechte 1 (Grundrechtsdogmatik)**	2000
456-2	**Grundrechte 2 (Einzelne GrundR)**	2000
389-2	Verwaltungsrecht AT 1	1999
390-6	Verwaltungsrecht AT 2	1999
461-9	**Verwaltungsrecht BT 1**	2000
457-0	**Entschädigungs- und Staatshaftungsrecht**	2000
479-1	**Polizei- u. Ordnungsrecht**	2000
327-2	Zivilprozess – Erkenntnisverfahren	1998
328-0	Zivilprozess – Vollstreckungsrecht	1998
422-8	**Strafprozessrecht**	2000

Kursunterlagen

Grundstrukturen

Klausuren

Rechtsprechungs Übersicht

RÜ-CD-ROM

Memo-Check

Memo-Check CD-ROM

AS-Online

Preis pro Kassette: 22,50 DM

kostenlose Fax-Nummer für sämtliche Verlagsprodukte: 0800 / 257 62 66

ALPMANN SCHMIDT
Postfach 1169
48001 Münster
Annette-Allee 35
48149 Münster

Tel.: 0251-98109-0
(Zentrale)
Tel.: 0251-98109-33
(Verkauf Verlagsprodukte)
Tel.: 0251-98109-36
(Klausurenkurse / RÜ / JP)
Fax: 0251-98109-62

AS-Online: www.alpmann-schmidt.de

Kassetten

AS im Internet: http://www.alpmann-schmidt.de
e-mail: as.info@alpmann-schmidt.de

Kurse

ALPMANN SCHMIDT
Juristisches Repetitorium

Unsere Erfahrung für Ihren Erfolg im 1. Staatsexamen

Systematische Vorbereitung nach der AS-Fallmethode
– abgestimmt auf die Besonderheiten des jeweiligen Prüfungsamtes –

Augsburg:
RAe Bäumer, Hufgard, Roßmann, Holtmann, Knemeyer u. Pechstein
Am Exerzierplatz 4 1/2, 97072 Würzburg
Tel.: 0931/52681 (Fax: 17706)
e-mail: AS-Bayern@alpmann-schmidt.de

Bayreuth:*
RAe Bäumer, Hufgard, Roßmann, Holtmann, Knemeyer u. Pechstein
Am Exerzierplatz 4 1/2, 97072 Würzburg
Tel.: 0931/52681 (Fax: 17706)
e-mail: AS-Bayern@alpmann-schmidt.de

Berlin: RAe Dr. Schwemer u. Partner
Dahlem (FU):
Thielallee 1-3, 14195 Berlin
Tel.: 030/8326175, Internet: http://jura-rep.de
Mitte (HU):
Große Hamburger Str. 28-29, 10115 Berlin
Tel.: 030/2810196, Internet: http://jura-rep.de

Bielefeld:
RAe Pieper, Dr. Schneider, Raschat u. Haack
Breul 1-3, 48143 Münster
Tel.: 0251/51617 u. 519248 (Fax: 40519)

Bochum:*
RAe Müller & Müller Alter Steinweg 22,
48143 Münster Tel.: 0251/82014 (Fax: 88395)

Bonn:
Pohligstr. 1, 50969 Köln
Tel.: 0221/9361282 (Fax: 9361283)

Bremen:
RAe Müller & Müller
Alter Steinweg 22, 48143 Münster
Tel.: 0251/82014 (Fax: 88395)

Dresden:
RA Wagner
Augsburger Str. 1, 01309 Dresden
Tel.: 0351/44848-45 (Fax: 0351/44848-88)

Düsseldorf:
Pohligstr. 1, 50969 Köln
Tel.: 0221/9361282 (Fax: 9361283)

Erlangen/Nürnberg:*
RAe Bäumer, Hufgard, Roßmann, Holtmann, Knemeyer u. Pechstein
Am Exerzierplatz 4 1/2, 97072 Würzburg
Tel.: 0931/52681 (Fax: 17706)

Frankfurt/Main:*
Dr. von Mannstein & Kollegen
F.-W.-von-Steuben-Str. 90 (Dessauer Haus)
60488 Frankfurt-Hausen
Tel.: 069/97843047 (Fax: 06131/384946)

Frankfurt/Oder:
RAe Ziebeil & Kollegen
Soerstr. 87, 14050 Berlin
Tel.: 030/30614377

Freiburg:
Friedrichring 1, 79098 Freiburg
Tel.: 0761/2020404 oder 06327/961826
(Fax: 06327/969797)
ab WS 00 auch Kleingruppen-Examenskurs

Gießen:
RAe Köhl & Giesen
Alter Steinweg 24, 48143 Münster
Tel.: 0251/4828260 (Fax: 88395)

Göttingen:
RAe Köhl & Giesen
Alter Steinweg 24, 48143 Münster
Tel.: 0251/4828260 (Fax: 88395)

Greifswald:
Lutherhof (Lutherstr.), 17489 Greifswald
Tel.: 0431/541185

Halle/Saale:
RA Wagner
Augsburger Str. 1, 01309 Dresden
Tel.: 0351/44848-45 (Fax: 0351/44848-88)

Hamburg:
RAe Dr. Schwemer u. Partner
Grindelallee 43, 20146 Hamburg
Tel.: 040/4105464 (Fax 040/445146),
Internet: http://jura-rep.de

Hannover:*
RAe Müller & Müller
Alter Steinweg 22, 48143 Münster
Tel.: 0251/82014 (Fax: 88395)

Heidelberg:*
Dr. von Mannstein & Kollegen,
Bienenstr. 10, 69117 Heidelberg
Tel.: 06221/165622 (Fax: 06131/384946)

Jena:
RA Martin Kupfrian
Espachstr. 3, 99094 Erfurt
Tel.: 0361/22041-0 (Fax: 0361/22041-19)
e-mail: RA-Martin-Kupfrian@t-online.de

Kiel:
Schulungszentrum
Olshausenstr. 77, 24106 Kiel
Tel.: 0431/541185

Köln:
Pohligstr. 1, 50969 Köln
Tel.: 0221/9361282 (Fax: 9361283)

Konstanz:
RA Dr. Weber
Karlstr. 38, 88045 Friedrichshafen
Tel.: 07541/38 77-0

Leipzig:
RA Wagner
Augsburger Str. 1, 01309 Dresden
Tel.: 0351/44848-45 (Fax: 0351/44848-88)

Mainz:*
Dr. von Mannstein & Kollegen
Staudinger Weg 21, 55128 Mainz
Tel.: 06131/383699 (Fax: 06131/384946)

Marburg:
RAe Köhl u. Giesen
Alter Steinweg 24, 48143 Münster
Tel.: 0251/4828260 (Fax: 88395)

München:
AS-Bayern, RAe Bäumer, Hufgard, Roßmann, Holtmann, Knemeyer u. Pechstein
Am Exerzierplatz 4 1/2, 97072 Würzburg
Tel.: 0931/52681 (Fax: 17706)
e-mail: AS-Bayern@alpmann-schmidt.de

Münster:
Annette-Allee 35, 48149 Münster
Tel.: 0251/98109-0 (Fax: 98109-60)
Schulungszentrum Tel.: 0251/527830
e-mail: as.info@alpmann-schmidt.de

Münster: nur*
(max. 25 Teilnehmer)
RAe Pieper, Dr. Schneider, Raschat u. Haack
Breul 1-3, 48143 Münster
Tel.: 0251/51617 u. 519248 (Fax: 40519)

Osnabrück:
RAe Müller & Müller
Alter Steinweg 22, 48143 Münster
Tel.: 0251/82014 (Fax: 88395)

Passau:
RAe Bäumer, Hufgard, Roßmann, Holtmann, Knemeyer u. Pechstein
Am Exerzierplatz 4 1/2, 97072 Würzburg
Tel.: 0931/52681 (Fax: 17706)
e-mail: AS-Bayern@alpmann-schmidt.de

Potsdam:
Apollonia-Haus, Großbeerenstraße 109,
14482 Potsdam
Tel.: 0331/7408240 (Fax: 7408241)

Regensburg:*
RAe Bäumer, Hufgard, Roßmann, Holtmann, Knemeyer u. Pechstein
Am Exerzierplatz 4 1/2, 97072 Würzburg
Tel.: 0931/52681 (Fax: 17706)
e-mail: AS-Bayern@alpmann-schmidt.de

Rostock:
Schulungszentrum
Doberaner Str. 6, 18057 Rostock
Tel.: 0381/2002560

Saarbrücken:
RAe Dr. Embacher
Neikesstraße 3, 66111 Saarbrücken
Tel.: 0681/375104 (Fax: 0681/36513)
e-mail: DrEmbacher@aol.com

Trier:
RAe Dr. Embacher
Neikesstraße 3, 66111 Saarbrücken
Tel.: 0681/375104 (Fax: 0681/36513)
e-mail: DrEmbacher@aol.com

Tübingen:
Dr. Edgar Deplewski
Gablenberger Hauptstr. 75, 70186 Stuttgart
Tel.: 0711/46079010 (Fax: 460790150)

Würzburg:*
RAe Bäumer, Hufgard, Roßmann, Holtmann, Knemeyer u. Pechstein
Am Exerzierplatz 4 1/2, 97072 Würzburg
Tel.: 0931/52681 (Fax: 17706)
e-mail: AS-Bayern@alpmann-schmidt.de

* Hier auch Kleingruppenkurse

AS im Internet: http://www.alpmann-schmidt.de
e-mail: as.info@alpmann-schmidt.de

Kurse

ALPMANN SCHMIDT
Juristisches Repetitorium

Mündliche Assessorkurse
Erfolg im Assessorexamen mit dem AS-Lernprogramm

Systematische Vorbereitung nach der AS-Fallmethode
– abgestimmt auf die Besonderheiten des jeweiligen Prüfungsamtes –

Bayreuth: Zusammen in Nürnberg

Berlin-Dahlem:
RAe Dr. Schwemer u. Partner
Thielallee 1–3, 14195 Berlin
Tel.: 030/8326175,
Internet: www.jura-rep.de,
e-mail: berlin-fu@jura.rep.de

Bielefeld:
RAe Pieper, Dr. Schneider, Raschat u. Haack,
Breul 1–3, 48143 Münster
Tel.: 0251/51617 u. 519248 (Fax: 40519)

Bochum:
RA Dr. Heescher u. Partner
Ahstr. 2-4, 45879 Gelsenkirchen
Info Tel.: 02302/972189

Bonn:
RA u. Notar Dr. Lieder
Westfalenstr. 36, 58135 Hagen
Tel.: 0172/2113497 (Fax:02331- 49711)

Bremen: Zusammen in Oldenburg

Dresden:
RA Hillig
Augsburger Str. 1, 01309 Dresden
Tel.: 0351/44848-45 (Fax: 44848-88)

Düsseldorf:
RA u. Notar Dr. Lieder
Westfalenstr. 36, 58135 Hagen
Tel.: 0172/2113497 (Fax:02331- 49711)

Erfurt:
RA Martin Kupfrian
Espachstr. 3, 99094 Erfurt
Tel.: 0361/22041-0 (Fax: 22041-19)
e-mail: RA-Martin-Kupfrian@t-online.de

Essen:
RAe Seber, Dr. Kreutz u. Roßmüller
Engelbert-Humperdinck-Str. 16, 46509 Xanten
Tel.: 02801/77100 (Fax: 771010)

Frankfurt/Main:
Dr. von Mannstein & Kollegen
60488 Frankfurt-Hausen (Dessauer Haus)
Tel.: 069/97843047 (Fax: 06131/384946)

Freiburg:
Schulungszentrum
Friedrichring 1, 79098 Freiburg
Tel.: 0761/2020404 oder 06327/961826
(Fax: 06327/969797)

Göttingen:
RAe Dr. Giessen u. Kollegen
Königsplatz 59, 34117 Kassel
Tel.: 0561/103031 (Fax: 103033)

Hamburg:
RAe Dr. Schwemer u. Partner
Grindelallee 43, 20146 Hamburg
Tel.: 040/4105464 (Fax: 040/445146)
Internet: www.jura-rep.de
e-mail: hamburg@jura-rep.de

Hannover:
RAe Müller & Müller
Alter Steinweg 22, 48143 Münster
Tel.: 0251/82014 (Fax: 88395)

Heidelberg:
Dr. von Mannstein & Kollegen
Bienenstr. 10, 69117 Heidelberg
Tel.: 06221/165622 (Fax: 06131/384946)

Kiel:
Schulungszentrum
Olshausenstr. 77, 24106 Kiel
Tel.: 0431/541185

Köln:
RA u. Notar Dr. Lieder
Westfalenstr. 36, 58135 Hagen
Tel.: 0172/2113497 (Fax: 02331- 49711)

Konstanz:
RA Dr. Weber
Karlstr. 38, 88045 Friedrichshafen
Tel.: 07541/38 77-0 (Fax: 38 77-70)

Leipzig:
RA Hillig
Augsburger Str. 1, 01309 Dresden
Tel.: 0351/44848-45 (Fax: 44848-88)

Magdeburg:
RA Hillig
Augsburger Str. 1, 01309 Dresden
Tel.: 0351/44848-45 (Fax: 44848-88)

Mainz:
Dr. von Mannstein & Kollegen
Staudinger Weg 21, 55128 Mainz
Tel.: 06131/383699 (Fax: 384946)

Marburg:
RAe Dr. Giessen u. Kollegen
Königsplatz 59, 34117 Kassel
Tel.: 0561/103031 (Fax: 103033)

Münster:
Annette-Allee 35, 48149 Münster
Tel.: 0251/98109-0 (Fax: 98109-60)
Schulungszentrum Tel.: 0251/527830
e-mail: as.info@alpmann-schmidt.de

Nürnberg:
RAe Bäumer, Hufgard, Roßmann,
Holtmann, Knemeyer u. Pechstein
Am Exerzierplatz 4 1/2, 97072 Würzburg
Tel.: 0931/52681 (Fax: 17706)
e-mail: AS-Bayern@alpmann-schmidt.de

Oldenburg:
RAe Müller & Müller
Alter Steinweg 22, 48143 Münster
Tel.: 0251/82014 (Fax: 88395)

Osnabrück:
RAe Müller & Müller
Alter Steinweg 22, 48143 Münster
Tel.: 0251/82014 (Fax: 88395)

Passau: Zusammen in Regensburg

Potsdam:
Apollonia-Haus, Großbeerenstraße 109,
14482 Potsdam
Tel.: 0331/7408240

Regensburg:
RAe Bäumer, Hufgard, Roßmann,
Holtmann, Knemeyer u. Pechstein
Am Exerzierplatz 4 1/2, 97072 Würzburg
Tel.: 0931/52681 (Fax: 17706)
e-mail: AS-Bayern@alpmann-schmidt.de

Rostock:
Schulungszentrum
Doberaner Str. 6, 18057 Rostock
Tel.: 0381/4583996

Saarbrücken:
RAe Dr. Embacher
Neikesstr. 3, 66111 Saarbrücken
Tel.: 0681/375104 (Fax: 36513)
E-Mail: DrEmbacher@aol.com

Stuttgart:
Postfach 210562, 72028 Tübingen
Tel.: 07071/551454 (Fax: 551451)

Trier: Zusammen in Saarbrücken

Tübingen:
Postfach 210562, 72028 Tübingen
Tel.: 07071/551454 (Fax: 551451)

Würzburg:
RAe Bäumer, Hufgard, Roßmann,
Holtmann, Knemeyer u. Pechstein
Am Exerzierplatz 4 1/2, 97072 Würzburg
Tel.: 0931/52681 (Fax: 17706)
e-mail: AS-Bayern@alpmann-schmidt.de

Klausuren-kurse

ALPMANN SCHMIDT
Juristische Lehrgänge

Skripten

Kurse

Kursunterlagen

Grundstrukturen

Kassetten

Rechtsprechungs Übersicht

RÜ-CD-ROM

Memo-Check

Memo-Check CD-ROM

AS-Online

Klausuren

Examenssicherheit mit dem schriftlichen **AS-Klausurenkurs**. Wer es nicht geübt hat, unter Zeitdruck einen anspruchsvollen Fall mit Problemen „quer durch den Garten" in den Griff zu bekommen, hat im Examen keine Chance.

Unsere **Fernklausurenkurse** bieten Ihnen daher die Möglichkeit, sich die für das Examen unentbehrliche Klausurroutine anzueignen.

▶ Lösen Sie die Klausur zu Hause und senden Sie Ihre Lösung ein.

▶ Ihre Arbeit wird **ausführlich korrigiert** und **individuell benotet**.

▶ Auch wenn Sie den Klausurenkurs ohne Korrektur bestellen, erhalten Sie zwei Wochen später ausführliche **Musterlösungen** mit dem aktuellsten Stand von Rechtsprechung und Literatur, sodass keine Fragen mehr offen bleiben.

Sie können wählen:

▶ **Klausurenkurs zur Vorbereitung auf das Referendarexamen** *mit* oder *ohne* **Korrektur**

 Wöchentlich zwei Fälle mit Musterlösungen: je ein Fall aus dem Zivilrecht oder den Nebengebieten sowie abwechselnd aus dem Strafrecht und Öffentlichen Recht (mit dem von Ihnen gewählten Landesrecht).
Faxabruf der Klausurenkursverträge unter 0251-98109-62 möglich!

▶ **Klausurenkurs zur Vorbereitung auf das Assessorexamen** *mit* oder *ohne* **Korrektur**

 Wöchentlich einen Aktenauszug (Standardklausur) mit Gutachten und Entscheidungsentwurf; abwechselnd aus dem Zivilrecht, dem Strafrecht, den Nebengebieten und dem Öffentlichen Recht; alle 2–3 Wochen zusätzlich eine Spezialklausur. Als Aufgaben werden auch Anwaltsklausuren gestellt.

▶ **Klausurenurteile**
Die für den Fall wesentlichen Entscheidungen (durch „@" gekennzeichnet) sind im Internet unter www.alpmann-schmidt.de „zum kostenfreien Download" bereitgestellt.

▶ **E-Mail-Abonnement**
Auslandsstudium oder kurzfristiger Wohnortwechsel? Kein Problem! Wir versenden die Klausuren im PDF-Dateiformat an Ihre Mailbox.

Probeklausur und Aboverträge im Internet oder beim Verlag anfordern!

kostenlose Fax-Nummer für sämtliche Verlagsprodukte: 0800 / 257 62 66

ALPMANN SCHMIDT
Postfach 1169
48001 Münster
Annette-Allee 35
48149 Münster

Tel.: 0251-98109-0
(Zentrale)
Tel.: 0251-98109-33
(Verkauf Verlagsprodukte)
Tel.: 0251-98109-36
(Klausurenkurse / RÜ / JP)
Fax: 0251-98109-62

AS-Online: www.alpmann-schmidt.de